好教师
是如何炼成的

霍永香 / 著

中国青年出版社

图书在版编目（CIP）数据

好教师是如何炼成的 / 霍永香著. -- 北京：中国青年出版社, 2024. 12. -- ISBN 978-7-5153-7640-0

Ⅰ. G40-03

中国国家版本馆 CIP 数据核字第 2024CC3798 号

好教师是如何炼成的
霍永香　著

责任编辑：岳　超
封面设计：鸿儒文轩·末末美书
出版发行：中国青年出版社
社　　址：北京市东城区东四十二条 21 号
网　　址：www.cyp.com.cn
编辑中心：010-57350401
营销中心：010-57350370
经　　销：新华书店
印　　刷：三河市华东印刷有限公司
规　　格：710mm×1000mm　1/16
印　　张：16.75
字　　数：238 千字
版　　次：2024 年 12 月第 1 版
印　　次：2024 年 12 月第 1 次印刷
定　　价：68.00 元

本图书如有印装质量问题，请凭购书发票与质检部联系调换。联系电话：010-85707689

目 录

楔　子 …………………………………………… 001

第一章　我是谁 ………………………………… 004

第二章　教师的责任 …………………………… 009

第三章　教育是什么 …………………………… 015

第四章　学生是什么 …………………………… 021

第五章　做个智慧的教师 ……………………… 029

第六章　父母是孩子的一面镜子 ……………… 038

第七章　我是个好教师吗 ……………………… 048

第八章　让学生爱上学习 ……………………… 061

第九章　学会如何去爱 ………………………… 075

第十章　我们都是伯乐 ………………………… 080

第十一章	科学的才是实用的 ……………………………	086
第十二章	做个有心人 ……………………………………	098
第十三章	品德好，才是真的好 …………………………	110
第十四章	玉不琢，不成器 ………………………………	121
第十五章	有"礼"走遍天下 ……………………………	133
第十六章	教师不是"小脚婆婆" ………………………	138
第十七章	教师，不应该仅仅是教师 ……………………	145
第十八章	我不是"学霸" ………………………………	155
第十九章	家教是万能的吗 ………………………………	167
第二十章	家长是我们的朋友 ……………………………	175

第二十一章	宝贵的课前十分钟	183
第二十二章	没有"闲着"的学生	188
第二十三章	家长会是师生沟通的桥梁	192
第二十四章	如果遇到学生偏科	197
第二十五章	偶尔释放自己	202
第二十六章	有朋友的学生更快乐	208
第二十七章	懂得尊重家长	214
第二十八章	"三心"教育之敬畏之心	221
第二十九章	"三心"教育之仁爱之心	228
第三十章	"三心"教育之慈悲之心	235

第三十一章	教师的假日	……………………………	240
第三十二章	我是教师	……………………………………	245
第三十三章	不仅写给自己	…………………………………	252

楔　子

　　什么样的教师才是好教师？每个人的心中都有一把尺子，或丈量教龄的长短，或比较贡献的大小，或计算成绩的优劣，或在意能力的高低。我觉得对于教师来讲，最重要的应该是两个词："爱"与"尊重"。不管这位教师的能力有多么强大，他的文化底蕴有多么深厚，只要缺失了"爱"与"尊重"这两个基本条件，那么他必是失败的，起码算不上是好教师。建筑师要用"爱"与"尊重"打造最优质的作品，如果只是冰冷的技术呈现，那么我们看到的不过是普通的材料组合而已。烹饪家要用"爱"与"尊重"对待美食，如果只贪图金钱和利润，那么他的美食将会没有灵魂。教育更是如此。因为我们要培养的是活生生的个体，而不是只懂得接受知识的机器。所以，教师本身也应该是活生生的个体，而不是只懂得传授知识的无"心"人。

　　当初之所以走上教师这个岗位，既因为高考失利的无奈，又出于桃李满天下的雄心。想想看，杏坛耕耘，该是一件多么值得自豪的事情。我对自己的未来有无数种预期，可是工作的第一年，我就像只败犬一般从苏光中学落荒而逃。有着美好的愿望，只是万里长征的第一步，实际的教育教学工作，远比想象复杂得多。明明是谦逊恭谨的学生，不料到了我面前就变得肆无忌惮，毫无章法。明明是滚瓜烂熟的教学设计，不料我到了课堂突然变得张口结舌，语无伦次。这就是教育教学能力的缺陷。不过，当时我并没有认识到自己的问题。

我很快地原谅了自己。我是新生儿，适当地痛哭几声是理所当然的。我相信自己很快就将在教坛大放异彩。可是，现实再次狠狠地给了我一巴掌。我与平行班同事的教学成绩居然屡次相差在10分以上，那是总分为120分的试卷啊。我有点蒙圈。好在我这个人比较乐天，我总是在想，一切都会好起来的，一切都会好起来的。可情况真的有所好转了吗？没有。学生们变本加厉地折磨我，直到有一天，我发现我的课堂简直成了放牛场，学生们有嬉笑的、玩耍的，甚至有抠手指头的、抠脚皮的……

我很委屈。我对学生投入了大量的爱。我甚至不舍得过多地责怪他们。他们犯错时，我春风化雨般地去感化他们；他们拖延作业时，我默默地选择忍耐。越是这样，我越是遭到了更多的无视。痛定思痛，我开始反躬自省。真的，没有人告诉我为什么，最难的是自我悟道。那么，教育的"道"是什么呢？

其实，我的脑海里已经呈现了无数已知的画面。我发现很多同仁在教育教学上的独到秘密。是的，有些人貌似嬉皮，一旦投入工作便展现出无穷的魅力；有些人则像一头老牛一样默默地耕耘，一点一滴地收获；而有些人更像是天生的王者，在人群中熠熠生辉，他们独特的教学方式凝聚着经验与智慧。我从这些人身上学到了很多。我感谢身边的所有人以及他们给予我的一切，虽然我的天资很大程度上限制了我的努力。

爱学生是件好事，可是这种爱不是无原则的宠溺，不是无奈之下的妥协。它是严慈相济的，它是沉甸甸的责任感，是妙趣横生的课堂架构，是深入浅出的教育理论，是斟情酌理的沟通艺术。口头上的爱是苍白无力的，教育工作者要把一腔热血洒遍整个教育生涯。

我在教学上初次开窍已经是工作八年后。我在教育上始终感觉没有真正开窍。手中的文本每年在变化，教学的内容要不断更新。眼前的学生每年在变化，教育的形式也要不断更新。如果我们需要给予学生的是一碗水，那么我们需要拥有的必然是一桶水。一旦我们发现教育教学中出现了诸多的困惑，那便是我们自身的能量源泉干涸的时候。因此只有不断学习，不断进步，才能最终做到轻松应对，游刃有余。

在实际的教育教学中，我们需要面对的不仅是学生，还有学生的家长。那么，正确处理这些关系，需要我们放低姿态，以平等平和的心态，以共同教育孩子为准绳，有的放矢，才能取得预期的效果。家庭是孩子的原生土壤，父母是孩子的第一任老师，我们要充分利用他们的力量，达成教育的目标。对于家长在教育中的困惑，我们应竭尽所能帮助他们解决。

教育最难得的是心境。去掉浮躁，忘掉喧嚣，做一个田间老农，种下一粒种子，伴着它生根、发芽、开花、成熟，直到收获。这个过程有艰辛，有喜悦，最重要的是两个字：值得。

以一首诗开始今天的华章：

初入教坛正华年，执鞭之手露纤纤。
孤灯为影长做伴，夜半无人独自寒。
寂寞书香难入世，赤峰有情向人甜。
兢兢清苦三十载，桃李成蹊行勿言。

第一章 我是谁

我是谁？我常常在心里这样问自己。这不是从灵魂深处凫游出来的所谓拷问，也不是沾上点血肉的奋力鞭挞。可就是这么一句普通的自问，我居然回答不了。

透过墙上的镜子，我看到了一副平凡的外貌。这副平凡的外貌似乎没有一点点书卷之气。除了日甚一日的衰老之外，别无其他。哪怕衰老中还留有一丝丝的平和呢？或者是一丝丝的虎虎生气呢？不，我的衰老真的只是衰老。岁月将我由书房里的妙龄女子打磨成一个近乎纯粹的乡间老妪，只用了短短二十年。

不错。二十年前，我是一个伏案苦读的良家子弟。我的理想就是成为一名光荣的人民教师。做不成教师，就做图书管理员也行。我最大的愿望就是读书，在最安静的地方读最多的书。只要是跟畅快淋漓地读书扯上关系的工作，我都可以接受。哪怕薪水少一点也没有关系。即使没有薪水，能供我一天三顿饭就可以。

我在贫穷的家庭长大，成家之后依然过着贫穷的生活。祖上几代贫农，至今我仍牢记着墙缝里飘浮着的穷酸味儿。这股穷酸味儿来自老人的咳嗽声，来自母亲无休止的病痛，来自我和哥哥破旧的小书包……我这样说，并不是因为我怨恨贫穷。我从来不会怨恨贫穷，因为我坚信这是我的宿命。人的一生中总有这样那样的磨难，或者家庭，或者身体，或者期望……

因为家境贫穷，我没有一间像样的书房。也因为贫穷，别人在欣赏精彩的娱乐节目时，我就在书中寻找我的快乐。我的床头堆着很多书，有线装本，有平装本。至今我还记得那本线装《西游记》，它已经被我翻阅了无数遍，好像一个颤颤巍巍的小脚老太，皱皱巴巴的，不成正形。每次合上书本，突然又像是什么都不曾记得，惶惶然又急急地跳进去，我才觉得灵魂似乎有了重量、有了厚度。

为了享受一本好书，我甚至一个暑假都待在家里，大多时候是歪在床头。就这样，我自然成了近视，看东西都得斜着眼，这也常常会闹出对面不识人的笑话。我最初的设想是读遍天下书，其实自己也被这另类的豪言壮语吓了一大跳。后来我放松要求，立志把学校图书室里的书读完，就算实现了崇高的人生理想。再后来，我连立志的勇气也没有了。就这样，我走向退休之年，戚戚然惶惶乎毫无建树。

我想起了那个著名的魔镜，一个披散着长发，有着一双尖长手指的女人歇斯底里地叫着："魔镜啊魔镜，谁是世界上最美的女人？"我想我问的肯定不是这个问题。因为我只是一个最平凡不过、扔到大街上都没有人在意，随风而起也不会在衣袂间挥洒香气的女人。我其实想问的是："魔镜啊魔镜，这样的我，成功和失败各占几分？"

1995年，我从连云港教育学院大专毕业，至2018年已在教坛辛勤耕耘了二十三年。在这二十三年间，我凭着微薄的荣誉从初级教师熬到了高级教师。拿到那张高级教师的职称证书起，我就再也没有写过一篇像样的教育或教学论文。这一方面缘于我的身体每况愈下；另一方面，我再也不愿意投入庞大的精力于我觉得似乎无谓的事情。我觉得在实际教学中，独特的教育方式远比高深的教学探究来得有效得多。这是多么冠冕堂皇的理由！好长一段时间，我被自己虚设的这个理由感动得涕泗滂沱。其实，我是想用外表的衰老掩饰内心的颓废。我老了，满脸的皱纹并不可怕，可怕的是我这张老脸上写满了不屑、不愿和不羁。

某一天深夜，我无意中醒来，在漆黑一片中思考自己的人生。我惊异地发现，拿到那张高级证书之后，我的人生居然出现了八年的空白期。从2010年8月20日到2018年，我竟将笔耕当成了一种负担。我的人生方向在哪里？是往前走，还是原地踏步？我不动，岁月在动。我的存储将跟不上我的支出。若干年后，我将一无所有。古人说："秉烛夜游。"我想只要有少许的清风吹起，烛光将岌岌可危矣。如果把不断更新的知识比作我的血肉，那么再有三年，或者五年，直到退休，我岂不完完全全成了个干瘪的躯壳？这不是我的初心啊！于是，我拾起了久违的笔。

在这二十三年间，我从一个年轻的普通教师变成了一个中年的普通教师。我的教师简历上职务那一栏，总是写着同样的两个字：群众。我连最小的备课组长都没有当过，哪怕是办公室的室长呢。我的记忆已经让我忘却了我自以为无关紧要的东西。我所不知道的是，忘记了此，也必忘记了彼。在断断续续的遗忘中，我甚至忘记了自己的初心。

我想起了我的另一面，这也许对教育有益。我出身农村，家庭成员较多。每天萦绕在我耳畔的都是老人的咳嗽声、中年人的争斗声和孩子的哭闹声。因为童年有一种置身闹市的感觉，所以不管班里的孩子有多吵嚷，我都能以静制动。

因为亲身经历了贫穷的痛苦，所以我向来对班里穿着普通的孩子予以同情。遇到那些衣衫褴褛的学生，我自然想到了当年的自己。贫穷不是罪恶，可是，越是贫穷的孩子越是要保护自己可怜的自尊心。

我从来不是"学霸"，我只是一所三流大学的中等学生，所以我从来不对学生说："你一定要考班级第一名。"如果这个孩子有学习的天赋，这样严格要求或许很好；一旦情况相反，他就会感受到巨大的压力，从而造成心理负担。假如你真的想要学生达成你预设的目标，一定要量力而行。不是每一个人勤于锻炼就能成为舞蹈家，也不是每一个人努力学习就能走进清华、北大。

说起来更丢脸的是，我曾经是一个非常调皮的学生。还记得五年级的时候,正是莺歌燕舞的好时光。我扯下成串的杨柳枝条,抛撒在教室的各个角落。教室地面刚被值日生洒上水,混上散落的柳花,怎么也清理不干净。大家可以脑补一下老师们暴怒又无可奈何的脸。初三的政治课上,我觉得老师的教学内容似乎都听懂了,直接把一张纸用打火机点着了。可怜我那善良朴实的政治老师陈宽安愣在原地,一句话也说不出来。

这样的事情有很多,我就不一一列举了。因此我特别能体会那些调皮鬼的心态。大多数学生"大闹天宫",都不是出于恶意。从这个角度考虑,再转换一下自己的教育语言,大部分师生矛盾将消于无形。

我天性孤僻,不擅与人交往,偶尔说出的话能把人"活活噎死",可又不知道问题的症结在哪里。因此我常常是各种话题的终结者。可是在教室里,在课本中,在学生那里,我反而如鱼得水,游刃有余。所以,我很享受与学生在一起的美好时光。

刚刚踏上工作岗位的时候,我还是只雏鹰,攥着呆板的教育理论,想生搬硬套到学生身上,可是却屡战屡败。我对学生过度冷酷,他们就暗地里捣乱。"撒向学生都是爱",结果一网撒下河,捞上来的不是鱼虾,网还给撕坏了。学生明目张胆地跟我作对。好啦,我正式从雏鹰变成了受惊的小鸟。我逃回家待了半个学期,一提上班,立刻吓得啪嗒啪嗒掉眼泪。

可想而知,当时我的工作态度有多恶劣,我的教学成绩有多败兴。我被校长"发配"到了更乡下的中学,在那儿,我重新定位自己,并在心里下定决心,一定要变个样子回去。这时候,我才真正摒弃浮躁,潜心钻研教学,并逐步实现了自身的专业成长。

我们学校是一所特殊的学校。它的特殊之处在于,它既没有城市家长对孩子的成功预期,又融合了乡下家长的懒散放纵。我想,当地的老百姓都管它叫作"城乡结合部"是有道理的。这明显给教育教学增加了难度,也是对教师专业的极大考验。

如果采取躲避的态度,问题将一直存在。可是,如果我们以主动出击的心态去面对,也许结局会大有不同。做或不做,是两个不同的问题,也是两种不同的教育理念。前者向着良知，向着责任，向着事业，向着教育。这是我们应该选择的。除此之外，别无出路。

　　是的，我开始重新审视我的人生，修补我的过往，备战我的未来。当然，在这艰辛的过程中，除了朋友们的真情鼓励，还有我的真心悔悟。教师可以有休闲，但不可以有懈怠。教育之路何其漫长，我要有莫大的勇气和信心才能走完全程。"爱"就是我的勇气，"尊重"就是我的信心。

　　我在不同的年级任教，接触过不同的学生和他们的家长。虽说是千人千面，但是万变不离其宗。只要我们愿意付出真心、耐心和恒心，愿意拥有能力、付出努力、增加动力，就一定会在自己的领域内闯出一片天。

第二章 教师的责任

从七年级到高三满一轮,叫大循环;从七年级到九年级满一轮,叫小循环。我们学校属于义务教育制初中,教学上自然实行小循环。只要教师的能力不是过于拖后腿的话,一般都能跟着学生升级。有的时候,班级会根据前一年的期末考试成绩重新分配。三年之内,我们发现不论外貌、生理、言谈举止,还是自控能力、学习态度,学生都有了量和质的变化。从横向上看,同一教师执教不同的班级,面对的学生群体或个体的体验也各不相同。学生们的个性化差异加上群体差异,导致教育管理的难度增加了不少。

三个年级各有自己的阶段特点。七年级的学生刚刚踏进校园,对学校的管理制度还处于新鲜和陌生阶段。相对地,他们在遵守校规班纪方面,有着致命的缺陷,说白了,他们不懂规矩。写作业要盯,因为字迹潦草;上下学要盯,因为跟小学的作息时间不一致;自习课要盯,因为自控能力实在太差。八年级处于两极分化阶段,好的更好,差的更差。由差变好,可以增加自信心。由好到差,差的更差,在学习上找不到自信,就要兴风作浪,搞破坏了。九年级相对平稳一些,毕竟升学的压力摆在那儿,而那些可能无法正常升学的学生,也因为担心不能顺利拿到毕业证而暂且收敛自己的言行。

管理七年级的学生真是难,管理八年级的学生更是难上加难。难道九年级的学生突然"良心发现",从此走上正轨了吗?不,绝对不会。从七年级的顺从到八年级的叛逆，简直就是宇宙大爆发，让人猝不及防。有的时候，捂住了这儿，那儿又骚动起来；刚刚处理完彼班的"反叛"事件，此班的情绪又"激昂"起来。我们开始期待，也许临近中考的学生们会逐渐变得安分守己吧？怎么想得到，时钟真的拨动了一年之后，眼前的九年级，表面归于平静，其实在应付教师方面更显得游刃有余。瞧着不说话、不犟嘴，只拿那样的眼神盯着你、斜视你，充满无辜、淡定，或者只管点头称是，你怎么说都答应，一转头该干嘛干嘛。而另一类，不知是否明知升学无望，反正他的行为比之前更为顽劣。这样的学生应该如何应对？是粗暴呵斥、责骂，还是如春风化雨慢慢引导？到底哪一种方法更管用？无数的教师在无数次试验之后，终于弃械而降。

　　作为教师，我常常是无可奈何。这可不是什么自谦的话。谁不想自己教出的学生个个温文尔雅、通情达理？谁不想每天对课堂和学生充满期待？谁不想看到的学生全是充满求知若渴的眼神？即便每次迈向教室的步伐是那样的沉重，我在内心仍然闪耀着一点点小小的火花。然而，每次就连这点小火花都熄灭掉了。因为意料之中的事还是发生了，实际上他们或是爱搭不理，或是心存怨气。我真的想管，可是想不出更好的办法来管。看，瘫着的，睡着的，聊着的，待着的，跑着的……满腔的豪情顿时烟消云散，一股怒火立刻从脚底直冲向头顶，心里什么样的愤激想法都有，只能强迫自己按下去。我想，我的这股怒火一定把我的五脏六腑都燃了个遍。从前年体检开始，我的心脏功能就一年比一年要弱。尤其是听到了兄弟学校的一位年轻女教师在早读课之后猝死的消息，我更是担心得要命。我真的很怕，哪一天自己压不住火而即时灰飞烟灭。

　　办公室就像个垃圾桶。我指的不是它的拥挤和杂乱，我们的办公室其实还挺整洁的，因为有两个算得上是洁癖的同事在里面。这两个比我年轻几岁的男同事，都长着一张白白净净的脸。一看到他们光洁发亮的皮肤，你就基本可以确定，他们待的地方应该也不会差到哪里去。这两个青年帅哥到了办公室，做完手头的事情，就会拿起拖把，搞起卫生来。

说到这儿,大家就应该都明白了我的意思。办公室不但是我们备课及教研的场所,它最主要的角色是盛放我们的烦恼、委屈和吐槽。我们把在学生那里接收到的不良信息综合在一起,能消化掉的自己消化掉,不能消化掉的就带着情绪说出来。似乎说出来之后,惹得大家一笑、一劝、一解,问题就都能解决了一样。

当然,我们也聊学生们的"八卦"。哪里有散发青春气息的小情侣,我们都知道。因为有的学生会打小报告。有的男孩子突然把自己身上弄得香喷喷的,有的女生突然喜欢偷偷地照镜子……这些都是恋爱的信号。

对于学生的这些青春小萌动,谁去管它呢?这只不过是校园生活的点缀而已。没过几天,一切就烟消云散了。甚至,有家长找到学校,前几天还如胶似漆的小情侣已经分手了。

而我们的烦恼却是永恒不变的。每次一到工作日,总会听到同仁们的抱怨声。这不,下课之后的办公室里,又响起了唱和式的哀怨,偶尔还夹杂了一两声苍老的叹息之音。

> 以前的学生多听话,我只要站着超过2分钟,就有学生端凳子给我坐。现在的孩子呢?那天教室里没有多余的板凳,我腿都站麻了,也没有人理我。想一想,真是寒心。这样的学生教育得出成品吗?教育出的成品又有什么用?
>
> 现在的学生不能打也不能骂,所以有恃无恐。我能怎么办?嗓子都喊哑了,他们照常肆无忌惮,明知我不能把他们怎么样。我不想做个违法的教师,但是有时候,你知道的,还真想"赏"他们两巴掌。也就是学生没办法,要是我自己家的小孩,看我怎么收拾他!
>
> 今天的作业又交了二十几本,一半都不到。就这,还有人羡慕呢。再过几天,有没有人交都不知道。你说我辛辛苦苦地教学到底是为了什么?我已经五十多岁,禁不起折腾了。就这么熬吧,熬到退休完事。不然怎么办?我不是神仙,我没有好的方法。以前的班级平均分都在

100分以上，现在的成绩啊，马上就降到临界线啰。着急？他自己都不着急，我着急管用吗？

你瞧瞧，上课又睡了一大片。叫醒他？别自找难堪吧。万一，我是说万一，他半睡半醒之间，骂我两句，打我几下，我上哪儿说理去！前几天，那个八年级的教师挨了学生的打，头上挨了棍棒，脸上挨了巴掌，最后怎么样？跟个没事人一样。我可不想吃这样的哑巴亏。

同事们的这些叹息我也深有体会。十年前我带过一个班级，孩子们都很懂事、守纪。班主任不在时，他们也老老实实地学习，认认真真地打扫卫生。学期结束的时候，班级还得了个二等奖呢。学生们的集体荣誉感也强，只要是涉及班级的事情，不管大小，每个人都关心，真正做到了教师在与不在一个样。班主任有事没事，只管遥控，那工作干得清闲着呢。

说到这儿，我不由得又暴躁了。一天，我班的班主任有事外出，学生像炸了锅一样，怎么也拢不住。一些学生还在日记中庆功："山中无老虎，猴子称霸王。班主任学习中，浑身都轻松！"以后，我就摸到规律了，只要那几天班级里特别混乱，那一定是班主任不在学校。索性乱就乱吧，能怎么办呢？

有的时候，教室里有一些骚动，有几个男学生的脖子伸得老长老长，就像被别人从后面扯住的鸭子一样。突然之间伸长的脖子缩回去了，或一下子僵住了，而且教室里突然变得"万籁俱寂"或书声琅琅，我就知道发生什么事了。是啊，班主任大人驾到。百试不爽。

当然，这是有威严的班主任才有的优势。一些处事淡然且相对随和的班主任，就不那么幸运了。个别学生不但视其为无物，而且随时可能有恶性的各类事件发生。学校里连续发生了几起学生殴打教师的案例，其中受害者就有班主任，当时让不少同仁恐慌不已。这倒不是我们怕哪个学生，学校教师的年龄构成基本在四十岁上下，下少上多。作为已过不惑之年的我们，曾经执教于最为混乱的学校，对付这些小毛孩子，简直可以说是小菜一碟，手到擒来。关键一条，你不许碰他，不许挖苦他。这是最头疼的事儿。是啊，教师没有惩戒的权利。于是乎，有的家长也跟风而起，动不动搞一些有的没的，让教师们难受至极。一旦让哪个学生家长讹上你，那就如同身上蹦了只虱子，不是你生的，但会让你感到浑身难受。它在身上不停地跳跃，可是我们又抓不着它。我们很生气，想到了很多解决办法，可是不知道用哪一种比较稳妥。

面对诸多的掣肘，久经"沙场"的"老江湖"们也束手无策。

一些性情温和的教师开始采取放任的方式，反正获得的报酬与教学成绩不怎么挂钩。考得好，不一定拿得多；考得少，也未必拿得少。比起那些长期在编不在岗的似见未见的同仁们，我们的工作态度不知道好了多少倍！还有那些在校园内外晃来晃去的家伙比一线教师可潇洒快活得多呢！又不用跟学生正面接触，徒生烦恼。"我又何必拿自己的健康与学生置气呢。我对你负责，你不听我的，那么我让你自由，行不行？"

于是，"佛系教师"开始上线。尤其是那几个受过学生及家长闲气的教师，简直连候课都觉得是一种超出能力范围的事情。如果一堂课基本平安度过，大家总要在心里念叨一句："今天运气不错！是不是该补个猪蹄了呀？"板浦地区物产丰富，到处都是小吃摊。在那成群结队的吃客当中，应当就有两三个为"庆幸"而买单的教师吧！

一些比较强势的教师还在寻找着以前的"师道尊严"。他们偶尔采取一点相对激烈的做法，但是，已经不太适用于当今的教育环境。并且，这种小小的烦躁心理所引发的言行举止已经造成了各个层面的恐慌。于是，在众人眼里都称作"敬业"的教师也开始怀疑起自己的做法，及这种做法所导致的后果，甚至于自己在这场博弈中的得与失。

我觉得这样的现状着实恐怖。教育学生本来就是很艰难的，教师再有这样放任自流的想法，我们的教育还有希望吗？教师的生存待遇确实很低，我们的精神待遇也足称牵强；但是，我们在选择这一行之前难道不清楚吗？何必事后节节抱怨呢？我们又能从抱怨中得到什么有效的东西呢？

毋庸置疑，在教师、学生、家长三者中，教师的地位是最微妙的。教师做得不好，家长批评，学生质疑，反过来影响教师的心情；教师做得好，家长未必感激教师，可能认为这是分内之事。"你靠教学生才有收入嘛，你应该这样做啊。"同时，教师教得好，学生未必学得好。因为一个班级五十几个学生，像我一样兼带两个班级的教师不在少数。一百来个学生各有一面，个个兼顾也不可能。同样，不同的学生，也不可能接受同一种教学方法。而这个班的某科教师，只有区区一个。

但是，韩愈有言："师者，所以传道授业解惑也。"纵使你有千百种理由或难处，只要走进这个领域，都要排除万难，做到最好。与其纸上谈兵，不如脚踏实地；与其牢骚满腹，不如行动起来。先改变自己，再改变别人。先让自己强大起来，然后再改变整个社会对教师的认知。改变了整个社会对教师的认知，家长才能足够尊重教师的劳动。家长尊重教师的付出，他们才能配合教师共同管教学生。家长愿意看到孩子身上的缺点，他们才能反省自己的不足，才不会把所有的责任都推到教师身上。这才是真正的良性循环，实现家庭、学校、社会的三力合一。

老师们，同仁们，我们必须做到最好，教师才不枉被称作"太阳底下最光辉的事业"！屈原说，"路漫漫其修远兮，吾将上下而求索。"是啊，教育之路任重道远，我们必须有足够的思想准备。既然选择了，就要将教育进行到底。这是我们的誓言！也是我们的责任！更是我们的信念！

让我们站立于高山之巅，想象自己是一只翱翔的苍鹰，对着空旷的山谷高喊："我来了！我们来了！"

第三章 教育是什么

一支粉笔一本书，三尺讲台三寸舌。时代不同，可是教师的愿望是相同的。所有的教师都渴望教出最优秀的学生，桃李满天下的教师是最幸福的。未必成才，必定成人。每个学校的门上或墙上，都悬挂着各种各样的标语，大致的意思不过如此。可是，如何做到因材施教，很多教师的概念是模糊的。一拨又一拨的教育思潮，到底想告诉教师什么呢？教师又能从其中学到些什么呢？

当然，几乎所有的教师都期待从中得到点什么有益的启示，来改变自己现今的教学状态。面对不同的学生，教师的心态是复杂的。一方面，他们积极要求进步，通过改变自己的教学方式来使学生逐渐变得优秀；另一方面，个别学生的行为实在让人无法忍受，以至于他们常常漠视或躲避了很多可以精进学问的机会（当然，不乏见惯了挂羊头卖狗肉而生厌烦之心，不愿意继续前行的）。就这样，他们靠着残存的辉煌记忆，打发着无聊的教育生涯。

于是乎，一旦遇到学生的挑战举动，教师仅有的这点教学的热情便彻底泯灭了。经常可以听到有的教师说出这样愤激的话："你让我管，我就管。你不让我管，我还有什么招儿？不管了，你至多说我'懒'；管了，你说我'严'；管多了，你怎么对我，我哪里知道？"

说这种话的教师，我可以想象他们的心理。一种是真心想做好教育，把教育当作事业来做，但是这颗真心慢慢被学生的消极怠惰磨平，且失去了继续前行的决心。这是可以原谅的。另一种是把教育当作职业、养家糊口的途径，对于教育中出现的问题抱着与自己无关的态度。这种人是最可怕的。当然，这样的教师数量是微乎其微的。这是把工作当成"job"和"career"的区别，教育工作者们必须重视这个问题。

有一句话叫作，爱之深，恨之切。我们可以把这句话颠倒过来，那就是恨之切，爱之深。教师中常常有这样一种人，他们貌似狂傲不羁，动辄对学校的各项事务指手画脚，这样也不对，那样也不好。要不，跟领导红脖子绿眼睛；要不，就经常发狠要撂挑子。其实，仔细观察可以发现，他们对待工作仍然一丝不苟，毫不懈怠。再仔细想想，他们提出的各种建议也不是全然不对。拨开云雾见青天，在这些俗称"刺头教师"的消极情绪的外衣下，也有一颗爱校的真心。只不过，他们表达意见的方式太过另类，不太容易让人接受而已。智慧的领导应该善于引导这些人，使他们以相对平和的态度投入人事和工作之中。

想要教好学生，我们必定要平心静气地思考这个问题。那么，教育是什么？苏联教育家苏霍姆林斯基曾说："教育工作首先是一种思想的劳动，它的目标是要用求知、思考和对周围世界持有正确观点的愿望去鼓舞学生。既然教师的劳动必然跟思想活动挂钩，意味着这项劳动是辛苦且持续的。而这种教育疲惫是客观存在着的。我们不能漠视这种现象的真实性。我们必须允许教师有这种职业疲惫。作为教师，本身也大可不必为自己的职业疲惫所震撼，所羞愧。"

我认为，教育首先是教师生存的手段。教师是实实在在且活生生的人。我们不是高高在上、虚无缥缈的天神。是人就要吃喝拉撒睡；是人就有情绪；是人就要考虑存在，然后再来考虑存在的方式和意义。所以，不要过度解读我们的言谈举止。我们或许会说一些不理性的话，做一些不理性的事，若是在可控范围之内，我觉得都是可以原谅的。马克思早就说过，经济基础决定上层建筑。教师首先是物质的，其次是精神的。如果不明确这一点，那么整个教育都将处在虚幻中，而处在虚幻中的教育是不长寿的。我饿着肚子，你跟我大谈理想，你觉得这样合适吗？我的工资被拖欠了，我的工作被延时了，我的情感被践踏了，我难道还要去迎合谁吗？跪着的教师教不出站着的学生，驼背的父母也生不出直立的孩子。当代大教育家如于漪们，哪个不是意气风发、昂首阔步？

当然，这只是个比方。就江苏范围来说，我觉得现阶段我们的工资还是比较合理的。以前确实有过拖欠工资的现象，但是近十年来，这种现象已经在周边绝迹了。即使是刚刚入职的新教师，也有一笔可观的收入。这是一件多么幸福的事情。但是，与其他阶层相比，教师的待遇仍然处在社会中下层。尤其是相较于这么繁重的脑力劳动，相较于学生的惯常叛逆行为，有些同仁总觉得得到的远远逊于付出的。

可是，作为教师，我们能不能只把教育当成谋生的手段？谬也。这样想，就弄混了教师与其他职业的不同点。我们面对着的同样是实实在在且活生生的人，学生们不是单调乏味的机器。我们不可能也不应该按照锻造机器的标准来塑造学生。世界上有那么多赞美教师的词语，我们应该按照普罗大众设计的样子改造自己，这不是拘泥，也不是束缚，而是修炼，是完善自我，是个人形象及能力的提升，也是教育赋予我们的责任。

苏霍姆林斯基说："教师首先是以自己的思想、自己的思考来教育学生的。"教师难以想象自己的言行举止对于学生的重大意义。小时候，我们模仿教师写字、说话；长大后，我们模仿教师思考、传导。并没有人刻意想做什么，就自然而然地形成了这么一种特殊行为。因此，教师的言谈举止对于学生的意义可就太重大了。

教育到什么阶段算是成功的？

举一个最简单的例子。我的初中语文老师是板浦高级中学的吕秀彬老师。他本身才华横溢，且和学生又保持着相对亲近的关系。我在他的教导下非常愉悦、轻松地学习着。他很少强令学生做什么事，写多少作业。直到现在，我仍然和吕老师保持着联系。虽然本人不肖，可是对于吕老师来说，能被学生长时间地记住，这当然是成功的。

教育，教育，既教且育。你只教不育，不是变相推卸自己的责任吗？普罗米修斯为人类盗取火种，仓颉为中国创造了汉字。社会上的每个人，都有自己的责任。教师的责任在于"对教育事业负责，对教学工作负责，对学生负责"。或许大家的脑中都曾浮现过这样一幅画面，孔子和子路、冉有、公西华、曾皙等弟子谈人生理想。曾皙的畅想最为美好。暮春时节，着春装，会朋友，沐浴，熏风，兴至而归。孔子大赞："这和我想的一样啊。"这仅仅是教学吗？更多的是育啊。孔子给每个人阐述理想的机会，并且很客观地评点，给出自己的意见。这才有了经典的《论语》。

教师可以为自己的现行遭遇鸣不平，可以在当面背后适度发一点牢骚，可以在微博上记录一些自己的人生挫折。但是教师如果仅仅沉湎于自己所受的诸多委屈且不能自拔，那么这样的教师便根本不能称其教育工作者，而只能称之为"怨妇"。这样牢骚满腹的教师能够传达给学生的肯定多是人世间的不平与忧虑。学生长期接受负面情绪的影响，对于他们将来顺利地读懂世界的酸甜苦辣不会有任何的帮助，甚至会让他们在踏入社会之前便有一个先入为主的印象。什么呢？暗箱、贫穷、怨艾……正值阳光之年的学生们，有什么义务必定要接受人生的痛苦教习？这样频繁地传播负能量，对于学生的身心健康，又有多大的益处？

一个整天唉声叹气的人是可怕的，一个整天唉声叹气的教师更是可怖的。教育不是歌功颂德，但教育也不是刀剑冰霜。在教师面前，学生既不是传播器，更不是垃圾桶。如果教师总是带着情绪参与到教育之中，如果他总是在课堂上向学生传达阴暗的一面，试想，学生会蜕变成什么样的人呢？如果成年之后的他还记得学校的一切，那么，将来他又向别人传达什么样的人生理念呢？

不妨学学我们推崇的大教育家孔子。站在教师的角度，我们希望别人体悟我们的痛苦与辛酸、挫折与不平、淡漠与热情；可是站在学生的角度，我们是否愿意面对他们，俯就垂询，理解他们的成功与失败、烦躁与青春、犹疑与尝试？我们是否愿意站在学生的角度，对我们所认为的学生的不合适的行为进行二度解读？在我们拼尽全力呼吁别人理解我们的境遇的同时，我们又是否愿意为学生提供这样的宝贵机会？我们口口声声说学生不是机器，而有时我们给予学生的正是成套成套精装的模具啊。我们总是期待把他们打造成一件件我们期待的精品，哪里愿意给他们一个伸展四肢的机会？我们用什么样的语气去评价一个正在描眉画唇的女学生？我们用什么样的行动去对待一个嘴叼香烟的男学生？在我们的眼里，学生究竟有没有自己说话的权利？

试问，我们给过学生这样的机会吗？我们愿意谛听他们的心声吗？我们真的像自己认为的那样"懂"学生吗？花圃的园丁如果不熟悉花草的习性，能培养出芳香四溢的花草吗？游泳池边的教练如果不清楚学员的体格，能训练出优秀的选手吗？繁忙的教师如果对教室里的学生一无所知，我们的教育又有什么存在的意义？

前几天，我跟一个同事在讨论网上的小视频。视频说的是一个男生被霸凌至死，学校之前居然没有任何人知道！我却不以为然。首先说，不管从什么途径，学校一定有教师知道，哪怕是夜里当值的教师，也绝不可能完美避过所有的霸凌瞬间；那么他一定是不负责任、没有按规定时间去检查宿舍情况。其次，即使所有的教师包括班主任都不知道发生的情况，那么一定要问几个"为什么"：弱势群体受到欺侮却不愿意寻求帮助，这是不是也间接证明了平时他们根本就没有话语权？除了学习，难道学生就没有说话的权利了吗？校园霸凌长期存在，如果班主任甚至学校关注这个问题，并且利用校会、班会等有效渠道给弱势群体发声的机会，不必说这个惨剧不会发生，至少这样的惨剧发生概率会变小吧？换言之，霸凌者常常不是十恶不赦的坏蛋，那么为什么他们敢于恃强凌弱、冒天下之大不韪？难道他们表面一直遵规守纪？难道在班级的各项活动中，他们从没有暴露过蛛丝马迹？

学生跟教师相处的时间最多，对于教育学生来说，教师处于最有利的地位。教师可以利用自身的有利资源，对学生且教且育。初中三年处于转承小学、开合高中的特殊阶段，有的学生在进步，获得了学习的信心；有的学生在退步，已经适应不了快节奏的学校生活。学习处于上升期的学生，期待获得教师的肯定和同伴的赞美，所以极力配合教师的教育。学习不理想的学生可能将教师的严厉当成冷漠，也可能呈现自暴自弃的状态，这样的学生就不太好管。询问这样的学生，为什么不愿意听教师的话，他们也是一肚子的委屈："教师只喜欢成绩好的学生，他哪愿意管我呀？"

这时候，教师要站在第一线，要让学生说出自己的心声，做个善于倾听、善于理解的教师，真正领悟到教育的真谛。

会说，是一种辩才；会听，是一种智慧。会说，是教师的基本功，是感染力；而会听，是教师的专业力，是艺术力。

古希腊哲学家苏格拉底说："上天赋予了我们一个舌头，却给予了我们一对耳朵，所以我们听到的话比我们说的话多两倍。"学会倾听，是对学生的"爱"与"尊重"；而这份"爱"与"尊重"，会经学生反馈到我们的教育教学实践中，让我们受益无穷。

陶行知先生说："要用活的人去教活的人。我们要想草木长得茂盛，就要天天去培植他，灌溉他；我们要想交结个很活泼的朋友，就要我们自己也是活泼的。我的影响，要能感到他的身上；他的影响，也要在我的身上，这才可以的。比如，我俩起先是不相识的，后来遇到了好几回，在一块儿谈了一次，于是两下的脑筋里都受了很深的影响，两下的交情，也就日渐浓厚了。当教员的对于学生也要这样，也要两下都是活的，总要两下都能发生的密切的关系。"

教育就像品茶，一口吞，就叫驴饮；而一小口一小口地品，才能真正体会到齿颊留香，回味绵长。

第四章 学生是什么

想起《哲理故事》上的一个故事。有个年轻人觉得自己怀才不遇，对社会感到失望。他来到大海边，打算从此了结一生。一个渔夫经过此地，救起了他，并知道了他轻生的原因。渔夫随手在沙滩上捡起了一粒沙子，然后扔在地上，说道："请你把刚才的那粒沙子捡起来。"年轻人说道："这我可办不到。"渔夫从口袋里掏出一颗晶莹的珍珠，扔在了地上，说道："你能不能把这颗珍珠捡起来呢？""当然可以。"年轻人说。渔夫说道："是啊，捡起一颗珍珠是很容易的，因为它太与众不同了。你为什么不想一下，自己现在到底是珍珠还是沙粒？如果你跟普通人没有区别，你又怎么能苛求别人把你当成高手呢？"

那么，学生在我们的眼里，到底是沙子还是珍珠呢？如果我们把他们当成沙子，那我们就不会去了解他；不了解他，教育他就如空中楼阁、镜中美花。如果我们把他们当成珍珠，那我们就会珍视他的存在，发现他的优点。但现实是，当我试图将这个理论灌输于实践中时，突然发觉理论只是理论，而实践也仅仅是实践而已。就像热辣辣的晴天突然下了一场大暴雨，弄得我不知所措。

面对各式各样的学生，当我们走入困境时，总会不由自主地感叹一句："真是油盐不进，踩不烂，压不扁，磨不折。"你想用瓶子装他，他就是一团烈火；你想用手接他，他就是一股流水；你想和风细雨，他就是呼啸而至的沙尘暴；你想筑起长堤，他就是盘旋而上的龙卷风。你摸不透他的脾性，猜不着他的心理，因为他会随时随地千变万化。面对不同的教师，他会变。面对同一个教师的不同时刻，他也会变。常常是这种情况。我今天突然觉得某个学生特别乖，忍不住想要表扬他两句，可是一转头，他又是原先那个样儿。我对他的肯定和表扬倒成了一个大笑话。

初中不少的学生真的是顽劣成性。七年级的学生刚刚踏入中学校门，对中学的一切都带着试探的态度，没有多少敢于挑战校规的能力。你仔细观察，七年级的学生大多天真无邪、战战兢兢。见到教师，他们会羞涩地打声招呼，更有可能为自己得到教师的回应而小鹿乱撞，慌乱不已。八年级的学生已经适应了校规校纪，开始试着在校规之外寻找适合自己生存的途径。面对七年级的幼稚，他们不屑；面对九年级的嚣张，他们不爽。怎么办呢？他们就像只潜伏在纱窗外的小虫子，时刻等候着可以奇袭的机会。于是乎，教师们开始为八年级的学生头疼不已。

我仍然记得八年级的教师们，尤其是班主任们狂怒的表情和灵魂出窍般的咆哮声。每天他们的正常工作就是处理那些调皮的、顽劣的，甚至不可理喻的家伙。吵架的、斗殴的、争夺"江湖地位"的，五彩缤纷。由调皮、作乱而引发的后遗症也层出不穷。骨折需要休养的，打架需要调解的，斗殴需要报警的。真的是步步惊心的一年！到了九年级，一部分学生迫于升学的压力，面对着墙上早已标示的倒计时，理智的约束战胜了情感的放纵，暂时是安静下来了。但是，一部分学生明知升学无望，开始逐步挑战教师的管理。当然，作为初中阶段的老大哥、老大姐，他们的反抗相对前两年要含蓄得多。一方面基于家长的施压，附和的学生变少了。另一方面不管心里的想法到底怎样，升学所营造的严肃氛围也间接让他们收敛很多。试想，每天对着白板前方的数字，又有多少人真的可以无动于衷，淡定如初？

孙子说："知己知彼，百战不殆。"说得严重一点，教师和学生之间的战争是长期的、艰巨的、充满挑战的、多变的。历史上不少战争前前后后持续了很多年，大小规模的战役数不胜数。我们和学生的"战争"耗时更长，牺牲更大。我们要准备好奉献出无数珍贵的脑细胞、体细胞。前几天还听说，又有教师在讲台桌前猝死，我也很是担心呢。因此我每次血压飙升的时候，总担心自己就此香消玉殒。所以，在学生试图挑战我的尊严时，我总提醒自己要冷静，不能为了他的学习影响我的身体。这笔账不划算。有时，我干脆停下来不讲任何内容，等调皮鬼们用他们残存的自尊心强行压抑住心中的不良情绪时，我才再次开始我的语文教学征程。

  人们常说，困难像弹簧，你强它就弱，你弱它就强。不论管理学生有多大的难度，既然吃了这碗饭，且端稳再说。想管理学生，首先要了解学生。呈现在老师眼前的是各个不同的鲜活的个体。了解学生，谈何容易？子非鱼，焉知鱼之乐？我非生，又焉知生之心？生非我，又焉知我之痛？

  可是，我们是否就要眼不见心不烦？这样我们岂不成了战场上的逃兵，自僵的枯树？对，怕就是逃避，逃避就是懦夫。教师可以当懦夫吗？当然不可以。教育孩子们，是我们天定的使命。我们为使命而生，为使命而死。只要我们拥有一颗坚定不移的心，没有什么是做不到的。我们要坚信这一点，坚信自己的能力所及。

  不少班主任在写学期总结时，经常会纠结于如何对学生作出准确评价。哎呀，写什么好呢？又要写出来每个人的特点，又要写出来不一样的表达。好难哦！每个学生似乎都认识，又好像都有些模糊。于是乎，常常出现这样的场景，有的班主任搜索枯肠不得要领，有的班主任到网上找寻答案，把现成的评语剪一剪，套一套，便成了自己学生的了。毕竟没有一个人会对这件事较真，或者干脆说，几乎从来没有人认真研究过《班主任寄语》上有关孩子的点滴评价。

  亲爱的读者，你有没有看到过这样的评价？"该生品行端正，尊敬师长，学习良好……"这样的评价放之四海而皆准。不管是放在哪个学生的《学生手册》上，都不会显得违和。因为这样的评价涵盖了所有学生的共通点，并没有任何对他们个性的挖掘。这样的评价当然是模糊的，不合格的。这是因为有些教师从来也不愿意走近学生，了解学生。

同样，很多学生的家长对自己的孩子所知甚少。有的家长老是说，我自己的孩子嘛，我当然是了解的。你了解他们什么呀？是一顿吃几碗饭，还是一天说几句话？在他们的眼里，孩子是听话的、懂事的，甚至还是孝顺的。他们对自己的孩子满意程度远远高于教师对孩子的评价。很多时候，一旦父母听到与自己理念上相悖的评价时，心里是万分存疑或极度反感的。

几年前，我在街上闲逛时，遇到一位面露烦恼的家庭妇女，她对我说出了自己的苦闷。原来她的儿子经常被教师训斥，而且教师已经家访过许多次。在教师的口中，这位妈妈的儿子上课说话，下课打架，天不怕来地不怕。我问："你了解自己的孩子吗？"她说："当然了解啊。他是非常乖巧的小孩啊。我真不是骗你。从小到大，他从来都是腼腆的孩子。他甚至跟别人多说一句话都会脸红。他从来都不会跟我顶嘴。"我问："那为什么老师会有相反的评价呢？"她不解地说："我也不懂啊。是不是老师看我小孩子不顺眼，故意找他碴儿呢？我听说，这个老师脾气挺暴躁的。嗯，我听说，他还有些势利眼。"我问："你对老师势利眼的评价是哪里来的呢？"她说："你看，我家孩子旁边的学生都是'学渣'，他有了问题都不知道找谁问。"我说："这个消息，你又是从什么渠道得来的呢？据我所知，班级里分为九个小组，班主任会将班级前十名学生分配到每一个小组。"她说："原来是这样啊。我听我家孩子这样说的。班主任不会歧视我家的孩子吗？"我说："当然不可能。在老师眼里，学生都是一样的。当他无法容忍这个学生时，只能证明一件事，这个学生的确在遵守纪律上或学习态度上有问题。要不，你再观察一阶段试试，他还是小学时或初一时那个听话的小孩子吗？"这位纠结的母亲点头答应，我看出她的眉眼间写满了一百个不乐意。

我想她的心里一定在想，反正没有其他办法，不如索性死马当作活马医吧，到底也是一条出路。

几天之后，这个家长再次找到我。她的表情似乎舒展了许多。她说："我认真观察过，我的孩子真的跟小学不一样。他写字不如小学认真了，做作业不如以前细心了。问一问他的同学，老师说的都是真的。我真是太粗心了。我原以为孩子还是原来那个孩子，却不知道他早就变了。我真是一个不称职的妈妈。"

公允地说，这个妈妈算得上通情达理。她心里存有疑问，并没有在第一时间找教师兴师问罪，而是愿意在别人的建议下去观察孩子。在得知孩子有自身问题时，也不是一味地否认和回避。正视孩子的问题，说起来容易，做起来是难之又难。

八年级某班有一个男学生。他出身农村家庭。父母都是农民，没有什么文化。有一天，这个男生犯了错，老师就电话联系这个男生的爸爸。老师告诉爸爸，"你家孩子打了邻班的一个男生，人家家长在这儿，你家来看看怎么处理这个事儿吧。"几句话下来，那个打人男生的爸爸显得非常不耐烦。他反复强调："我家孩子在家那么老实，不可能做这样的事儿。"遇到这样的家长，老师头疼欲裂。以后班主任再联系这位家长，对方却连电话也懒得接了。

家长看孩子，怎么看都觉得可爱。换一个说法，孩子怕家长，不得不假装可爱。因为不少父母信奉的是严苛的教育方式。除了恐吓，就是惩罚。可有效程度有多少，就因人而异了。家长平时不一定紧跟着孩子的成长过程，一旦犯事，常常是痛打一顿完事。很多时候，孩子在家长面前呈现出来的是最文静的一面，毕竟老实一点不吃亏。学生跟家长的实质性联系最多，生活费啊、穿着打扮啊、社交往来啊，孩子没法不听话。我最常对女儿说的一句话就是："再不听话，就不给你零用钱。"很明显的是，一旦我说出了这句话，女儿的态度就收敛了许多。加之家长对孩子了解比较透彻，在一个和自己有着共同的生活记忆并对自己了如指掌的人面前，人常常就丧失了抵抗力。

但一旦到了学校，脱离了家长的管束，又有在伙伴面前维护自尊的必要，学生的面具就会被慢慢撕下。于是，在教师的眼里，学生又是另一种面貌。而这一面，又常常是家长无法想象的。或许，家长根本就无从想象。

我妈一直觉得我是个非常害羞的人。我妈脾气真不是一般的暴躁。小时候，家里几乎每天都是鸡飞狗跳。直到现在，我眼睛一闭还能回忆起这样的画面：无休无止的争吵过后，家里到处是杯盘狼藉。我妈在抹眼泪，一声声血泪控诉就像一把把匕首，插向敌人的心脏。而我爸呢，就像是角斗场上筋疲力尽的斗士，一声不吭地坐在长凳上叹着气。

我很害怕我妈狰狞的脸，所以我在家一般是沉默寡言的。与其说我醉心于书本，不如说这是一种很好的逃避炮火的方式。放假的时候，我可以连续几天待在床上看书。因为沉浸在知识的海洋里，心情才会真正地惬意。我妈只要看到我拿起书本，就觉得我一定是在用功读书。望女成凤的她怎么能想到我在家里的伪装是如此成功呢？

所以说，有的家长误以为自己了解孩子，其实完全不是那么回事。再者说了，老师愿意管你的孩子，你应该感到开心才对，证明你的孩子是个可造之才，起码在成绩上是有上升空间的。老师对孩子的吐槽，其实也是恨铁不成钢的表现。如果老师偶尔发两句牢骚，之后仍然如常关心着你的孩子，仍然无私地对你的孩子付出，你听就是了。你损失什么了吗？老师眼里的你的孩子，才是他在校真实的样子呀。

有教师说："这个学生太不听话，在教室里横冲直撞，上课也不够专心，实在太费脑筋，真是恨得牙痒痒。可是，你能拿他怎么办？你说他说话了，他说他没说；你说他骂人了，他说他没骂。就是不承认，真是神仙也没辙。"

有教师说："他看起来文文静静的，但是心思就不在学习上，因为老半天了，他的眼珠在动，可书始终停留在那一页。他还挺会演的。走到他身后，看到他的头凑到旁边同学耳朵边。很明显，就是在说话嘛。可是，一旦你正脸朝着他，他立马正襟危坐。说他错吧，死不承认。哎，我这个苦啊。"

有老师说："男生嘛，到底抵抗力强一些，你说女生怎么办？打吧，不能下手；骂吧，张不开口。高声训斥吧，又不知是冲谁。我说还是不说？孩子们可不懂得什么是男女有别。即便是女生犯错误，他也会说，老师你不是偏心吗，怎么说我不说她？难为死我了。"

从教二十几年，我也曾经因为学生受过无数次伤。

一天晚上，我刚忙完家务，拖着疲惫的躯壳躺到床上。刚刚进入假寐状态，电话铃声骤然响起："喂，是某某老师吗？你们班两个学生离校出走了……"为了这两个学生，我奔走于街头巷尾，后来在网吧找到了他们。他们的调皮我已是司空见惯，但是离校出走却是头回出现。

也许是我的恐慌太过明显，当时的副校长李某某问道："你打过他们吗？"我说："没有。"他又问："那你骂过他们吗？"我说："也没有。"李校长说："那就没有你的责任了，你还担心什么呢？"天知道我担心什么。我的脸色一定是苍白的。反正我的腿是灌了铅的。是太担心自己要承担什么责任吗？确实有这个因素。但更多的是委屈和不解。我觉得对这些孩子挺好的呀。还有就是担心孩子们的安全。他们晚上待在哪儿，吃什么，遇到坏人怎么办？……

现在回忆起这件事，我对李校长仍然充满感激之情。他既没有把这件事的责任全部推到我身上，即使这是班主任的责任；也没有从领导权威和学校名誉的角度对我横加训斥；反而对我温声细语，多加安抚。但是，为了这事，我还是懊恼了好多天。我实在想不通，这些孩子到底是怎么啦？我自责过，反省过。我觉得自己对学生实在很好，何至于两个男生找不到自己的位置呢？学生发烧了，我第一时间带他们去看病，我比他们父母还急迫；孩子成绩下降了，我找他们谈心，孩子感动得直掉眼泪。这两个男孩子，看起来不像是那么胆大妄为的人，却偏偏做了胆大妄为的事情。

年龄渐长，跟学生相处的时间多了，我才逐渐悟出了很多道理。就像家长眼里的孩子不是全面的，老师眼里的学生也不一定是全面的。因此老师对学生的了解不能仅限于他的在校表现，否则就有可能影响到对学生的正确引导。

家访的时候，我才知道出走学生的家庭状况。原来他们的家长对待孩子非常苛刻，动不动就拳脚相向。更有甚者曾将犯错的孩子高吊在房梁上，用鞭子狠狠地抽打。这一次他们又不知犯了什么事儿，怕家长又毒打，才商量好借着上学这个机会跑到远处去了。后来，两个人饿得受不了了，才回到家中。当然，免不了又是一顿打。

多少年后，我又见到了其中一个学生。他在当地开了一家澡堂，自食其力，蛮好的。不知道已届中年的他，是不是还记得我这个曾经的班主任？又不知道成家立业的他，是否像当初他爸爸要求他那样去管教他的孩子？更不知道如今的他回忆起我，是怀着什么样的心情？

第五章 做个智慧的教师

我们学校属于初中部，共分三个年级。每个年级的班级数不一致。全校大约2000名学生，而且每年都有一定数量的学生流动。有的是因故辍学，大部分是嫌弃学校的学习环境较差，而通过各种渠道进入北边新浦地区的其他学校就读。

全校教师有200名左右，一线教师占比较大。以我为例，执教两个班级，每个班级学生数大概55人。班级有快慢之分，快班人数多一些，慢班人数少一些。在我眼前，总有120张左右的面孔晃来晃去。世上无难事，只怕有心人。经过多年不懈的观察，我终于发现，其实每个学生的额头都贴着一张标签。所有的学生加在一块，也无外乎以下几类：

一、活泼好动型。

这一类学生自控力差，他们的违纪行为常常是无意识的。譬如上课听讲不专心，容易分散注意力，喜欢玩指甲刀、小剪子、手机等，根本管不住自己。同时，他们的上述行为不是故意为之，的确是缺乏足够的自制力而造成的。这类学生在班级所占比重并不少，并且正因为错误轻微，态度良好，经常让教师无从着手。但是这些学生的管理优势在于只要稍加留心，就能顺利引导他们的注意力。对这类学生的教育尽管烦琐，然而相对轻松。也就是说，面对教师的唠叨或严苛，他们会理解为好意或用心良苦。教师在管理时，不必担心意外事件发生。我在管理这类学生时，以不时提醒为主，或轻敲桌面，或摸摸头部，或帮忙翻书……

二、含蓄内敛型。

这一类学生脸皮薄，不爱说话，遵守纪律方面也完全符合教师的期望。他们是教师、家长眼中的好学生，是学生中的表率。教师往往会对这一类学生放松警惕，对他们偶尔犯的过失也是睁一只眼闭一只眼；他们的自觉性也很强，对于自己的小过失也很在意。对他们偶尔所犯的过失，教师不必严厉追责。如果在班级内树立起这些人的威望，就像在土壤里栽种一棵枝繁叶茂的大树，何愁学风不正，班级不旺？

现在我的班级里有大概不到十个这样的学生，以女生为主。他们来与不来，好像都不会引起别人的注意。他们迟到的可能性不大，如果真的迟到了，他们就会在教室门口静静地立着，连声"报告"都觉得耗费了全部心力。他们走向自己位置的动作是异常静默的，好像穿的是绸缎的鞋子一般。等到他们坐下来，似乎教室里的灰尘都没有被惊动过。他们的眼神介于黯淡与明亮之间，他们的状态介于睡醒与睡着之间，他们的动作介于少年与青年之间。教师不必把这一类人与违反纪律这样的字眼挂钩，我怀疑他们连犯错都嫌麻烦。有一个小女生生病几天没来上课，我居然毫无察觉，后来发现只因为班主任在她不在的那段时间调整了学生位置。

三、张扬暴力型。

班级里总有这一种人，他们飞扬跋扈，在教师面前伪装得很好，只要教师不在教室，他们就成了大王。更有甚者，连班主任也不放在眼里，或者公然辱骂教师甚至班主任。他们每天都保持战备状态，对每一个教师都怀有敌意。这种学生是最难驾驭的。

讲一个事情，去年发生的真实案例。一个男生在进校门时，与校警不知为何发生了冲突，冲着校警就是一拳，并不时叫嚣，态度极其狂躁。我想大多数老师觉得对这些学生无能为力。校园的规定有时候对待这一类学生已经显得苍白无力。还是那句话，教师没有惩戒权。怎么办呢？毕竟又不能无视这些人和事的存在。因此作为教师，就有必要好好研究学生的性格，对症下药，去掉这些学生的戒备心，让他们在班级里也能成为正常的人。

陆轩石曾经说过："性格是人内在的深层次的人格结构。每个人的性格都有不同的结构形式，因而也都有不同的表现特征。一个人认识自己，归根结底就是认识自己的性格。其他诸如习惯、心态、智力、品格等等都是从不同侧面认识人的性格。"因此，了解学生的特点，是为了更好地管理和教育他们，是为了将他们培养成为德智体美劳全面发展的四有新人。在与学生打交道的过程中，才能真正体现教师的智慧。

懂得学生的性格特点，正是为了更好地教育学生，服务于课堂教学。人与人之间有着不同的性格差异，学生也是如此。不能把学生的性格一刀切。如果觉得学生千人一面的话，那么就不用教育了。班主任每年都会给学生写评语，只有对学生了解够多，才能写得真实。

我认识一个老教师。现在她已接近退休年龄，当时正值风华正茂之年。大家都很奇怪，只要在她班里的学生，都显得特别听话，可她从来对学生不打不骂。不知道用了什么办法。好多人都纳闷着呢，偏偏她这个人又很低调，啥经验也不说。

就在这时，有一个班级出事了。原来的班主任实在没有办法了，主动请辞。就他的话说，班级里"牛鬼蛇神"一大帮，根本管不了。上课时到处都是乱糟糟的，班长管不住，管了就挨骂，教师讲台上大讲，学生座位上小讲。自习课更是乱成了一锅粥。任课教师天天来告状，班主任只能主动"下野"。其实我的这个女同事不做班主任已经好多年。领导好说歹说，终于请得她出山。说来奇怪，自从换了新班主任，学生也不闹了，教师也不叫了，学生成绩直线上升。

后来，在我这个新教师的虚心求教下，这位老教师告诉了我其中的秘密。原来，她经过细心观察，终于找到了"带头作乱的匪首"。她发现这个家伙其实是个很讲义气的人，总是喜欢替其他同学"出头"。于是，她决定启用这个大家公认的落后生做班长，并跟这个学生约定，如果他能把班级的纪律管好，那么就对得起她的这份信任了。人都是有自尊心的，你觉得他没有，是因为你没有重视过他；一旦你看得到他身上的亮点，他自然便顺服于你。我问："这种办法对所有的班级都适用吗？"老教师笑了："未必，你看我每年用的班长不管从成绩还是从纪律观念上看都是不一样的，你得细心观察，积累经验，但不管怎样，你首先得从他身上找出亮点。就是说，你得用欣赏的眼光看他。你觉得他是什么样，他就是什么样。"

这位老教师多年的管理经验证明，对待这类强势学生，不妨以柔克刚。如果你单纯以自己的威严去命令他，你得到的只有对抗；如果你单纯以自己的温柔去感化他，你得到的只有藐视。放在台面上看似简单的管理经验，不知要经过多少的挫折才能悟出来。

这位老教师正是我的多年好友。后来，她去了别的学校，依然是最出彩的那一个。她的教育理论和方法可能不够系统、直观，但是却始终能呈现出最佳效果。这才是最重要的。

那么，教师对学生意味着什么？仅仅是一种职业？不是。"一日为师，终身为父"，如果以做父母的眼光来欣赏每个学生，你会发觉他们的可爱之处的确很多。

有的学生以体育见长，可能他曾经在某次比赛中获奖，这是他取得自信心的关键点，那么他很适合担任班级的体育委员。教师要把握住这个天赐良机，用摄像机镜头定格他的英姿，张贴在墙上，并大加褒扬，让他在同学之中因为这项特殊技能而有面子。他为了维护这个面子，肯定会认真努力，配合教师对班级其他人员的管理。

有的学生天生一副好嗓子，不妨多聆听她的歌声，一个职务很适合她——文娱委员。学校举办的各种歌唱比赛别忘了她。学校最近没有任何的娱乐活动也没有关系，班级内部可以搞。语文课上经常会有录音朗读这一环节，不妨让她当主角。音乐课上她可以做教师的小助手，带着同学练歌。有的学生看起来很木讷，但是他人缘很好，让他当学习委员如何？同学有不懂的可以问他，他应该也很有耐心。或者当生活委员也行，管理学生的住宿就餐事务，他说的话学生应该都愿意听。

2002年，我当过一年班主任。那个班级里有几个班干部很有特色。班长周丹是个女孩子，她属于"德高望重"型，很受同学的拥戴。不管交给她什么样的事情，她都能尽善尽美地完成。副班长徐小圆性情活泼，敢作敢为，最值得肯定的是，她强硬的面孔下还有一颗包容的心。一次她被一个男生一拳揭肿了眼睛，瞒了我好多天。要是别的女生早就告状了。后来，我明白真相以后，心里既欣慰又惭愧。这是我工作的失责，也是我多年之后回想起来仍然觉得惭愧至极的一件事。

正如人的手指头有长有短一样，在一个班级里，学生的素质有高有低，不能以学习成绩作为判定学生优秀与否的唯一标准。如果从职业分类，我们知道的就有教师、文秘、机械师等，而在学校里，并没有开设所有的课程。因此有些学生身上潜在的能力还是黯淡无光的。我们熟知的大科学家爱因斯坦曾经被学校劝退，大发明家爱迪生因为拿小朋友做实验被驱逐，也许我们笨拙的眼光、无知的判断会杀死天才。那么，就请我们多一点耐心和细心。"不是学生没有优点，而是教师缺乏发现优点的眼睛。"可见，教师有无教育的智慧，对于一个班级来讲是多么重要！

说起来容易做起来难，或者可以这么说，愿意这样说的人很多，愿意这样做的人极少。我们在拿到教师资格证书之前，全都接受过专业的培训，谈理论谁不懂？可空谈理论对解决问题又有多大的益处？

有的教师会说：一个学期下来，我连班级的学生名字都叫不出来，何谈了解他们并给他们表现的机会？有的教师会说："我又不是班主任，你说的这些方法根本不适合我。我每天进教室的时间是有限的，你让我在别的课堂把学生拖出来吗？那不是又要跟同事为争时间而产生新的矛盾？这可得不偿失。"有的教师说："学生在我的眼里，差不多一个模子里刻出来的。我真看不出来谁有哪种特长。每年写评语，就是我最纠结的时候。迫不得已，找网上的评语拼接或'克隆'一下，反正都差不多。"

是的，刚入这行时，我们都曾有激情和梦想，也曾设想过自己戴着老花镜批改作业的样子。可时间长了，我们都有了职业倦怠，也有了抱怨、不平和浑噩。但是，教育还在进行时，难道不给自己努力的机会，只是一直抱着煎熬的心态直到退休吗？是不是班主任不要紧，将心比心，心同此理。有一句话不是说了吗？要为成功找方法，不为失败找理由。

我认识的一位同仁在这方面就做得很好：

她是一位英语老师，在教学方面很有一手。她管理班级也别具新意。她把所有的学生的资料全放在一起，并在最短时间内认识了这些学生。她在上课提问时直呼学生的姓名，像是相处了好长时间似的。这让学生倍感亲切，这是成功的第一步。到读书这个环节时，她会说："请曾在某某比赛中获奖的某某同学给大家作示范朗读。"我说："听说某某同学体育最棒了，能不能向我们也展示一下读书的本领呢？"这是成功的第二步。当然，最终的成功还来自教师的本分——娴熟的教学技巧。说到底，这才是最能打动学生的要诀。

枝繁叶茂的大树期待得到鸟儿的赞美，展翅高飞的苍鹰期待得到白云的赞美，潺潺流动的小溪期待得到鱼儿的赞美。有没有这样的经历，我们只因为穿了一件新衣服被别人夸奖几句也突然觉得飘飘然？因有人说自己脸色红润偷偷跑去照镜子？被领导表扬过后坐在桌前回忆好半天？每个人都期待得到别人的肯定和赞美，学生更是如此。

  偶尔会听到有的同事抱怨："这个学生，一点自尊心也没有！左耳朵听，右耳朵冒，当众批评，他也像没事人儿！是不是他一点自尊心也没有？否则，怎么会不在意老师的批评？"

其实，越是看起来没有自尊心的学生，他的自尊心比谁都强烈。只不过别人看不到他的自尊心已经好久了，他自己也已经遗忘了自己还有自尊心这回事。他的心灵筑起了一道高墙，穿着坚硬的盔甲，随时准备抵御来自外界的进攻和挑衅。对他来说，教师的指责已经严重伤害了他的自尊心，那么在同学面前，他要竭力维护自己的体面，方法就是全然不拿教师的惩罚当回事。下课之后，他可以在同学面前炫耀："瞧，他想管我，我还不想理他呢！"

  我想到班里的一个男生。他长得一副明星的外貌，皮肤白皙，个头魁梧。但是，他总表现得桀骜不驯、战天斗地。课堂上，他难得有端坐的时候，要么斜着，要么瘫倒。我心中是万分生气的，但是开学初，在不了解孩子们的情况下，我不能轻易下判断。于是，我走访了他的班主任。原来这个男生出生于单亲家庭，常年跟外婆一起生活。他的母亲去了国外打工，好的时候一周一个电话，不好的时候半年也不来一个电话。缺乏家庭温暖的孩子，自然对于外界就多了一层戒备。他从不相信父母之爱到不相信老师之爱，这是无可厚非的。他穿了一身金甲战衣，正是为了掩饰内心的自卑与脆弱。

对于这种学生，我们应该怎么办呢？是视而不见，还是严加苛责？如果是严加苛责，那么我告诉你，这一招基本无用或根本无用。就像你面前有一件脏衣服，上面已经落满了灰尘，如果你打算只是拍拍就让它变得干净，怎么可能呢？

班级里有一个俗称"皮条"的学生，是个"软硬不吃"的家伙，每天把迟到当作家常便饭，教师什么招儿都想到了，可是用到他身上，就像清风拂过水面，不见一丝波澜。有一天，他在地上喷出了一个叮当猫，很大很逼真。正在眉飞色舞讲课的教师先是生气，接着灵机一动，开始带着同学对这幅画像评头论足，并且看出了很多高妙的地方，教师说："这位同学进步太大了！原来只会喷水，现在会喷画了，真是了不起。"说得这位调皮鬼不好意思，以后竟收敛了好多。

这个教师是智慧的，他看到了学生的进步并加以肯定，最终收到了意想不到的效果。正面批评不灵的时候，不妨从反面想想办法，也许就会成功。可是，对于那些屡教不改且对班级纪律造成恶劣影响的学生，是不是就只能视而不见呢？

我来说几个真实的事例。

第一个：某班一男生，迟到、早退、旷课、打架等学校严禁的事样样都犯。最严重的是顶撞、辱骂教师，欺凌同学。教师屡次让家长到学校来，收效甚微。

第二个：某班女生，"江湖大姐大"形象，别班上课，她就蹲在窗框上，引得同学哈哈大笑。教师劝阻，这个女生立即辱骂教师。教师无可奈何。

第三个：某班男生，逢课必睡，不写作业，睡醒就说话。教师屡劝不改。其他人跟着他有样学样，搞得教师上课暴跳如雷，却又无计可施，班级整体的学习成绩也直线下降。

对于这些班规班纪都约束不了的学生，教师就真的没有办法了吗？我认为不是。不妨仔细研究一下他们。为什么同一个学生，在不同的班级，会有截然不同的面孔？很多老师会有这样的体会，这个学生去年在这个老师手下是失控的，可是下一年换了个老师，他（她）居然变得好多了。这是怎么一回事呢？就像我之前提到的那个女老师，让全校教师为之头痛的一个男生，在她的手下却被调教成了教师的得力助手。这是值得我们深思的。虽然我不太苟同于"没有教不好的学生，只有教不好的教师"，但这句话在某一个层面上来说，又有一定的道理。

我觉得，我们应放下教师的身段，认真地观察学生、倾听学生，时刻关注学生的进步，让他们有自身的存在感，有集体的归属感，同伴的认同感。如果这样的努力还不能让学生进步的话，那这个学生真是不可救药了。但是如果我们还没有付出这样的努力，怎么能随便评价学生的优劣呢？

当然，教师做好自己的本分之后，学生仍然不思悔改，就要借助学校或管理部门的力量，通过共同帮扶的形式来教育学生。严重的甚至要反映到政府部门进行备案处理，不能让歪风邪气在学校滋长并成为主体力量。一旦逆风盛行，学校势必会在短时间陷入困境，甚至迅速成为周围人的笑柄。

> 我想起了教育家陶行知"四颗糖"的故事。陶行知先生当校长的时候，有一天看到一位男生用砖头砸同学，他立马制止了这一行为，并叫他到校长办公室去。当陶校长回到办公室时，男孩已经等在那里了。陶行知掏出一颗糖给这位同学："这是奖励你的，因为你比我先到办公室。"接着他又掏出一颗糖，说："这也是给你的，我不让你打同学，你立即住手了，说明你尊重我。"男孩将信将疑地接过第二颗糖，陶先生又说道："据我了解，你打同学是因为他欺负女生，说明你很有正义感，我再奖励你一颗糖。"这时，男孩感动得哭了，说："校长，我错了，同学再不对，我也不能采取这种方式。"陶先生于是又掏出一颗糖："你已认错了，我再奖励你一颗。我的糖发完了，我们的谈话也结束了。"

第六章　父母是孩子的一面镜子

人们常说："龙生龙，凤生凤，老鼠的儿子会打洞。"我们可以将其理解为什么样的家庭养育什么样的孩子，什么样的孩子来自什么样的家庭。家庭是孩子成长的温床，父母对孩子的关注程度常常会决定孩子的最初成长状态。所以，想要了解学生的状态成因，就要先了解他们的家庭。

我们学校是城乡结合部，生源主要来自板浦街道和附近几所农村小学。有城乡交流经验的教师应该更能真切地体会到城镇孩子和农村孩子的不同之处。我在前文中已经提到了部分优秀学生流失的情况，这意味着一个班级之中已经缺失了必要的引领者，这对营造良好的班级氛围是大大不利的。而在留存的学生中，有很大一部分学生的家庭是不健全的。这给我们的教育和管理增加了难度。单单瞧瞧每年的贫困生名单上介绍的家庭状况，就可以预想到各种各样的管理难度。加之一些城镇出身的学生总有一种与生俱来的优越感，有极个别学生还天生一股痞气。所以，了解学生，就要先了解他的家庭。我们要清楚地知道，这种优越感从哪里来，这股痞气从哪里来。只有搞懂了这些，我们才能更有效地教育好学生。

还是打校警的那个男生。这个男生在校园里无人敢管。如今，在人们的观念中，体罚学生是违法的，那谁还愿意去"摸老虎屁股"呢？学生惹事自然要请家长。想象一下电视里黑社会老大出场的画面，不错，这位男生的父亲是一个工头，算是当他的"土豪"，他身后带着两个保镖，腆着肚子耀武扬威地走进了校园。这位家长是来处理问题的吗？不是，是来炫耀武力的。这样的父亲能教育出好孩子来吗？可想而知。的确，还没谈几句，他便对孩子来了一顿拳打脚踢，粗声怒吼。在教师面前，学生是骄傲的，因为教师没有足够的权力。在这位家长面前，孩子是屏弱的，因为家长有断绝经济来源的能力。

由此可见，家长受教育程度的高低，直接关系着孩子的优秀与否。就我接触的家长而言，相当多的优秀家长来自教师、公务员等职业。相对而言，教师、公务员家庭的文化氛围比较浓郁，父母自信、优雅的谈吐极大地影响了孩子的成长。除掉非常特殊的案例，一般情况下，教师、公务员家庭的学生在校的表现明显优于其他职业的家庭。在这类家庭中，学生的学习环境相对是安静的、封闭的。因为有法定的休息时间，父母可以更多地陪伴孩子。这就是教育中最大的环境优势。

一些农村家庭的孩子，就不是那么幸运了。因为父母工作时间甚至工作环境的不确定性，这类学生的家庭教育也是难中之难。我们曾经于2012年3月春暖花开之际，面对八年级530名学生发放了530份问卷，最终回收问卷480份，有效率为91%。同时，我们对相关家长进行访谈，以求充分了解他们对学校及其管理方面的看法，家长普遍比较配合。我们希望通过这种办法来使学校与家庭之间互通有无，实现双赢。接下来，我将对问卷的内容和结果进行简要的展示。

（一）调查对象

某校八年级530名学生及其家长。

（二）调查方法与过程

我们主要采取的是访谈了解、观察研究、问卷调查等方法。

（三）调查结果与分析

通过一系列的归纳与统计，我们得出了结论。很明显，与学校、家长、学生相关的诸多劣势俨然成为弱势学生不能够积极上进的理由。

（1）父母文化修养普遍偏低。在接受调查问卷的480人中，父母全为农民的有120人，占总数的25%。父母都在外打工的有149人，占总数的31%。都说父母是孩子的启蒙老师，他们的文化修养对于孩子的影响相当重要。须知，孩子是天才演员。他们具有超强的模仿能力。我们不想去鄙薄谁的视野有多狭隘，但是就大多数而言，文化层次相对较低的父母要想依靠自身的修养征服孩子是没有说服力的。

父母的职业	①至少有1人为教师、公务员等公职人员（11人）
	②1人在外打工（160人）
	③1人在家务农（40人）
	④两人都在外打工（149人）
	⑤两人都在家务农（120人）

（2）父母对其职业的态度比较消极。"万般皆下品，唯有读书高。"在现在的中国社会，大多数人都将读书升学作为改变生活状况的敲门砖。因此，即便父母是农民，也会常对孩子谆谆告诫，希望他们能与自己的生存环境脱离关系。我认为，这样的观念是有问题的。农民之于土地，工人之于企业，司机之于汽车，都应该表现出自己的依恋。一个人对自己职业的尊重，极大地影响着孩子的学习态度。而很多学生在面对"父母对其职业的态度"时，都填上"不热爱"或"不知道"。这就很能说明问题。

父母对职业的态度	①热爱（50人）
	②一般化（230人）
	③不知道（200人）

（3）父母的业余生活安排得不够妥当。在"父母业余生活是如何打理的？"一栏中，有260人填写"看电视"，占总数的54%。排在第二位的是"打麻将"。可怜！"看报纸"的29人，仅占总数的6.25%，概率何其低也！这样的父母业余时间常常坐在电视机前消磨时光，他们跟孩子的交流时间也就少了。情感交流少了，"后遗症"就多了。

父母的业余生活是如何打理的？	①读书（0人）
	②看电视（260人）
	③看报纸（29人）
	④打麻将（138人）
	⑤其他（53人）

（4）父母对孩子的期望值过高或过低。在"父母对你有很多的期望值吗？"一栏中，学生填"有"的有330人，占总数的68.7%。父母对孩子有期望值是一件好事，说明孩子在父母眼中是一块可塑之材。但人与人是不同的，包括智力、经历、自觉性、与外人相处的和谐度等。这使得父母的预期很难完全与现实接轨，高期望值也会像一面无形的、冷冰冰的墙，给孩子以压抑感。当父母的理想被子女的现实击得粉碎时，两辈人之间的矛盾也就产生了。这还不仅仅是代沟问题，孩子很容易因此产生倦怠情绪、抵触情绪等。这对学习反而是不利的。

父母对你有很高的期望值吗？	①有（330人）
	②没有（5人）
	③一般化（100人）
	④不知道（45人）

我们是父母，但是要做什么样的父母，这是我们的个人选择。如果我们真的爱我们的孩子，就要认真地考虑一下自身存在的问题了。

我们这儿是规模不大的小乡镇，共有一所高中、一所初中、三所小学。于是，人就奇迹般地多了起来。早晚响彻云霄的广场舞，四季不间断的麻将馆，在马路上遛来遛去的黑眼睛，这也是各式各样的父母。试想，孩子连最起码的学习环境都没有保证，又怎么能有好的学习成绩呢？相信大家都听过孟母三迁的故事。孟母之所以要带着小孟子屡次迁居，就是想摆脱那些不利于孩子成长的环境。我们现代的家长更应该意识到学习环境的重要性。

很多家长感到很委屈：这样说来，我是不是连自己的业余爱好都没有呢？我好不容易将孩子拉扯大，怎么可能为了孩子放弃了所有的个人空间？是的，这话没有错，但是不是可以选择一些比较安静的运动，不至于达到干扰孩子的地步？家长更应该培养自己喜爱读书的习惯，以自己的良好品质达到对孩子积极的潜移默化的效果。要孩子好好学习，自己就要做个学习者。

正如人们移栽树木时，总是要带些原有的土壤，以利于小树在新的环境下更好地成长。孩子不管在什么样的学校里，总能带些家长的影子。而我非常期待各位家长能够先行动起来，让孩子带着最新鲜有益的土壤在学校这个大环境下成长。

同样的孩子，由于家长教育方式的不同，他们的在校表现也会各有不同。我所见到的家长主要有以下几种：

一、自我娱乐型。

很多家长认为：小学时孩子没有独立能力，自觉性也较差。到了初中，远离大人，可以有更多的锻炼机会，同时家长也彻底解脱了。有的家长认为，孩子在学校学习、生活，他需要有自己的生活空间，我不能跟着孩子转一辈子。他现在需要的不就是钱吗？给钱够花就是了。也有的家长说，小孩子该懂事时，他自然就懂事了，何必要我们跟着呢？他不但嫌烦，我们也觉得累，你看隔壁家的小明，家长也没管过，还不照样上大学？

这样的家长真是活得很开心，啥也不想管。自己唱唱歌、跳跳舞，至于孩子嘛，还用得着家长管吗？好不容易熬到不用接送上下学了，再也不用操心了。有自理能力了，就用不着家长了。于是，家长解脱了，有了自己的生活重点了。

我对这样的家长深以为怪。小学时对孩子呵护备至，初中突然就放手了。家长嘛，也是大孩子，想有自己的生活空间，也不足为奇，人不能把自己的全部生活都献给孩子。可是，孩子毕竟是孩子，他能有多大的自控力？他的羽翼还没有真正丰满，就放手让他独自飞翔，这是一种非常冒险的行为。

我真心地希望这样的家长能稍微收敛一下自己的行为。家长辛苦的目的是什么呢？不是为了孩子吗？如果因为自己的懈怠而耽误了孩子的成长，你不会感到后悔吗？

针对有第一种想法的家长，我想说的是，如果家长对孩子抱着一种锻炼的想法，这是无可厚非的。孩子远离父母，只能学会独立。小树离开大树的庇护，他自然会长得更加茁壮，但是孩子毕竟还小，身体心智并不完全成熟，家长千万不能有撒手不管的做法。

针对第二种想法，我觉得可以理解，但不可以效仿。孩子是大人生活的一部分，需要大人的呵护和引导，并不是光解决吃喝问题就行了，家长要不时跟孩子聊聊学习、生活情况，与同学、教师相处的关系如何，以便于孩子更好地调整下一阶段的学习生活程序。

对于第三种想法，我需要说明的是，每个孩子的成长经历，家庭背景、自控能力、专心程度是不一样的，不要拿同样一把标尺来丈量所有的孩子。其实，在失去家长监控的情况下，孩子很容易走入辍学、早恋的漩涡。不是说有三类孩子吗？一类是不打不骂自成人，二类是要打要骂才成人，三类是又打又骂不成人。关键得看你的孩子到底属于哪一种类型，不是所有的孩子都是可以很好地管理自己的。

我遇到过这样的一位教师，他给我讲了他们班里的一位女学生的经历。原来她是一个还算沉静的孩子，也能按时完成作业，上课时偶尔还会提问。突然有一天，她开始坐不住了，既不老老实实地写作业，又喜欢把手指甲涂得红红紫紫的，上课还经常摩挲头发。一问才知道，她妈妈就喜欢打扮，也不怎么管她，要钱就给，但是连她在哪个班级都不知道。真是一位不负责任的家长。这样的家长怎么能管理好孩子呢？这位家长不知道孩子的班主任是谁，不知道孩子的任课老师姓什么，不知道孩子的班级在哪幢楼，可见她的心思根本不在孩子身上。

二、暴力管理型。

这样的家长是最可怕的，也是最无力的。他的可怕在于孩子的学习来自对他的畏惧。他的无力在于，一旦他的权力形成定势，别人的管教就显得懦弱了。他在，孩子会呈现出乖巧懂事的一面；他不在，孩子就会报复性反弹，更加失控。相对于家长的威风，教师的管理是那么的微弱。这样糟糕的情况下，学生能够形成良好的人格吗？

说一个例子：

一个男生在家中是独子，上面有六个姐姐，因此家里对他极为宠溺，小毛病从来不管。但是，当他长大了，家长便再也管不住了。怎么办呢？家长的做法是用鞭子毒打。自然，相比之下，教师的惩罚力度就显得微乎其微了。这个孩子逐渐在班里成了"大王"，后来玩起失踪、游西藏等把戏，把班主任搞得差点精神失控。他的爸爸一听班主任告状，唯一的方法就是打、打、打，吊在梁上打，捆在门前打。大冬天搞得就像警匪片里似的，把孩子差点扒个精光，打完放到院外示众。后来，这个男生跟班里某个孩子闹了矛盾，班主任只是批评了几句，他就不高兴了，离家出走了。家长着了慌，到处找，托朋友，找亲戚，也不知他去了哪里。半年后，这个家伙花光了从家里偷的钱，灰溜溜地从外地回来了。可安静不了几天，家长故态复萌，孩子再次离家出走，且对家长充满怨恨。最终，他加入了一个偷车集团，事情败露后锒铛入狱。这书嘛，当然是读不下去了。

不可否认的是，这个家长的教育是完全失败的。在他的教育理念中，只有对孩子实行全面的暴力管理，才能实现教育的预期目标。孩子是用来管的，不是用来哄的，棍棒出孝子。我深感无奈。在当今的时代，再谈棍棒出孝子早已过时了。在这里，对于家长，我有几点建议：

不可一意孤行。有的孩子性格强硬，确实让家长头疼，但是打不是唯一的管教方式。家长是最了解孩子的人。甚至孩子的成长历程都深深地烙下了家长的印迹。所以说，家长在管教孩子时，应该反省自己的生活方式给孩子带来的不良影响，应该借改变自己来改变孩子，应该试着培养趋向孩子的兴趣爱好。关上门，你们才是孩子最亲的人。试着俯下身子，听听孩子的心声，让孩子愿意向你们打开他（她）的心门。孩子好了，你们更好。

多听听别人的意见。有时，家长在训斥孩子时，会有家人或邻居在旁规劝。家长在暴怒情况下，很容易对他人的良言产生反感。家长会想，我在管教自家的孩子，关你什么事？闲着没事，回家管你自己的孩子去。偶然情况下，面对他人的正确劝导，还会出现不必要的冲突。但事情都是有两面性的，未必你的想法就是合理的，他人的说法就是错误的。即使他人的劝法是错误的、片面的，你也要虚心接受别人的意见，有则改之，无则加勉。要理解别人的用心，为你好，才来劝你。如果不想搭理你，定然漠然处之。

涉猎多种管理知识。说到底，管理孩子态度太过强硬，还是因为缺乏管理知识。刚出生的孩子，只懂得"哇哇"啼哭，是因为不会说话。家长只懂得打孩子，是因为不会管理，他唯一会做的事就是毒打。其实打有什么用呢？有多少打出来的好孩子呢？越大越难管，打也不管用。顺从的是表面，叛逆的是内心。

三、要求完美型。

相对来讲这类家长，自己也是素质较高的人群。他们大多有共同的期待，希望孩子能与自己同样的优秀，符合他们的预期。这些孩子也大多能令人满意，但正因为超高的期待值，这些家长对孩子的管教相对严厉。

我接触过这样一位家长：

　　她是一位英语教师，也是一位教学业绩相对突出的业务领头人。我的学生是她的独生女。说起来，这个孩子天资聪颖，自尊心强，学习成绩在年级经常处于前十名。对于大多数家长来讲，这已是可望而不可即的，但是对于我这位优秀的同事来讲，这还远远不够，她觉得为什么别人的孩子能考第一名，而自己的孩子却达不到这个高度？其实，孩子平时应付教师布置的作业已是精疲力竭，做妈妈的又额外增加了她认为容易出错的好多题目。我看到的这个可怜的小女孩经常是面露疲倦，哈欠连天。如这位可敬的妈妈所愿，孩子确实考到了前三名，但我始终不以为然。

　　我想，这样的"搏命式"的学习能维持多长时间呢？在妈妈的眼里，孩子已变成了只管接受的机器；对于孩子来讲，人生的乐趣又会有多少？如果做家长的只把孩子作为学习的机器，只是要求他过多地接收课堂知识，让他成为"思想上的囚犯"，那么这样的孩子即便获得发展的空间，也是不能做到长足进步的。

　　医生了解病人的病情，有利于对症下药；教师更多地了解学生，才有可能有的放矢，因材施教。如果对学生一无所知，无异于盲人摸象，永远不能取得令人满意的结果。我们深入探究学生的相关情况，更有利于我们对学生的教育。我们不做魔术师，我们没有千变万化的能力。我们只是凭着自己的观察体验与努力，最终获得我们期待的成果。

　　家长、学生与教师应该是一个共同体。很多时候，我们忽略了家长的能量，或者更准确地说，我们与家长的沟通是处于基本空白状态。我们是过多地依赖自己的能力，还是更多地怀疑家长的用心？我们是害怕家长的质疑，还是抱着多一事不如少一事的态度？我们是吃过了某个家长的亏，再也不愿意自取其辱，还是从来就没有想过要与家长沟通？各种各样的理由，使得我们停下了走向家长的脚步。

　　为什么做教师的不愿意走进学生的家庭，不愿意聆听家长的心声？如果我们只满足于在讲台桌前侃侃而谈，完成当堂课的教学任务，而对在此之外的事毫无兴趣，那我们充其量就是一个不问世事的教书匠而已。这与我们刚刚踏入工作岗位时的豪情壮志是背道而驰的。

第七章 我是个好教师吗

什么样的教师才是好教师？众说纷纭，不一而足。

但是，不可否认的是，好教师一定首先是充满爱心的教育者，只有发自内心深处的爱才能转化为辛勤教育学生的动力。因为我爱我的学生，我就会带着欣赏的眼光看我的学生；因为欣赏我的学生，我就不会过多地否定我的学生。只有做到了爱与欣赏，才有自我反省的可能，而不是一味地抱怨、推诿和逃避。那些遇到问题只懂得大声咆哮，只会把问题推给家长的教师，一定是不爱学生的。那些从来不懂得反省自己教育教学过失的教师，一定是不够爱学生的。

独自凝神静坐，蓦有几人涌上心头。

这是几年前的事了。班里有几个男生让我印象深刻。一个男生异常调皮，上课不是讲话就是扔纸团，说了好多次居然毫无用处，我便说他："你就是个垃圾，你懂吗？垃圾还要分几类，你就是那堆没有人看一眼的垃圾！"偏巧这个男生仍然摇头摆尾，我便说："赠你一副对联：墙上芦苇头重脚轻根基浅，山间竹笋嘴尖皮厚腹中空。"同学们看看小男生尖尖的下巴，不由得爆笑一片。

第二个男生喜欢向窗外吐痰。每次在我正神游文本，自我陶醉之时，突然响亮的三部曲——"嗯……哈……啐"乍起云端，如电闪雷鸣骤然打断了我的思绪，令我真是大大的不爽。我便说："要不是你的耳朵聋了，就是神经出了毛病。你到底知不知道，当众吐痰和当众挖鼻孔、打嗝放屁是一样的罪过。"

第三个男生在这个时候就很配合地放了一个清脆的屁，这个屁在半空中绕了几个圈，直到屋顶炸开消失殆尽。你稍加分辨，还能感受到它的电光石火般的威力。我说："屁，乃肚中之气，岂有不放之理？放屁有益于身体健康，又无碍观瞻，也许还有大家觉察不到的淡淡的味道呢。来于无形，去于无形，不好吗？"全班已经笑疯。我若无其事地一挥手，座下立即噤声。

第四个男生经常习惯性地挠头发，搞得头皮屑四处飞扬。我便说："搔搔痒痒痒痒搔搔越骚越痒越痒越骚，你能对出下联我就收回上联。"同学们的笑声更大了。当时只是冲口而出，我还颇有一丝的得意之色，丝毫没有顾及学生脸上的羞赧和不安。

我说那些话时真的忘记了我作为教师的身份。我只是觉得，这些学生怎么会从来没有想过老师的感受。说过多少遍的事情怎么能不遵守呢？我甚至把这些行为看作与我的对抗。其实现在想来，我觉得稍有一点自尊心的孩子都不会忘记这些事，也许这不叫伤害，可是，偶尔的戏谑之语可能会在孩子的内心烙上我们无法想见的印迹。如今，我越来越感到深深的抱歉。如果有我的学生看到了这一段，希望他可以消气吧。

我承认我是爱学生的，但这种爱似乎有了些瑕疵，它是精心雕琢的"爱"，但没有学生喜欢和需要这样的"爱"。这些事在我的心上留下了无法磨灭的阴影。直到现在，我仍要时刻提醒自己，不要再犯这种无聊的错误。真的，那么说那样做毫无技术含量。

洛克在《教育漫话》中说："鞭挞和呵斥是应该谨慎地避免的。因为这种惩罚的方法，除了使儿童对于使得自己遭受鞭挞或呵斥的错误行为产生一种羞耻恐怖的心理以外，是绝不能再有别的好处的。"所以，我的讥讽只是加重了学生对学习乃至教师的冷漠，没有其他好处。说到底，这是一种不尊重学生的表现。

鲁迅先生在《致颜黎民》中说道："我看你的爹爹，人是好的，不过记性差一点。他自己小的时候，一定也是不喜欢关在黑屋子里的，不过后来忘记那时的苦痛了，却来关自己的孩子。……我希望你们有记性，将来上了年纪，不要再随便打孩子。"

岁月更替，我们由当年的孩子成为现在的自己。为什么反而忘了从前的自己呢？我们将自己包装成了一个"完人"，站在教育教学的制高点来要求着、苛求着孩子们，这与当年可能让我们无奈的教师有何差别呢？

所以，我一直寻求改变。在以后的日子里，我正在试图成为一个崭新的自我。我无时无刻都想做个好教师。这是我的初衷，也是我的追求。可能在很多方面，我离一个好教师的距离太远，但是我付出了，我反省了，我进步了，这大概就是一个好教师的基本素质吧？我的头上没有各种竞赛的光环，也没有一本本泛着墨香的著作，但是，我努力地跟着时代前进，我毫无保留地付出着。这也是好教师的特征吧？

对于学生而言，好教师有着许多不可替代的作用。

首先，好教师能更好地了解学生。学生尤其是住校生，与教师的接触时间最多，这就给我们提供了很多了解学生的机会。我们的态度决定了我们的教育成果。作业的质量、上课的表现、对待教师的态度、考试成绩等因素，只要我们愿意认真观察，总能有所收获。譬如哪一节课一个一向认真专注的学生突然精神颓废，我们做教师的是否能问一问到底发生了什么事；一向温驯平和的学生突然情绪激动、出言不逊，我们不能只顾着维护教师的"神圣形象"而肆意斥责，而要细想一下，他究竟出了什么问题；跟学生擦肩而过，是否愿意停下来聊聊天给他以温馨的朋友的感觉，拉近彼此的距离；也可以偶尔谈一下自己的人生经历，给学生以适当的借鉴；或者是和住校生一起吃饭的时候，谈一谈眼前的菜式色香味如何……很多日常的生活小节都可以使我们铸就好教师的优秀品质，很多教师却不愿意这么做。家长与孩子之间已隔了一道长长的围墙，他们对孩子的关注仅限于家中，他们把极大的信任投注给我们，我们的责任是重大的。我们对学生的关注应该是多面的。多面的关注自然能获得多面的学生。

其次，好教师能更好地引导学生。"学高为师，身正为范"，"师者，所以传道授业解惑也"。就我所带的班级来讲，两个班的学生总数多达110人，课业繁重可想而知。但是，作为教师，认真备课、上课是基本功，这是不能逃避的。我们的精力毕竟是有限的，那么拿什么给学生呢？我们要用自己良好的专业素养引导学生走入正途。一个屁股不粘板凳的教师有什么资格要求学生集中精力投入学习呢？一个手无书香的教师又有多大的底气要求学生沉浸课本呢？一个从不认真钻研教材、精心构思教学的教师上课必定显得语无伦次，且会逐渐失去学生的信任。教师的个人魅力最终来自他高超的驾驭课堂的能力，和他举手投足间所流溢的深厚的内涵，更来自他端正的职业态度和虔诚的道德素养。

再次，好教师能成为学生的精神导师。很多踏入社会的人都会有这样的体会，偶尔谈起哪位教师，如果是当初就很敬重的，现在依然乐于回忆。甚至这个教师在校时的一颦一笑、某个小趣事，都不能忘怀。有些学生是受着当年恩师的教诲，也秉承恩师的衣钵，走入教师这个行列的。即便是在读教育专著的时候，相类的教师也会浮现脑海。我们熟知的海伦·凯勒，她与恩师的感情又岂是三言两语能说得完的？一个盲聋哑小女孩，在漆黑的个人世界里跌跌撞撞，无所依托，她拒绝了家人的爱护，拒绝了天地的馈赠，却最终接受了教师的善意，让自己成为万千美好的一个。对的，就是这份善意，让海伦·凯勒这个名字显得如此夺目，如此令人神往。

很多教师觉得自己跟好教师的距离太远，这是个错误的想法。做个好教师真的那么难吗？只要真心付出努力，我们离好教师的距离会越来越近。只要我们拥有这份期待，只要我们一直在前行，就一定会成为一名好教师。

我自认不是个好老师。以我一管之见，我认为好教师有三大忌和三大宜。

一忌恃才傲物。

这种情况在年轻教师中存在较多。正所谓初生牛犊不怕虎，年轻教师有的是创业的激情和勇气，但是偏偏缺少了经验和能力。很多年轻教师根本搞不懂自己想要什么，最终又或许能实现什么，却又自恃过高。这种心态很明显地表现在他的言谈举止上。有些年轻教师不懂得尊重前辈，对待前辈不愿用恭敬的称呼；遇到教育教学中的疑难，不肯虚心向同仁请教。有些年轻教师行事高调张扬，听不得别人的批评，不愿意走进别人的课堂学习，也不愿意让别人走进自己的课堂评点。有些年轻教师觉得自己才高八斗，在学生面前口若悬河，不着重点；在同事面前夸夸其谈，不着边际。他们往往盲目地夸大自己的能力和水平，不顾实际追求不切实际的东西。好吧，我承认了，我说的就是年轻时的自己。所以，一场考试下来，总有这样那样的笑话。我还挺纳闷的，为什么我总是倒数第一名？我只想着该讲的都讲到了呀，学生也貌似认真听了呀，却不知态度决定成绩，细节决定成败。所以，上班头几年，我就像个"皮球"一样被踢来踢去，好不丢脸。

最常见的场景就是，一群老教师在埋头研究文本，生怕自己在课堂架构时混乱了教学思路。而三两个年轻的教师在谈笑风生，不知所求。他们不仅缺乏足够的教育教学经验，在每次问题出现之后，还不懂得反省自己的过失，只是一味地指责学生的不足。这样，教学几年之后，长的只是脾气，没有经验。

长江后浪推前浪，一代更比一代强。诚然，这些年轻的教师拥有令人艳羡的学历和激情，甚至有人经历了层层选拔，能力和知识自然不可小觑。但是，在实际的教育教学中，经验甚至比能力更重要。如果仅仅想依靠才高八斗便想轻松驾驭课堂，那简直是痴人说梦。

教师的最佳境界是能而不自知。大多时候，其实经验真的比能力更为重要。到处逞炫自己的能，生怕别人不知道自己的能，恨不得把自己的能刻在额头上，那么这种所谓的能最终将成为自己专业成长的绊脚石。这样的教师无异于负重前行，随时可能摔倒。

这种自以为的能，还表现在文人相轻上。一场考试结束，教师需要自我反省，精于总结，而不是对别人的管理和成绩指指点点。看不到别人的努力，只看到自己的付出；看不到别人的能力，只看到别人的运气；看不到别人的专业，只看到别人的漏洞，这些都是要不得的。偏偏很多身在其中的人乐此不疲，不以为意。

我们学校隶属苏北，与苏南某学校是结对子学校。这个学校曾经派出语文、数学、英语各科骨干来我校帮扶，态度很是诚恳。对于别人的无私帮助，我们自然是心存感激。

当然，我们也有幸见识到苏南教师高超的教学技巧，更钦佩他们在多媒体呈现方面所展示的惊人才华。在当时教育水平非常落后的大背景下，他们为教师们开拓了视野，也使学校明确了前进方向。几年过去，我们的年轻教师迅速成长，逐渐成为学校一股生机勃勃的中坚力量。而这一股新生力量，对于学校的发展起到了至关重要的作用。

二忌茫然无知。

教师是知识的传播者。如何传播知识，以什么样的方式传播知识，如何提升学生的学业水平，提升到什么样的程度，这都是需要慎重考虑的问题。有的教师擅长拎着一本书直接进教室，美其名曰教材太熟，不用花时间在备课上。我作为一个在教坛摸爬滚打多年的老教师，尚且需要认真钻研教材，精心组织教学思路；有些临近退休的老教师同样经常伏案构思，唯恐教学智慧不足以应对课堂；你究竟何德何能有这样充足的底气，大步直入课堂？

有的教师不明了自己的教学实力，不明了学生的考试成绩，不明了学生的成绩高低起伏情况，就这么浑浑噩噩地度日，给孩子作出了坏榜样。学生从教师的眼里读不出激情，读不到理想，感受不到努力和敬业，那么这样的教师就是彻底失败的。试想，整天"呆呆傻傻"的教师能教育出怎样的孩子？成绩考得高了，不以为喜；考得差了，不以为耻。努力了，领导表扬，不以为喜；懈怠了，领导批评了，不以为耻。只知道按固定的时间进教室，只要完成课堂教学任务，剩下的时间就可以休息。只知道教学，却不知道教学是为了什么。只知道考试，却不知道考试是为了什么。考完试，不知道应当及时帮学生查漏补缺。不懂沟通，不懂协作。只知一人做主，一家之言。

这样的情形还会表现在教案的书写上。比如教师强调多遍学生卷面的整洁度，他仍然要字迹潦草；教师要求学生作业要写完整，他仍然漏掉不少内容；教师强调学生尽量独立完成，他仍然照搬教参；教师要求学生按时上交作业，他仍然持续拖延，什么时候学校检查，什么时候突击完成。不一而足。他们没有人生的预设目标，就这样一天天地过下去。不能说他们认真，也不能说他们不认真。总之，对这一类教师，想准确全面地评价，还真是太难。说重了，他不服气；说轻了，他不理会。说明了，他大发雷霆；说暗了，他不明所以。我们生在这个时代，社会的浮躁之风不可避免吹进了校园，但是我们始终牢记自己的初衷，为着祖国的明天，委屈自己又如何？教师的屁股是用来坐冷板凳的。坐得住冷板凳的教师才是最好的教师。

三忌浮躁"八卦"。

在这个全民"八卦"的年代里，似乎教师也不能免俗。处于教育金字塔的顶端，人们想象中的教师仍然是孜孜以求、辛勤育人的形象。可惜，让大家失望了。我身处其中，自然看得最为通透。我们学校共有三个年级，办公室紧靠教室。譬如我执教九（11）班，而九（11）班教室在4楼，我的办公室就在4楼，方便管理学生。不管什么时间进入办公室，我总能看到伏案奋笔的教师。但是，也总有闲谈声传入耳内。

当然，前文已经说了，全民"八卦"的年代，教师又能如何走出这个怪圈？况且，闲聊之外，也许还有学生的不羁，学校管理的无奈，教学任务的压力，教育大环境下教师的"佛系"……不能把所有的责任都推到教师身上。同时，学校教师队伍整体老化，多少年的教材内容已经烂熟于心，备课的时间省出了一大部分。在老腰老腿都呈现疲乏的当口，轻松一下又何妨？

那么，不妨去除所有的不理想因素，只谈我们。

人的能量是守恒的。你在这方面花费的时间太多，自然就减少了花费在另一方面的时间。心静不下来，就没办法好好备课；整天浮躁不安，就会只盯着自己的悲喜得失；过度关注课堂以外的东西，就不会认真地研究学生；不愿意花时间走进文本，就不会有清晰的教学思路；课堂教学秩序混乱，就得不到学生的尊重；不能协调师生关系，就会极大地影响教学成绩；涉及学科成绩排名，又会把责任归咎于学生。这样的恶性循环，表面上伤害了学生，最终伤害的是教育者的光辉形象。它犹如作用力和反作用力，最终导致教师毫无作为。

浮躁的另一种形式就是万事采取消极态度，不知不觉把自己磨成了"刺头"。我说的"刺头"不是通俗意义上的那种，而是一身盔甲专伤别人的那种教师。不管如何错，别人说不得。提意见，便是人身攻击，便要炸毛。这一类教师无法潜下心来研究教材与学生，对教育教学中出现的诸多现象不能用适当的教育教学理论科学地分析，达到解决问题的目的，反而粗暴武断地给出自以为是的结论。当事情不遂己愿时，又会淡薄对待，归咎于教育大环境。反正，他的名字叫"常有理"。

除非我们真的准备撤离这个我们曾经选择的职业另谋高就，否则，我觉得做一天和尚就得责无旁贷地撞一天钟。这个钟要撞得响亮、撞得科学、撞得规范，我觉得要坚持三大宜。

一宜静心。

陶渊明在《饮酒（其五）》中曾经这样写道："结庐在人境，而无车马喧。问君何能尔？心远地自偏。"想要在人流如潮的闹市中避开喧嚣，就要保持一颗宁静的心，想要在浮躁的教育大环境下潜心钻研，提升自己，同样要有一颗宁静的心。教师这个职业始终是清贫的。工作三十年以上，能有 1 万元的月工资，一般情况下无异于痴人说梦。普通教师不可能有灰色收入，只能"清汤寡水"地过日子。这是我们的选择，用不着唉声叹气，后悔不已。

有的教师总是喜欢跟公务员的待遇比，这种态度恕我不能苟同。说实话，我曾经在当地镇政府帮过几天忙，亲身感受过公务员的工作。教师和公务员的职业特点不同，没有必要硬去比较。他们面对的是死气沉沉的材料，而我们面对的是生龙活虎的学生，二者给我们的心理感受能一样吗？再者说了，你要真的不能忍受教师和公务员的待遇差别，不如认真学习，考进公务员队伍就是了。何必脚踩着这端，心却想着那端呢？

有的教师又喜欢跟农民工比。说我们一天才多少钱，还不如农民工呢！我更要反驳他，农民工的苦你能吃吗？他们干一天活算一天钱，请病假也扣钱，夏日炎炎似火烧，他们在室外劳作时你看见过吗？他们从事高危工作时你关注过吗？还别说，有的男教师真的跑到工地上干活去了，不到三天，自己弃械而逃。有的男教师真的到工厂打工去了，忍受不了机器的轰隆声，从此再也不提自己的人生壮举了。书生的命呀，安守本分吧。

我们可以聊以自慰的是，我们有充足的假期，这是其他职业不可比拟的优势。我们可以利用上班时间在操场或办公室里小小锻炼一下身体，舒活一下僵硬的四肢，这也是其他职业没有的优势。我们心理不平衡的时候，可以跟医生比一比待遇。他们比我们挣得多，可是他们工作时间长，工作强度和压力都非常大。

所以，我们就是我们，不要试着去跟谁比。行行皆有弊，行行皆抱怨。一旦对比，心态就崩了。

二宜静身。

教师教学，得有和尚坐禅的功力。关于坐功，教师大概分为三类：坐得住的，偶尔坐不住的，从来坐不住的。能久坐不躁的一般还得是老教师。我们学校有一位60后的化学教师，你只要经过他的办公桌，只要他没在教室里上课，总看得见他在兢兢业业地备课，钻研教材。你翻开他的备课笔记，从面到点，清清楚楚，一丝不苟。我是偶尔坐不住的。我觉得教师适当锻炼一下身体无可厚非。再对比个别教师，都是匆匆忙忙地进办公室，再拿本书直奔教室，上完几堂课了，突然想起来学校要查教案了，赶快补几个图个好看。

我们学校一贯实行手写教案，这个做法有好处也有坏处。做教师嘛，还得要练好字。什么途径呢？只能通过手写教案完成。平时用电脑较多，感觉几天不写字手就生疏了。可是，手写教案又增加了教师的工作量。有时，我感到很头疼。很多学校都用电子教案，减轻了教师的负担。做语文教师的都有体会，一个完整的语文教案跟得上三个英语教案。可是，谁叫我们选择的是这个学科呢？不如接受现实吧。

说到教案，就要提一下二次备课和教后反思。我是不太关注这两个项目的。确实，如果把二次备课和教后反思的内容认真写下来，恐怕又是一篇教案，我们根本就没有足够的时间和精力。况且，自己的学生自己知道，何必一定要把他们的情况反馈到备课笔记上呢？理智上，我觉得自己的想法和做法是绝对错误的。

因为坐不住，所以有的教师备课时，就干脆从网上摘抄一个，摘抄时也不删不改，整个是生吞活剥，不加消化，粗粮下肚，整进整出。长此以往，笑话迭出。有的教师在上公开课时，因为事先没有精心剪裁，结果自己口述的内容与多媒体呈现的内容完全不合，整个蒙在那儿。这说的就是我自己。

我偶尔也犯过这样的错误，因为我接受新鲜事物的能力实在有些欠缺。有一次，学校有位领导坐在教室后面听课，因为我事先没有作最后的检查，在展示人物简介时，大屏上出现了与教学无关的图片，我们都很尴尬。后来我想，也许是U盘中了毒吧。但不管怎么样，这也是工作态度的问题。后来，我就变得谨慎了。只要是需要多媒体呈现的内容，上课前我一定还要精心地回放一遍，防止出类似的纰漏。

因为坐不住，所以不少教师放弃了创作论文的机会，将自己宝贵的教育教学经验弃如敝屣，也失却了与同行交流教育教学心得的机会。有的教师倒是在创作论文，但不愿翻箱倒柜找自己的东西，而是从网上剪切、拼凑、合成，最后出来的作品成了"四不像"。

做教师的，需要在教育教学上留下自己的痕迹。教育如是，教学如是，论文更如是。我知道，不少同仁非常轻视创作论文，其实这种态度是不对的。我们在长期的摸索和探讨中，都拥有了属于自己的一套教育教学方法。我们需要把它们记录下来，形成文字。这对自己几十年的教师生涯来说，既是总结，也是传承。对自己，对学校，对教育，都是一种责任。总结自己的教育教学心得，既供自己欣赏，又供他们借鉴，何乐而不为？

三宜静气。

既然教师的职业特点有着自己的独特性，那么教师就得有自己独特的味儿。正如卖咖啡的人嘴里不能往外冒大蒜味儿，教师一张口，一投足，就得让人知道你的身份是教师，而不是其他职业。这是教师味儿。

作为教师，温文尔雅是必定的。我们不一定要长衫大褂，头发梳得油光水滑，但是穿着打扮不能太过暴露引人遐想，不能密布文身充满江湖气息，不能邋里邋遢给学生不良的生活导向。此外，还要在课堂上掌控自己的情绪，在工作中要与同事保持和谐的关系，在生活中尽量少与人恶言相向。

作为教师，要有书卷气。把教师与屠夫摆在一块儿，只要双方一张嘴，我们便知道谁是教师，谁是屠夫。把教师与公务员放在一块儿，只要双方一张嘴，我们便知道谁是教师，谁是公务员。这是教师的书卷气在起作用。教师每天与书为伍，一方面传授书本知识，一方面接受书本知识的浸润，自己满身都是书香。这种书香渗入每一个体细胞，使得教师每一次张口都犹如口吐莲花，余音绕梁。我们不是佛，但我们要有佛的心胸。我们不是神，但我们要有神的见识。我们不是太阳，但我们要有太阳的温暖。我们不是黑夜，但我们要有黑夜的静谧。

我特别反感个别出口成"脏"的教师，言语散漫得令人生畏。教育学生时动不动就问候人家的父母，实在有失教师风度。有的教师平时不读书，读书又不用心，导致腹内空空，眼界仄仄，谈吐与市井之徒无异。有的教师满心怨气，一点小事就火冒三丈，蛮横之色溢于言表。这极个别人确实让人侧目。

所以说，读书不仅增加知识，更多的是对情感的补充。当我们对学生恨铁不成钢时，不妨读书静气，宁神安恬，在书香中找到一种寄托，从而尽快地调整心态，重新出发。

作为教师，要安守清贫，对物质生活的追求不能过于强烈。我们必定要食人间烟火，但是我们的烟火要从正道获取。我们在教授学生知识之余，不能与学生发生经济关系。我们不能把教授学生知识，当成从他们那里获取利益的手段。我听说，有的教师贪图一时之利，威逼学生进入私人补习班；有的教师根据家长的礼品多少来安排学生的座次，这都是极其不道德的。新时代的教师自然做不了终南隐士，但是我们更不能做商人，浑身充满市侩之气。学生是我们雕塑的对象，不是待沽的商品。

作为教师，要有精气神儿。这里所说的精气神，顾名思义与目光涣散、精神萎靡相反。教师的精气神，源自他对职业的无限热爱，对专业的高度自信，对前途的美好憧憬。保持精气神，上对得起国家的栽培、民众的期待，下对得起自己的职业规划与敬业态度。教师精神了，学生自己也精神了。教师懈怠了，学生自然也懈怠了。

> 我的老师曾经告诫过我，进入教室的第一件事，不是通报违纪学生名单，而是用自己锐利的眼睛将教室的犄角旮旯都审视一遍。我的眼睛扫视之处，所有学生都会感受到我的存在与严谨。我将我的精气神儿传递给学生，教室里的每一个人都会将他的大而空缩减为小而实。学生感受到什么样的教师，他们也将是什么样的学生。如果教师精神抖擞，学生势必生龙活虎；如果教师气宇轩昂，学生势必目光如炬；如果教师心无旁骛，学生势必聚精会神；如果教师语调铿锵，学生势必书声琅琅……我将我最积极、最正面的态度传达给我的学生，他们再将自己的最热忱、最活跃的一面反馈给我，那么这样的课堂就是成功的、无敌的。

我说的精气神绝对不是指年轻教师身上独有的青春朝气。从本质上来说，这种精气神是指教师兢兢业业的工作态度、勤奋严谨的工作作风、扎扎实实的专业能力，而并不是说每个教师都要展现给学生活泼的一面。事实上，从学生来讲，他们对不同年龄段的教师期待值也是不一样的。一个刚踏上工作岗位的年轻教师，学生对他们的期待是激情洋溢，而一个年逾古稀的老教师，学生对他们的期待是稳重温和。所以，不同的年龄段都有属于自己的精气神。即使年老，也不必过于忧虑，自我鄙薄。

作为教师，要有骨气。人不可有傲气，但不可无傲骨。教师要做标签教师，而不是做盆景教师。教师应该是多元化的、风格各异的。现在的教师大多是盆景教师，好像是精心修剪出来的。从外表看，只有穿着个性的差异；从课堂看，对教材的处理基本相同。教育要塑造什么样的学生，首先要考虑打造什么样的教师队伍，而这才是教育的真正目的。

所以，教师要敢于表达自己的观点，勇于展示自己的能力。教师要跟不公平的现象抗争，跟各种黑暗势力划清界限。

第八章 让学生爱上学习

小原国芳说:"与其让孩子按照句型造各样的句子,熟练日常计算,为通过考试而做各种习题,通过改换讲法以取得更多的笔试分数,按道德和训练规则把孩子培养成有小聪明的小才子,不如把他们培养成能够自我创造、自我发现、自我行动的孩子。这样的孩子才能成大器。自己下工夫掌握学习知识的本领要比鹦鹉学舌地背诵教材重要得多。"

陶行知先生说:"我以为好的先生不是教书,不是教学生,乃是教学生学。教学生学是什么意思呢?就是把教和学联络起来:一方面要先生负指导的责任,一方面要学生负学习的责任。对于一个问题,不是要先生拿现成的解决方法来传授学生,乃是要把这个解决方法如何找来的手续程序,安排停当,指导他,使他以最短的时间,经过相类的经验,发生相类的联想,自己将这个方法找出来,并且能够利用这种经验联想来找到别的方法,解决别的问题。"

是啊,要学生学会学习已经很难,让学生爱上学习更是难上加难。

这是发生在我身上的真实案例。

从教第十六年,我从没有像那天这么生气,不,简直是暴怒。本以为早读课应该是书声琅琅、思绪如飞,走到二楼的楼梯口,我的头脑中还幻化出这样一幅美好的图景：同学们正在课代表李海婷的带领下，齐整地朗读着刚学的课文《论语》。那里有多少经典的名句，而那些正是出自我们最伟大的孔圣人之口。"学而不思则罔，思而不学则殆"辩证地论述了学习与思考的关系，这该给我们的学生更多有益的思考。

可是，我侧耳倾听，居然声息全无。我惊喜地设想，可能是李海婷正在组织学生默写生字吧，因为《论语》毕竟是与同学们现实生活完全无关的古文啊，学起来难度之大可想而知。邻班的响亮的读书声突然之间变成了猛烈的噪声，震痛了我的耳膜。我怀着一颗忐忑的心，悄悄推开了教室的门。眼前的一切让我顿时火冒三丈。天哪，这是什么样的学生？这是什么样的班级？有的人在抠手指甲，有的人在发呆，有的人在扔小纸团，有的人在睡觉，李海婷居然在做英语作业。

面对此情此景，我怎么能按捺得住自己的恶劣情绪？当时我的个人生活已是一团乱麻，儿子的叛逆，更让我头痛。我这个人是公私分明的，但我还是希冀能在学生身上得到补偿。我想不明白，我这么努力地对待学生，得到的居然就是这样的回报！我想起自己发着高烧仍在上课，我想起把外套披在学生身上而自己冻得直打喷嚏，我想起为了早点到校上早读课居然忘了也要上学的儿子。我想起了好多好多……都说一分耕耘，一分收获，可是我辛勤耕耘的结果，却差点颗粒无收。老天爷给了我七情六欲，现在我唯一的"情"就是生气，唯一的"欲"就是要"杀鸡给猴看"。我心中的怨恨如果能制成原子弹，足以夷平一切。

我狠狠地瞪着在座的人。我想我的脸色一定吓坏了大家。因为教室里响起了零零落落的读书声，但声音有气无力。我看了一眼李海婷，她不以为意地回看了我一眼。我稍微压制了的火气再次冲到头顶，拿起她的英语书，扔到了楼下，顾不得楼下传来的"哎哟"一声尖叫，我开始严厉地质问她。

"你为什么在早读时做英语作业？"

"语文作业早就做完了呀。"

"你这是违反纪律，你这课代表是怎么当的？"

"老师，你老是说一视同仁，为什么不管别人只训我？"

"你是课代表啊。"

"又不是我想当的，班主任硬要安排我嘛。"

李海婷的态度傲慢极了，我冲口而出："你这个混蛋！"

教室里陡然静得可怕，所有人都僵在那里，包括我自己。我像让人浇了一盆冷水，突然清醒过来，可话已出口，再难收回。我冲着全班学生大吼一声"读书"，就故作镇定地走出教室，任由李海婷很丢脸地站在座位上。

我在操场上徘徊了好久，冷若冰霜的寒风将我头脑中的杂质吹得踪影全无。我懊悔极了。跟孩子们一般见识，我岂不是成了孩子？我回忆起刚当上教师时意气风发的模样，我回忆起面对学生发出的豪言壮语，我回忆起自己潜心阅读的教育专著，顿时感觉羞愧难当。

我回到了教室，李海婷还站在座位上，目光呆滞。学生们正在安静地读书，一个个的小脸上表露出恐惧和不安。我内心深处最柔软的那一块被深深地触动了。我敲了敲桌子，示意大家静下，平静地说："今天，老师和你们一样都犯了很严重的错误。我先来说自己错在哪儿。作为老师，我对你们要求不够严格，使你们养成了懒散的坏习惯；作为老师，我不该说脏话，给你们做了坏榜样；作为老师，我对待你们缺乏足够的耐心。我就在这里给大家鞠个躬，表示道歉。"

我诚恳地向我的孩子们深深地鞠躬，弯腰的时候，我明显感受到了来自他们的窃窃私语中所包含的震惊与感动。我不是作秀，我也没必要作秀。我不是圣贤，但我必须向孩子们低下我的头颅。教室里充满着躁动不安的情绪，每个人的气息都融合在一起，像是在发酵，越来越浓。我觉得自己是在打一场仗，可我不知道这场仗的胜算有多大。我紧张得手心直冒汗。我在等待中艰难地度过一秒又一秒。

没有人说话，我讪讪地准备撤退，就在这时，班里陆陆续续地响起了"老师，我错了""老师，我错了"的声音。李海婷走到我面前，小声地说："老师，对不起，我以为自己掌握得很好，可是我错了。"

我笑了，大声说："我们都来改正吧。"

走出教室，我浑身轻松，脑海里浮现出明天早读课的情景：课代表李海婷带领大家齐声朗读，"学而时习之，不亦说乎？有朋自远方来，不亦乐乎？人不知而不愠，不亦君子乎？"

直到现在，我仍然为自己的那次冲动感到后悔。如果我没有意识到自己身上的问题而一味盲目地责令学生，那么结果必然是双方都感到尴尬。学生并不会为自己惹恼了教师而感到一丝丝的难过，而教师在以后的教育教学中如何面对学生，却是一个相当棘手的问题。

教师对学生的学习应该持什么样的态度？这是让无数教师纠结的问题。作为教师中的一员，我也曾经颇有疑虑。我们推崇素质教育，但素质教育的尽头仍然是学生的考试成绩。目前，学生要学的科目很多，大致分为主科和副科。主科包括语文、数学、外语等，八年级增加了物理，九年级增加了化学。副科分为政治、历史、地理、生物等和音乐、美术、体育等两类。有的学校的音乐、美术、体育的课堂形同虚设，全让主科占用了。音乐、美术属于考查科目，原先不计入中考总分。现在虽然已经纳入中考考试科目，但考试内容是突击几天就可以达成目标的。体育倒是属于中考科目，但是仅有的几个项目也完全可以突击完成，而且只要学生稍微用点心思，使把力气，一般都会在教师的指导下得到满分。即使不能如此，也会取得让自己颇为满意的分数。

我来专门谈谈语文、数学、外语及政治、生物、地理、历史各门功课的学习。一般学生是不太喜欢学习主科的，原因无非两个词："无趣"和"烧脑"。既然大部分学生对学习的兴趣不大，学校又要对教师的教学成果进行公示排名，那么教师要怎么样做呢？

  有的教师认为："学习是他个人的事，教师能包办一切吗？即使我想催促他，他也不一定听我的呀。我已过不惑之年，谈什么面子不面子的哟！第一又能证明什么？倒数第一又能说明什么？"

  有的教师说："现在正在盛行读书无用论，学生也深受其害。他们有的人根本不拿学习当回事。劝吧，苦口婆心，他不领情，自己倒惹了一肚子气。不劝吧，好像显得教师不负责任，真是左右为难。"

  也有的教师说："在这种大环境下，我还想着管谁不管谁，这不是让人抓把柄吗？好比猴子的红屁股，不露着都怕人瞧见，况且还要专门对着别人？万一惹怒了哪位不睁眼的学生，我可得不偿失。我就是一个凡人，别让我成为红烛。"

的确，管也不是，不管也不是。怎么办才好？

作为一名教师，其中的难处我焉能不知？我是个语文教师，就说说我教学语文的切身体会。对学生来说，字词学习就是最大的难关。我们学校的生源之差，一般人根本难以想象，我记得有一年执教七年级语文时，居然有不少学生还搞不懂声调的区别，害得我每堂课先带学生念叨一遍："一声平又平，二声就像上山坡，三声上坡又下坡，四声就像下山坡。"

那个时刻，我觉得自己是个幼儿园的教师一般。有的学生甚至连 b 和 d 都分不清。字词学习尚且是个障碍，更别谈句段章的分析了。我倒不怕学生基础差，怕就怕成绩差的孩子还不愿意认真学习。这是最头疼的。我们学校这种孩子还挺多的。我们从他们的眼神里，看到的不是求知的欲望，也不是对知识的尊重，而是对课堂的漠视，和对书本的仇视。这种学生就是教育教学路上最大的困难。

班里有一个男生。个头不大，是个纯粹的调皮鬼。课堂上，他一般不和我对视，每当我调转头写板书时，他的位置总是发出一阵骚动。我调过头来，他脸色平静地坐着，像是什么事都没发生过。有时候，我甚至误以为自己冤枉了这个孩子。有一次，他终于被我逮了个正着。之后跟班主任作个了解，原来他是单亲家庭的孩子，父母从来也没有管过他的学习。从此以后，我开始有意识地多多提问这个学生，他的注意力集中了，态度也积极了，成绩明显提高了。

我于是这样想，有的学生太调皮，是不是在变相吸引教师的注意力？而我平时对他们的关注是否太少了？那么，关注的作用到底有多大？关注学生的哪些方面？这都是灵活机动的问题。但是，不可否认的是，关注与不关注的结果绝对是不一样的。

如果教师只管上课，对学生的状态漠然置之，那么可以说，这个班级的学生在学习过程中绝对不可能呈现出最佳状态。要让学生全心投入学习中，必须首先捋顺教师和学生的关系。关系顺了，一切就都变得合理了。想一想，如果学生总是带着抵触的情绪学习，那么这样的学习又能有多大的效率？如果课堂上总是洋溢着浓浓的信任感，那么班里一定会形成良好的学习氛围。

十多年前，我教过一个学生，我觉得他的学习状态极佳。他的眼神都跟别人不一样，散发出的是求知若渴的光芒。有时候，我让学生上黑板默写生字词，他就在下面跟着默写。其实他第一遍的默写答案都是准确无误的，可是，换了另一组学生上黑板默写同样的字词，他仍然在耐心地跟着默写。旁边的学生早就停笔了，他还在默默地写着。中考的时候，他如众人所愿，考上了重点高中。

很多教师都很羡慕：为什么别的班级都有那么好的学生，而我的班级却没有？可是，光有羡慕的心是没有用的。我就来说一说上面提到的学生，他这样的状态也并非是与生俱来的。其实这是一个聪明却又可怜的孩子，爸爸是个建筑小工头，私生活混乱，母亲因为过度伤心对他不闻不问。班主任在统计成绩时，意外发现他每门功课都下塌得太厉害，于是就问他原因。他觉得丢脸，什么话也不说。

班主任进行家访，了解了实际情况，就跟他的母亲促膝长谈，动之以情，晓之以理。妈妈认识到了其中的利害关系，开始认真反省自己的错误，也逐渐将生活的重心再次回归到孩子身上。夫妻间的争吵少了，孩子的脸上笑容也多了。班主任也找孩子的父亲聊天，给他讲了夫妻关系对孩子成绩的影响。渐渐地，孩子的成绩慢慢上升了，并且一直保持着最好的状态。

我想说的是，并不是所有的学生都是优秀的，或者是一直优秀的，我们期待学生的优秀，同时，我们一定要舍得付出自己的心力。优秀必有原因，只看教师付出多少而已。你想得到自己想要的，不能光心里想想，嘴里说说。说百句话不如走一里路，实际行动永远是成功的第一要素。教育学生的过程中，需要教师的亲身参与。那种夸夸其谈、不擅领悟的教师，是不可信的。

无数个优秀的教师都有这样的体会，一分耕耘，一分收获。天下没有白吃的午餐，享受饕餮盛宴的权力只在少数教师。但只要他们付出了，必定收获良多。他们付出了，也得到学生的尊重。他们付出了，也会为自己的教学生涯添上浓烈的一笔色彩。

有的教师说，你有什么办法让学生爱上学习呢？我想，作为教师，作为教授学生知识的第一责任人，你在心里首先要把关心学生变成一件快乐的事。你爱他，他全都知道。教师爱学生，学生必爱学习，这是一个良性循环。学生爱上学习，又可以带动教师精进学问，这就叫作教学相长。

在以前以成绩论英雄的教育大环境下，许多教师对学生的排名非常感兴趣，他们总是在考试之后把学生的成绩从头到尾念一遍。可是近几年，教育部门为了保护学生们的自尊心，并不容许公开学生的成绩。那怎么办呢？上有政策，下有对策。这可难不倒睿智的教师们，有的教师以名单的顺序暗示学生名次，有的教师以自言自语的方式来公布学生的成绩，有的教师容许学生查阅自己的成绩和排名。总之，最终的情况是，该知道的大概都知道了，隐瞒名次和成绩也失去了原本的意义。

为什么一定要公布学生的成绩？也许教师最初的意愿是让学生清醒地认识到自己在年级、班级中的位置，继而努力上进。殊不知，这样一来学生给教师的印象也就定型了，教师给家长的通报也仅仅限于成绩而已。那么，问题来了，学生到底是在以什么样的状态对待学习？他们的学习成绩一直是很平稳的吗？如果不能保持平稳，那么原因又会是什么？所以，仅仅简单地通报一下成绩肯定是不行的，达不到预期的教学效果。知其然，还要知其所以然。

有的教师心思就很细腻，她不但向学生及家长通报了学生的成绩，而且把细枝末节都交代得清清楚楚，比较圆满地达成了促进学生自我提升的目的。

那是一次家长会，我给我的侄女做代理家长。班主任是个年轻的女教师。家长会伊始，她就给家长们总结了学生的在校表现情况，进步了还是退步了，进步了多少名，退步了多少名，近期在校表现比上一阶段好了还是差了。当然，这是需要做大量精细的工作的。整个通报过程中，家长普遍表现得很认真。因为这样一个了解他们孩子的教师，比父母还要周到啊。她的谦逊和认真赢得了家长的一致赞美。

同时，女教师的耐心和细致证明了她对学生的关注程度。这极大地拉近了她与家长之间的距离，加深了彼此的情感，体现了学校与家庭的合力，更加大了家长的责任感与努力度。与孩子没有血缘亲情的教师都能做得这么好，家长有什么理由逃避肩上的重任呢？教师的努力和敬业对家长也是一种触动与鞭策。

说实话，人吃五谷杂粮，总有各种各样的情绪，而学生的情绪有时又是不可控的，这在一定程度上影响到了学生的学习成绩。到底学生的学习状态与他的学习成绩之间的联系有多大，我没有深入调查研究，所以这里不好做进一步的说明。

那么，学生会有哪些不同的学习状态呢？

一、全神贯注型。

毋庸置疑的是，这是成绩优异的学生最常有的学习状态。朱子说，凡做一件事，便忠于一件事，将全副精力集中到这事上头，一点不旁骛。这就是敬业，对学生而言，实践敬业的最好方式便是认真学习。时刻围绕教师的思路，不分心、会质疑，这是尖子生的标志。为什么他有问题要问教师呢？因为教师所讲的内容都会在他的脑海里消化、过滤、沉淀。他觉得某项内容与他的记忆不相符合，但又不确定谁的答案是对的，于是他就问教师，由此核实一下，最终有个正确的结果。这是知识火花的碰撞，是一种学习智慧。如果上课有一丝的走神，而忽略掉某些重要的内容，对他来讲也是不可原谅的。分辨学生是否全神贯注的方法很简单，只须盯着他的眼神、嘴巴和双手即可。你会发现他的任何表现都是与众不同的。他的眼神、他的动作都是独特的符号。

> 每节课进教室之前，我总喜欢在教室门口停留一小会儿。从态度来说，这是敬业。从教学语言来说，这叫候课。从个人思维来说，这是安抚学习情绪。我首先感受的是教室的氛围，是浮躁的还是平静的，如果是浮躁的，不必急着上课，先盯着学生凝视2分钟，看他的眼神、嘴巴和双手准备好了吗。如果是专注学习的学生，他的眼神一定是坚定的，反之则是犹疑的；如果是专注学习的学生，他的嘴巴一定是在用于读书，反之则在吵嚷；如果是专注学习的学生，他的双手一定早已安分，反之则在挥舞。当教师走进教室，心情还没有平复下来的学生一定学习状态不好。学习状态好的学生一听见上课铃声，就像想当元帅的士兵听见了命令进攻的冲锋号，他一心只想获得战斗的胜利，

别无他想。或者又像是平稳行进的钟摆，而上课铃声就是上紧发条的那只手。

只要掌握了合适自己的学习方法，全神贯注型的学生一定是成绩最优异的那一类。这一点没有怀疑。

二、得过且过型。

这一类学生是最让教师头疼的。因为学习不够专心，所以成绩处于忽上忽下的摇摆中，忽然像风筝青云直上，忽然如入沼泽。但不管成绩处于上升状态或是下降状态，他始终"宠辱不惊"。宋濂说："其业有不精，德有不成者，非天质之卑，则心不若余之专耳，岂他人之过哉！"这些学生说是心态好也行，但就我的经验看，归根结底还是学习不够努力。我有几点理由：

首先，就完成作业的质量而言，这一类学生抱着敷衍的态度。教师逼得紧，他勉强完成作业，教师不收作业，他就不写作业。如果不是刻意强调、他绝不可能交出一份工整的作业。每次考试结束之后，这些学生对成绩的关心也不够强烈。他们最常说的话就是：感觉还行；比某某强；试卷内容深，所以我不会做；如果时间充足，我肯定都能做完；我都会，就是太粗心了。他们不懂得向作业完成质量好的同学学习取经，遇到考试糟糕的情况，不懂得反省学习中间漏洞百出，反而把责任推给教师。

这样的情形还会表现在作业的书写上。比如老师强调多遍卷面的整洁度，他仍然字迹潦草；老师要求作业要写完整，他仍然漏掉不少内容；老师强调尽量独立完成，他仍然抄袭答案；老师要求按时上交作业，他仍然持续拖延。种种表现不一而足。他们没有人生的预设目标，就这样一天天地过下去。不能说他们认真，也不能说他们不认真。总之，对这一类学生，想准确全面地评价，还真是太难。

每次检查《伴你学》上的习题，就是我最苦闷的时候。一个班级总会有十来个学生鬼画符一样地写好交给我。我经常跟学生开玩笑说，你的作业干脆不要交了，就留着过年的时候贴在大门上，保准和对联一样，能吓跑妖魔鬼怪。听懂的孩子权当一个笑话，听不懂的孩子反而觉得伤了他们的自尊心。这是最无奈的情况。

其次，就学习的自觉性而言，这一类学生对教师的选择性较强。教师在与不在不一样，严与不严不一样。他们对普通任课教师和班主任的态度明显不一样，对作风犀利严格的班主任与宽松慈祥的班主任态度不一样，对厉害严格的教师和相对宽松的教师态度也不一样。在我的眼里，这一类学生就是典型的"势利眼"，最会察言观色。我可以理解孩子的自觉性，但我真的很鄙视他们的这种行径。当然，我说这种话过分了一些。但是，在实际的教育教学过程中，对于学生的这一类型的行为，我实在是深恶痛绝。

   有一个和蔼的物理女教师，每天被学生折磨得死去活来。学生在她的课上喝水、吃东西、讲话、吵闹。因为她好脾气，所以学生完全不把她当回事。班主任急了，这个班级评比怎么得了？于是，每到物理课，班主任亲自坐镇，课堂纪律才慢慢好转了起来。课代表也说了，再不老实，我立马记名单告诉班主任。班主任的办法自然很多，其中最厉害的当属家教和劝退。其他教师是没有这个权力的。所以学生们对班主任的畏惧有源可寻。

再次，就总结失败的原因而言，这一类学生在遇到问题时常常把成绩差归咎于教师，而不是找自己的主观原因。我们会经常听到有关某个教师管理太松导致学生学习太差的传言，也有了开学初很多找到关系忙着调班的现状。可是，调班之后学生的成绩真的彻底变好了吗？对自觉性极强的学生来说，调班意味着调整学习状态，也就是说，在得到家长们肯定和部分学生艳羡的情况下，这些学生会格外珍惜难得的学习机会，这份珍惜也可能来自新教师、新班主任的严厉。但是，对于基本不在学习状态的学生来说，他们当初的失败就是缘于自己的懈怠，换了新的学习环境只是有了暂时的好转，如果还是不改变自身的状态，一味地寄托于教师的管理，一旦有了合适的机会，他将会"旧病复发"或者会有报复性的反弹。

几年前，我们年级有一个班级，因为秩序相对混乱，就换了一个班主任。面对突如其来的变化，学生们变得乖巧起来。这让新班主任非常自得，他总认为是自己的管理能力强于别人，还在办公室里畅想着班级美好的未来。我适时给他泼了一盆冷水。果然，当学生觉得这个新班主任与旧班主任的能力不相上下时，他们果断地在班里重现了之前的情景。结果，到升入九年级时，校领导拆散了这个班，学生被插分到其他班级中，再也掀不起大浪了。

这也是我们学校的特色之一。我们学校有快慢班之分，到九年级寒假时，学校会从慢班抽调一批成绩优异的学生到快班去，这里面就有在慢班里怨声载道的学生。当然，大部分进入快班的学生会更加辛劳，期待在中考中一鸣惊人。也有成绩暂时领先但自觉性不够强的学生，更换了班级之后，自我管理放松，自我认识不足，反而成绩下滑。也就是说，在所有的学生中，每个人都是独特的存在。

三、目光涣散型。

这一类学生在我们这种乡镇中学比较常见，而在管理严格、校风纯正、生源良好的学校一般很难见到。这些学生上课只管发呆、捣乱和睡觉，下课则是疯跑、打架，99%的精力都和学习无关。更有甚者打骂同学、顶撞教师、瞒骗家长。学校把几十个这样的人集中在一个考场，结果出来，一份试卷10分以下的比比皆是，大片的空白卷让人触目惊心。是这些学生压根一个字不会写吗？不是。他们或是不想为之，或是故意挑战教师的忍耐性，你好好猜去吧。虽然这两年情况有所好转，但是在众多的学校中，我们学校这样庞大的群体还是比较吓人的。

遇到这种学生，真是倒霉。请原谅，作为教师，我说了一句最消极最不明理的话。

  我记得去年执教九年级时，有一个男学生，那真的是全身的骨头都活动。一堂课四十五分钟，他能在教室后面跳个四十分钟。眼神暗示、直白劝导怎么都不听，我将他撵出教室，他就在外面拼命地晃栏杆，吓得我赶紧把他请回了教室。好嘛，以后还怎么管他哟。之后有一次，这位同学因为上体育课时，脚扭了一下，这才老老实实地坐在那儿听课。

  这里简单地把所有学生的学习状态归结为三种，其实是极不全面的。即便同一个学生，在不同的时间段也有不同的学习状态，很难有哪个学生在每时每刻都保持着最佳的学习状态。另外，家庭的突发变故，父母关系的不睦，社会风气的侵扰等因素都有可能影响学生的学习状态。我们学校有不少学生出自离异家庭，他们的学习成绩多多少少有点受其影响。

  光从表面上追究学生的学习状态，也是不科学的。得结合学生的成绩涨幅或下降程度来评判学生的学习状态。有的学生可能人在教室心在外，只不过掩饰得较好；有的学生可能看起来比较涣散，但是这是他独有的听课方式；有的学生在课堂上认真听讲，配合教师的讲课节奏，但是一旦离开教师的视线，他则"放浪形骸"，不加约束；有的学生课上听不太懂，下课积极询问，忙着补差……各种因素都要在教师的考虑范围之内。遗憾的是，教师只是个凡人，身为凡人，必有不能顾及之处。因此，想法之外，仍然有这样或那样的问题。

  当教师面对学生好的学习状态而欣喜时，也别忙着对疲惫无神的学生横加指责。因为作为一个好的教师，他的任务肯定不仅仅是教学出色而已。就像园丁种植花草，不能只把其价值定位在出卖换钱，而应重在辛勤培育。过程重于结果，教师劳动的艰辛也正体现在他为学生的付出过程中。

当然，教师的个人力量毕竟是单薄的，学校的领导也应参与其中，为创造一流的校风、学风而从旁助力。可喜的是，今年我们学校又恢复了周周练制度，各项事务正在井然有序地进行中。我真心期待学校在教学质量上能有一个质的飞跃，重新恢复往日的辉煌。作为教师，让我也能在学生身上找到更多的成就感。

第九章 学会如何去爱

在日常生活中，我们经常可以看到这样一幕幕动人的情景：慈爱的父母将患儿紧紧地搂在怀里，呵护备至。这时候的孩子无论从脸色、气度等各方面都明显处于病态，不必费心去分辨孩子是否生病，只从肉眼便可观知。

可是我们换个角度想，一般的疾病都不会是突如其来的，某些轻微的症状早已显露出来，而做父母的却没有留意到。这样一想，问题就很严重了，即便是相亲相爱的父母，对待儿女也会有诸多忽略之处，何况是刚从陌生人转化过来，还没有任何感情基础的教师呢？而且现实中常常是刚刚建立起师生感情，教师就毫无征兆地被调换到了另一个班级。我一向对学校的这种做法颇有微词。我有这样的体验，不管多么调皮任性的学生，只要你执教他超过一年，甚至更长时间，那么他怎么也不会好意思太过分地为难你，因为你已经吃透他了。他已经是常败将军，抖不起威风来，而且如果学生顾念着长期积累下来的情分，也不好意思过度难为教师。相反，那些刚刚相识的学生总会想方设法挑战你的尊严，希望在与新教师的拉锯战中得到一些收获。

我记得教过一个男学生。这个孩子心肠很好，可是脾气火爆，又爱违反纪律，经常跟班主任斗得不可开交。有一天，他在我的课堂和后面几个男生嬉笑不断。我生气极了，随手拿起一本书，冲着他的头砸了下去。当时我只想，拼着这个泥饭碗不端，我也不能容忍你们在我的课堂这么胡闹。我预想过各种各样的画面，唯独没有预想到的是，这个孩子居然只是向我翻了一下白眼，就病恹恹地坐直了。后来的某一天，他跟班主任说，要不是看在三年的师生感情上，早跟我翻脸了。"真是没办法，谁叫我做了她三年的学生呢？如果我像对待其他老师那样对待语文老师，似乎太不够道义了。"的确，师生相处久了，就有几分亲人的味道在里面。

学生从父母温暖的怀抱中来到学校，那种孤独感和陌生感可想而知。我也是曾经那么孤独的人，自己能够感同身受。我初一便离开家、离开父母，进入板浦中学成为一名住校生。我是穆圩人，到板浦的交通极为不便，所以父母难得来看我一回。我在潜意识里经常把老师当作我的父母。有时候，有烟瘾重的男教师走过身边，那股浓郁的烟熏味儿会让我把他想象成我的父亲。没错，那是父亲旱烟的味道。如果有上课的女教师身边沾染了厨房的香气，我会联想到自己的母亲。我想，很多住校很久的学生都会感同身受吧？每逢节假日，我就像出笼的小鸟，开心地飞回自己温暖的家。只有这个时候，我才可以在家多待一会儿。

理解了孩子的心情，将心比心，换位思考，师生之间的关系将融洽得多。那么，我们就来当学生在校的父母好了。

如果一个学生平时认真听讲，突然有一天长时间趴在桌子上一动不动。我们不能简单地认为他违反课堂纪律，而应该询问具体原因。或者因为生病乏力，或者因为昨晚作业量太大，写得太迟，今天睡眠严重不足。再有可能，也许是到了生理期吧？不管是不是有调皮的成分在里面，多为学生想一想，总不会错到哪里去。

我曾经遇到过这样一种情况：

那是一个星期四的早上，照例是语文早读课。一个平时就调皮好动的女生在凳子上摇来晃去，心思全不在学习上。我不由得非常生气。如果放在平时，我真想大声地呵斥她："你到底是怎么回事？还有不到一个星期就期末考试了，别人都在认真地复习，就你一个人，还是个女生！作为学生，你有资格消耗自己的时间吗？"可是，我发现这个女生的脸色不太正常，就收回了即将出口的话。只听"哇"的一声，大口的污秽顺着桌面向下流。我即刻联系了班主任，通知家长到校带孩子看病。我忍着恶臭把桌上、地上的污秽清理掉，心里这才松了一口气。好心的学生又拿来粪箕，把秽物倒走。过了一个上午，教室里还停留着那种怪怪的味道。

我也遇到过这样的情况：

那时我们还是上晚自习的。第二节课刚开始，一个男生说要跟我聊一聊。我想对于初三的学生来说，加大的学习压力、家长过高的期望值会让他们的神经绷得太紧，尤其这样一个好强却又成绩一般的孩子，想上重点高中却注定难偿夙愿，勤奋苦读而难有突破，他的心情是极度痛苦的。也许我的开导会使他茅塞顿开，找到生活的希望。可是，这个男生的话显得逻辑混乱、思维模糊。我把我的发现告诉了班主任，我说这个男生是生病了，建议家长带到医院检查。可惜，大家把我的话当成了笑话，漠然置之，家长也是满脸的狐疑。直到有一天，那个男生精神病发作打了他爸爸，并且越来越多胡言乱语，家长才真正着了慌。这也成为我教学生涯中的一件憾事。如果我早点发现这个男孩子的异常情况，那么事情不会如此糟糕吧？如果这个男孩子得到更早的治疗，那么他也许会顺利参加中考的吧？

还有另外的情况：

那是一个晴朗的午后，我在讲台上激情四射，讲台下却昏睡一片。难道是我讲课太乏味？或是学生故意跟我作对？我停止讲课，询问学生为什么大多昏昏沉沉，状态不佳。学生告诉我，课间因为队列不齐被班主任罚跑，腿都酸得动不了。原来如此。如果我不问青红皂白，横加指责，势必会引起学生的反感。那就不是我想要的结果了。

对于学生的精神状态，这里要单独说明的是女生的生理期问题。每个人的体质不一样，生理期的反应程度也不一样。一般女生都能克服这种生理特殊性，但也有极少数的女生生理期反应极为强烈痛苦。这种生理痛苦很大程度上影响了学习。因此教师遇到女生精神萎靡时，应持慎重批评的态度。

对于初中女生，我们不妨建立一套青春期档案，遇到生理周期这种特殊情况，可以直接让她们体育课休息。更严重的，可以允许她不做作业。这是对女生的关爱，也是对女性的尊重，更是对社会的尽责。

总之，适度的关注对顺利地管理学生有利无弊。遇到异常情况时，切忌想着暴力相向，而堵死了自己回旋的路。一旦学生集体对老师产生强烈的抵触情绪，那么老师在这个班的威信就荡然无存了。发展到最严重的情况，就是学生集体罢老师的课。所以，教师时刻要记得合理地管理学生这个道理。

网传的许多师生恶性事件，我想一部分跟教师平时对学生的教育方式不当有关。去年某校早读课期间，一位女老师肆意谩骂学生的视频流出，拍视频者正是教室里的某一个学生。同为教师，或许会对这样的学生感到恐惧。但抛开学生的主观动机不谈，这位女老师是否应该好好地反省自己平时的言行？学生这样子处心积虑算计你固然不妥，但是这件事也可以印证平时你与学生的关系已经是水火不容，只有你一个人没有意识到这一点而已。即使你是无辜者，那些粗鲁肮脏的话语毕竟是从你的口中喷涌而出，这是铁一般的事实；而作为一个人民教师，这样的做法是不可取的。

可以肯定的是，我们都是怀着一腔热血走进了教育这片广阔的天地，也都曾想利用自己的才华一展所长。但是，现实远远不像我们设想的那样，于是，很多教师像我一样产生了严重的失衡心理。这个时候，我们需要的不是以暴力迫使学生屈服，而是运用我们冷静的头脑，运用我们的教育智慧，认真地考虑下一步的路该怎样走。不管采用什么样的方式，我们最终需要的是把学生教育成社会所需要的人。

在任何情况下，对学生采取宽严相济的措施都是正确的。如果平时过度民主，这就是溺爱，是变相的纵容。一旦有一天这股细流汇聚成洪水，它将冲垮堤坝，到那时教师将无法抵挡，平时所有的努力也将付诸东流。如果平时过度严厉，这就是"暴君"，学生将与教师产生距离感，产生心灵的隔阂，说不准教师的一句无心之语都能瞬间引爆学生的逆反情绪，激发众怒。

不可否认，我们都是爱学生的。哪怕那个满嘴污言秽语的女教师，她也是被学生的无知行为激怒，从而失却了常性。可为什么最后这种爱却变成了伤害？这完全背离了我们的初衷啊。想一想我们的少年时代，多从学生的角度思考问题。爱他们，还要学会如何去爱。这是最重要的一点。叶圣陶先生在《给与学生阅读的自由》里说："教师和学生，无论如何不应该对立起来。教师不是专制政治下的爪牙，学生不是被压迫的民众。教师和学生是朋友，在经验和知识上，彼此虽有深浅广狭的差别，在精神上却是亲密体贴的朋友。"

各位同仁，请永远记住，学生不仅是我们的教育对象，还是我们的朋友。我们的目标和责任，就是让他们在我们的关爱之中实现全面发展。

布贝尔在《品格教育》中这样说道："当教育者赢得了学生的信任时，学生对接受教育的反感就会被克服而让位于一种奇特情况：他把教育者看作一个可以亲近的人。他感到他可以信赖这个人，这个人并不使他为难，而正在参与他的生活，在有意要影响他之前能与他亲近。于是他学习提问了。"

当我们处在这样的境地时，我们该有多么幸福啊！

第十章 我们都是伯乐

《战国策·楚策》中有这样一个小故事:"夫骥之齿至矣,服盐车而上太行,蹄申膝折,尾湛胕溃,漉汁洒地,白汗交流。中阪迁延,负辕不能上。伯乐遭之,下车攀而哭之,解纻衣以幂之。骥于是俛而喷,仰而鸣,声达于天,若出金石声者,何也?彼见伯乐之知己也。"

韩愈说:"世有伯乐,然后有千里马。"伯乐是千里马的知音,只有他才能准确地发掘千里马的才能。千里马固然有日行千里的才能,可是要它与笨拙的骡子一起负重上山,肯定是力不能逮。同样,骡子的特长是负重,如果你让它和千里马比赛跑步,那它也是必输无疑。

学生以学业为主。很多成绩较差的学生也像别人定性自己一样随便把自己定性了。是否成绩差的学生样样都差呢?非也。我国白话诗的开拓者之一康白情,当年数学成绩得过 0 分;著名语言学家季羡林数学考过 4 分;《围城》的作者——我国现代作家钱锺书,数学也曾只考了 15 分。这样的例子不胜枚举,毕竟生活中"十项全能"的人是很难找到的。

说一个十几年前的例子。

主人公现在是某乡镇的文化站干部。他在学校的时候,是一个教师不疼、同学不爱的"坏孩子"。有一天,他偷了学校食堂的鸭蛋,被当场发现。按照校规，这个男生将被记大过。如果认错态度不够端正的话，肯定要劝退。这下，男生着了慌，老老实实在办公室里写检讨书。恰巧，一位教书法的教师从旁经过，只瞄了一眼，立刻相中了他那一笔潇洒飘逸的行书，当下将男生收为弟子。在他的悉心教导下，这个男生终于有所成就。

这是个极特殊的例子，特殊到很难有人在写检讨书的时候被别人发掘出异于常人的才华。但是，地点可以改变，主人公可以换掉，道理却是一样的。有的学生光彩熠熠，一眼为人熟知。或者成绩非常优异，别人很容易注意到他，但大多数孩子却没有这样的幸运。好比一片广阔的麦地，站在前排的都是高高的麦子迎风招展，站在后面的即便籽粒饱满，也很难有人注意到。

韩愈又说："千里马常有，而伯乐不常有。"我们面前有这么多的学生，哪只是擅长奔跑的千里马，哪只是擅长负重的骡子，需要我们的一双慧眼来分辨。世上无难事，只怕有心人。教师要甘当学生的伯乐，让那些隐没在人群中的千里马得以脱颖而出。

另一方面，我们要知道，很多学生对自己的认识也是含糊不清的，因此我们要引导学生发现自己身上的闪光点，带着更大的信心向前飞奔，让学生当好自己的伯乐。

我就经常这样告诫我的学生，学习不仅仅是为了取得优异的成绩，通过学习，发现自己身上的闪光点，这是最要紧的。如果一个人不能发现自身的优点，那么他的人生将充满自卑、抑郁和狂躁。只有找得到自身的亮点，才能以饱满积极的心态，去创造属于自己的人生。

现在的好多学生明明嗓音清越，朗诵名篇有模有样，却偏偏为自己成绩差而自卑；有的学生明明球技惊人，却不愿在业余时间力求精进，也在为成绩差而自卑。九年级有一个男生，他画画很有一手，但是因为文化成绩差而颇受冷落，干脆主动扔掉了画笔。另一个女生舞姿优美，只因为考试成绩不佳，连跳舞都觉得忧郁。诸如此类，不一而足。

这些现象都是极不正常的。十指尚有长短，何况人乎？人的自信从何而来？就从对自己的正确认识中来。学生的自信从何而来？当然要靠教师的发掘和鼓励。

既然学生不能当好自己的伯乐，那么我们就来当学生的伯乐。善于发现学生的优点并不吝表扬，像在教室后墙分段而置的"品德之星""学习之星""体育之星"，就是对学生的鼓励，但切忌只将其作为摆设，作为应付学校检查的一种手段。我们可将优秀的文章打印成册，供全年级学生传阅；抑或组建一支啦啦队，为球技好的学生鼓掌加油；在操场上集体大声为跳绳的学生数数；欣赏评点书法作品的得意之笔……

教师不能把学业成绩的优劣作为评判学生好坏的唯一标准，重视表面看到的，发掘深层隐藏的，这才是教师的任务。教师不能指望学生各门功课都能齐头并进，而应该扬其所长，避其所短。有的教师会怼我："你说得漂亮，如果学生出现弱科现象，教师又待如何？"

初中学生所学科目越来越多，但大致还是归结为文理两科。好多学生因为某一科入门较难，而出现偏科的问题。通常的规律是弱科越来越弱，这好比人踩在淤泥里，当然是越陷越深。有的学生甚至在考场上就因为某一门功课而让成绩惨遭滑铁卢。只因为这一门的学习障碍，导致对初中整个时段的学习也消殆了热情，这是可怕的连锁反应。

更可怕的是，物理是弱科，化学也可能是弱科。语文是弱科，英语也可能是弱科。这是文科的连锁反应。文科需要记忆的内容居多，所以掌握的方法基本一致。理科需要大量的练习，所以题海战术也是共通的。

遇到学生有了弱科，我们该怎么办呢？是硬着头皮前行，还是无限颓丧地后退？无论是业内人士，还是非业内人士，其实都是万般地纠结。

家长的第一建议是补课。补课的作用到底有多大？这个有待商榷。我的孩子曾经在补习班待过，没有多大成效。当然，我的孩子自身也有问题。我也是教师，深知做教师的难处。在教学过程中，不在于教师说了些什么，而在于学生听到了什么。

严格来说，补习班面对的是大部分学生（除非是一对一授课），他们不可能兼顾每一个人。我也参加过补习班的试听课，基本是盛名之下其实难副。到底什么样的办法才是最好的？我觉得，应该把弱科进行再分解。以地理来说，分为填空题、简答题、选择题、填图题等具体题型，从中找出最薄弱的一环，对症下药、逐渐提高，持之以恒，必能药到病除。

当然，造成弱科的原因有很多。如果仅仅是因为知识架构的不完整，倒是小事一桩。如果是出于对教师的抗拒，教师还要认真反省自己的教学方式和教育态度是否遏制了学生的学习欲望。以某班为例，八年级的英语老师教学课文时，喜欢先讲解部分单词，再涉及语法；九年级的英语老师教学课文时，喜欢一堂课讲完所有单词，再讲解课文。学生怨声载道，都说一下子接受不了，消化不了。

说到底，要想真正扭转存在弱科的现状，关键还需要学生的主观努力。光把希望寄托在教师身上，肯定是不合理的。真正聪明的学生应该明白这样一个事实：你不在，老师已经在；是你要以最快的速度适应老师，而不是老师以最快的速度适应你。每个教师都有自己独特的教学方式，只能根据大部分学生适度地调整教学思路，不可能改变太大。同时，要一个几乎拥有固定思维的教师轻易改变教学模式，哪有那么简单的事儿？

家长也应抽出时间，陪着孩子共同面对困境。家长要给予孩子足够的信心和能量，不要打击，不要有负面情绪，防止因为急躁冒进取得适得其反的效果。不要拿自己家孩子的弱点对比别人家孩子的优点，否则你将得不偿失。

一片茂密的森林里，除了参天大树，一定还有卑微的小草，稚嫩的野花等小生物。一个班集体里，除了一点即透的"学霸"，一定也有基础相对一般的学生。在这种情况下，我们没有理由抛弃任何一个学生。相反，无私的帮助和热情的鼓励将重塑他们对学习的信心。

2002年，我代理班主任。那个班班级氛围良好，同学间感情融洽。突然一个女生辍学，我真是想不通。这个女生乖巧懂事，对学习也是热情高涨，怎么会产生厌学心理？后来得知，这个女生的爸爸罹患肝癌去世了，家庭经济陷入窘境。我让班委代表全班同学用班费买了花圈，我也向她表示了慰问。这个女生最后重归集体。我想，多年以后，这份情意一定会成为她一生中最珍贵的回忆。这件事以后，再没有出现过学生辍学的事件了。

真正的好教师关注每个学生的成长，尤其是每个学生的点滴进步都将是值得兴奋的理由。不是每一个人都有机会独占鳌头，也不是每一个学生都有能力在同学中出类拔萃。那么，我们就要以平常心来珍惜学生的每一个点滴进步。

有一个男生学习成绩极差，第一次语文测试，他的成绩是0.5分。但我对他的关爱一如从前。校春季运动会上，擅长体育运动的他，忍着高烧的煎熬，为班级争得了几个跑步项目的第一名。

年轻的教师饱含热情，但是缺乏实际的教学管理经验；年长的教师有了职业倦怠，对学生的各种状况可能熟视无睹。这样的教学状态无异于将学生引入了沙漠化的学习境地。如果能将年轻教师的热情与年长教师的经验合二为一，那对于教育的贡献将是非同小可。

此时正是天色阴霾，任谁也猜不透老天爷的心思。我的心也跟着阴沉一片。几个同事又在唠叨：某个学生一到星期四、星期五就消失了呀，某个学生死活不愿听话呀。校园里三五成群的学生穷形尽相，或手拉手去小店啦，或呆呆地倚在栏杆啦，或拿着零食嘴里在"吧嗒"啦，或扭着屁股到处跑啦，或急匆匆地送作业本啦。上课的铃声响起，好多玩耍的学生仍然在摇来摆去。几个懒洋洋的教师边聊着边往教室走。哑了嗓子的女教师和家长、学生在交谈。苦口婆心换来的结果就是学生的沉默和对抗。女教师本是业内精英,可能她很少应对这样的意外,面对学生的无语,一张老脸气得通红。细长的手一摆,学生灰溜溜地走出办公室。不知结局如何。

人无完人,教师亦然。老经验遇到了新问题,这是常有的事情。那么,我们是抱着课本自我陶醉,还是紧跟时代改变思路?答案,就在我们的心中。

既然时代在发展,生活在改变,我们的教育教学观念也应当适时而变。不为别的,只为了当初我们心中那一份神圣的信仰。有了这份信仰,教师才真正配得上"灵魂工程师"的称号。

第十一章 科学的才是实用的

有的家长会问:"人家的孩子坐得住,可我家的孩子坐在教室里显得很不安分。我还笑话他,到底是板凳上有钉子还是屁股上长了疮?他是不是得了多动症?老师,你给仔细看看。他是不是生病了?可是,看着他的气色也还好吧?"

我仔细观察家长眼里的"多动症"孩子。语文课他在玩,数学课他在发呆,英语课他在和同桌聊天。真是一个不省心的孩子。有一天学生在上电脑课,我想观察一下课堂纪律。我突然发现那个"多动症"孩子在电脑前神情专注,一丝不苟。多动症孩子不是这样的,那怎么才能让这个孩子对学习产生兴趣呢?

有的教师反映:某某老在课堂上玩小刀。缴了小刀,他就玩指甲刀。缴了指甲刀,他就玩指甲。总不能把指甲也给缴了吧?一转头,他又在啃手指头。怎么办呢?

是的,在某种程度上,教师是学生坏习惯的受害者。教师在完成教学目标的同时,不可能兼顾每一个学生。即便是在写板书时,也还有转身的瞬间。有的学生就有了可乘之机。一只苍蝇从教室飞过,有的学生在全神贯注地听教师讲课，无暇理会一掠而过的风景，而有的学生则仔细观察、认真揣摩这只苍蝇的公与母。两种截然不同的表现，恰恰反映了好习惯与差习惯的天壤之别。

说到底，坏习惯最大的受害者还是学生自己。因为坏习惯将极大地影响他的学业成绩。智力水平同等的两个学生，学习习惯好的学生的学业成绩将高于并越来越高于学习习惯差的学生。这就是有些家长的疑问：小学时，两个孩子的成绩不分上下，怎么一到初中，我家的孩子成绩反而下降那么多呢？两个孩子的成绩已经不在一个档次上了。

其实，家长所说的两个孩子我都教过。那个成绩下降的女学生在课堂上异常活跃，只要教师稍微有一点松懈或是有一点教学节奏的停顿，她的思绪就再也拉不回来了。学会了一点她就沾沾自喜，其实她的学习都是走马观花，浅尝辄止。上课时花样也多，一会儿鞋带松了，一会儿头发散了，一会儿嘴巴干了。每天还在梳洗打扮上花了不少时间，她的手指甲是绛紫色的，眉毛是精修过的，头发是拉直的。这样的学生，心思已经不在学习上，成绩不下降才怪！

那个"坐得住"的学生就是人们口中的"别人家的孩子"。任尔山崩海啸，我自瑶池抚琴；任尔群魔乱舞，我自岿然不动。她在文本里，她在白板前，她在习题中。我很爱看那个女孩子的脸，那是一张阳光灿烂的脸，那张脸上写满了专注与渴望。这样说吧，我在教室的哪个位置，她的眼睛就向着教室的哪个位置。不管什么样的动静都无法动摇她那颗渴求知识的心。这样的孩子要保持名列前茅的成绩，简直就是小菜一碟。

教师们有深刻的体会，我们面对的是群体，不可能死死地盯着某一个学生只作个别服务。要是因此偏离了教师的教学轨道，只能是自己吃亏。所以说，好学生与差学生之间相隔的可能只是一种学习习惯。最可怜的就是望子成龙的父母们，他们在高墙之外满怀期待，却不知道他们的宝贝们在享受自己的精彩。

　　人的精力是有限的。把注意力过多地转移到其他方面，学习上投注的精力自然就少了。舍之得之，反之亦然。所以，聪明的学生会自觉养成好的学习习惯，以助于提高自己的学业成绩。学习习惯好，学习效率高，成绩自然就好。

　　那么，从教师的角度来讲，有什么样的好办法可以让学生形成良好的学习习惯呢？那就是先帮助他改掉他的坏习惯。我们知道，好的学习习惯的养成，除了家长日常的督促和教育外，还需要教师的百般努力。我们可以试着从以下几个方面尝试。

　　第一，增加提问率。

　　注意力不够集中的学生很容易游离于教师的教学之外，那么我们就不时地提问他，逼迫他回答刚才所提的问题或所讲的内容。之所以他的注意力不够集中，也许是因为他注意到了与课堂无关的事物，或是教师已经长时间没有理会他了。某一个时间段，对于课堂或教师来讲，他已经成了可有可无的分子。这个时候，教师有必要拉回他的视线，让他重新融入课堂中来。这样的做法对于教师而言，是一个极大的考验，考验着教师的神经和精神。每时每刻都紧绷着一根弦，真是一件费脑筋的事。但是，能怎么办呢？谁叫我们端着这个饭碗呢？说起来，提问一个走神的学生，也间接震慑到了其他走神的学生。而且一次正式的提点可以维持一段时间，一堂课的时间有限，长此以往，一定能取得成效。

　　某个男同事的孩子在隔壁班。他的儿子学习自觉性极差，上课的时候眼神呈辐射状，很难有毅力投注到听讲上。他的班主任是个善于琢磨的优秀教师，他在教学过程中，提问率极高。一个班级五十来个人，几乎提了个遍。不要怀疑时间不够，有的问题完全可以几个人来共同回答。用快慢速度的比较来激发学生的进取心。这个孩子回家后告诉爸爸，说一定要认真听讲，不然在同学面前很没面子，因为有几次思绪飘移时，正好班主任提问，他张口结舌的同时，像是听到了同学的嘲笑声和教师的叹息声，搞得他无比尴尬。他说以后再也不敢发呆了。

第二，加大作业检查力度。

如果用两种动物来比喻教师和学生，那么这儿有现成的，教师就是汤姆，学生就是杰瑞。很多教师都有这样的体会，要学生做到百分百准时交作业，这是一件艰难的事，最起码在我们学校是这样。考试前后，作业铁定收不齐；开学之后，作业应该收不齐；节假日之后，作业绝对收不齐；星期一的作业也难收。这不是量多量少的问题，归根结底还是学习习惯的问题。周末、假期的时间他是用来玩耍的，干吗写作业呢？也可能设定了半小时的写作业时间，结果始终心猿意马，真正利用的只有短短的十来分钟。望着一大堆的作业，他又泄气了，反正我已经写了半小时，写不完怎么办？谁叫作业这么多呢！找到了理由，他就心安理得地按照原定计划玩耍去了。但是作业始终是要交的，躲不过去。那就要么请别人做，要么自己到学校后再心急火燎地把它写完。请人写，未必有那样的魅力和威力；自己写，需要太多的时间。这些学生于是便陷入了极大的纠结中。

"课外作业应当是知识的发展和深化，是学习能力的改善，是掌握课堂知识的准备。"于是乎，我每天的任务必有一项，就是要作业；个别学生的任务必有一项，怎样躲作业。我们就是猫和老鼠的关系。他躲着我，我抓住他。学生不做作业的理由很多，口袋里掏出一个就是一个。这时候，我们不能心慈手软，只要作业适量，你必须给我保质保量完成。如果用和同学相同的时间却没有完成，只能证明做作业的时候没有用心。

我每天进教室的第一件事，就是检查作业的收缴数。我经常再三向课代表确认作业量，看是否有"漏网之鱼"。这是对学生的负责任。学生的惰性是很大的。我退一步，他可以退十步。只要有一天的懈怠，就可能被某些学生钻了空子；只要有一个星期的懈怠，那么之后的管理可能就会很难。让学生形成这样的思维定式，每天交语文作业是死规定，不容商量。当学生适应了这种节奏，哪天我不收语文作业，他们或许会感到不习惯吧。

当然，交上来的作业一定要是清洁完整的。如果是潦草敷衍的，一定要退回重做，直到我满意为止。偶尔我会展示几本优秀作业和不合格作业，一方面维护认真做作业的学生的自豪感，另一方面也是为了惩戒不良的作业习惯。两者对比，产生了意想不到的效果。一旦班级形成良好的作业风气，那么我接下来要做的是专门展示写得不好的作业，借督促落后生来激励尖子生。对懒惰的学生绝不能手下留情，得天天催他们交作业，一天不落，千万不能存侥幸心理和高期待。因为就他们那点可怜的自觉性，是不可以有所懈怠的。教师向学生催缴作业的时候，一定要勇敢一些，无论这个孩子表现得多么可怜，一定要把作业要到手为止。这要作业，也是需要修炼的。有的教师会想，不交就不交吧，一次而已。我的做法是，只要没有特别过硬的理由，你一定得给我作业。这一次不交作业，说不定就会有下一次。

第三，重视朗读环节。

读书的根本目的不是应付考试，而是获得精神的愉悦和情感的陶冶。在琅琅书声中，很难有人不为书中的情节、语句和意境动容。大浪淘沙，留下了大量传诵千古的不朽作品。它们或使人置身清景，或使人潸然泪奔；或优美，或流畅。在我们激情迸发之际，让所有的学生参与其中，这时哪里还会有开小差的学生呢？

每天五分钟，越读越轻松。每堂课从读书开始，以读书结束。刚刚上课，我不忙着复习前文，也不忙着训斥没有完成任务的学生，而是不疾不徐地打开书本，带领大家进入文本，在朗读中欣赏四季风物的优美，体会人情风俗的淳朴，感悟人生世事的沧桑。

说到读书，不得不说到当今教育的误区。应试教育的功利性，过多地把语文课变成了类似数学的习题课。纷繁复杂的考试题目也让众多语文教师走上了"讲学"的道路。于是乎，语文味儿消失殆尽，语文课宛若屠夫一节一节剁排骨，完美的架构组接被拆得支离破碎，让我这个多年耕耘在教学第一线的教师唏嘘不已。

就连试卷上的阅读理解，也过多地被赋予了习题的色彩。不少出题者抱着"题不惊人死不休"的原则，出一些让人莫名惊诧的题目。不是抱着让学生掌握受益的目的，而是有着想把学生难住的想法。以名著阅读为例，所出之题部分刁钻怪异，学生无从下笔。书上的内容坚决不考，好些文本学生不但没读过，甚至没听过。试问，除了大量的作业外，学生哪里还有多余的时间阅读浩如烟海的名著内容呢？我们可能穷一生之力都没有机会读完初中三年学生必读的几本名著，而学生却要在一年之内就要掌握至少四本名著。没有动情的欣赏，没有精细的咀嚼，没有明晰的判断，没有理智的总结，仅靠背诵习题的方式来学习把握名著内容及细节，这难道不是天大的笑话吗？

一列火车高速行驶，车内是久坐的乘客。车窗外鲜花盛开，风景无限。隔着厚厚的玻璃，乘客们探头向外看去，一脸的垂涎之色。可是，列车飞驰而过，根本来不及看得清任何目之所及的东西。于是，所有的人只好叹口气，无可奈何地闭上眼。这列火车就是教育。无精打采的乘客就是学生。教育的急功近利造就了教学任务的繁重，教学思路的脱节。很多朗朗上口、通俗易懂、经典难忘的课文被摒弃，代之以无数艰涩难懂的文章，让人唯恐避之不及。太长太难的文章堵塞了学生求知之门，学生中"贫富不均"的现象非常严重。尖子生领悟很快，基础一般的学生跟不上教学节奏，开始变得厌学。

然而作为普通教师，既然我们无法改变现状，不如干脆适应它。在力所能及的情况下，为学生提供深情吟诵的舞台，让他们在声情并茂中深刻体悟中华民族悠远伟大的文化魅力。

三更灯火五更鸡，正是男儿读书时。因为成绩不如人意，有的学生开始延长学习时间，变相透支自己的休息时间。这种做法是极端错误的。没有睡眠时间的保证，想要提高学习成绩，简直是天方夜谭。初中阶段正是学生长身体的关键时期，如果滥用甚至挥霍自己的时间，就会为将来的健康埋下隐患。这是不划算的。那么，怎样在有限的时间内提高自己的学习成绩？我认为，归根结底还是要仔细思考自己的学习方法是否对头，学习效率有多高。

有的家长很奇怪，为什么我的孩子学习认真刻苦，但是效果不明显？为什么我的孩子和别的孩子用的是同样多的时间，成绩总是上不来？为什么有的孩子看起来似乎没有在学习上下过功夫，照样能够赢得满堂彩？我的孩子每次考完试，回家就掉眼泪。不用问，准是考试又受挫。搞得我是问也不好，不问也不好。问了，怕伤她的自尊；不问吧，又怕被误会不关心她。老师，你有提高成绩的良方吗？

我想问，你的孩子认真到什么程度，仅仅表现在拼命苦读，强记吗？从语文教师的角度来看，以《马说》为例，首先是掌握主要的字词句意思，了解文章主要内容，那么同一个字在不同语境中的含义呢？这篇文章可以与哪些古文作比较阅读呢？再谈数学，你花多长时间解答一道难题？这道题涉及的公式你真的懂了吗？你能做到举一反三吗？说到英语，所有的单词你真的掌握读音了吗？由这一课的某一个单词，能否想到另一课的单词，它们之间有何相似之处？

说到底，这个学生是由于学习方法不够科学，所以学习效率低下，这与智力方面关系不大。或者说，她对每门功课的掌握都流于表面，其实还远远没有真正掌握。一知半解便以为熟知了，这是学习最忌讳的一点。明明觉得已经会了，可是稍微变换了一下又蒙了。明明已经背得滚瓜烂熟，可是教师一提问又全都忘了。明明已经默写过所有的精彩片段，可是一到考试时，偏偏有的字就是想不起来怎么写。学习不能靠自我感觉，学习也不是魔法表演。

大概是2007年，我执教九年级（4）班语文。有一个男生给我留下了深刻的印象。之所以一直记得他，并不是缘于他的学习成绩。他是一个刻苦到让人动容的学生。每天凌晨，教室后的竹林里，总有一个熟悉的身影，在读语文背英文。可是，他的考试成绩却总是不如人意。每次考试前就是他信心满满的时候，每次考试后就是他情绪低落的时候。他说："老天爷太不公平，不管我如何迈开大步，却发现还在原点。"

我不知道如何安慰他。我想，就甭找其他原因了，还是学习方法不够科学啊。光是埋怨老天爷有什么用？老天爷也是冤枉的。

那么，到底如何学习才算科学呢？在这里，我给出几点建议：

1. 学会休息。付出总有回报，这句话唯独不适用于时间。付出时间，不一定获得效率。即便作业再多，只要我设定晚9点的睡眠时间，那么一定不能更改。如果作业太多，我可以择要做。第二天只要认真解释，相信老师都能理解。如果一味地消耗时间，影响了休息，那么只会头脑一片浆糊，学什么也记不住。我经常看见不少学生课间在教室里"群魔乱舞"，上课就变得"万马齐喑"，这就是没有正确处理好学习和休息关系的恶果。

讲一个我女儿的例子。2020年那个寒假，新冠疫情席卷全国。怀着无比恐慌的心情，各个学校要求学生在校上网课。其时，我女儿在读六年级，正是收获的关键时刻。突然不到学校面对教师，起初我女儿很是兴奋，晚上睡不着觉，也不知在忙些什么。第二天早上，怎么都喊不醒她。就这样，晚上不睡，早上不起。可想而知，这网课的成效到底如何了。

所以，对于学生来说，会休息是保证学习的最关键的一步。会休息，才会学习。这是老教师得来的成功经验，也是我们在实践中屡屡受益的必胜法宝。如果不相信，可以试着访问学习出色的学生，他们一定会告诉你，不能用时间累积成绩，而要用时间强化效率。在这里，我还要说一种现象，有的学生有着严重的"拖延症"，这也是写作业使用时间过多的原因之一。我女儿写作业就是这样。她写作业的时候，一会儿要吃东西，一会儿玩个小魔术。一篇500字的作文，她生生能写个三小时。

给我印象比较深的一个女学生，就会很好地利用时间。她在年级总能排在前三名。可能有人误解过,这样的学生一定是勤勤恳恳、努力不懈的吧。不,绝对不是。她是我的语文课代表,每次总是踩着上课铃声进教室。但是我认真观察了,她尽管来得迟,可一旦进入教室,她所度过的每一秒都是充实的,绝不浪费。这可以从她的眼神中得到答案。这就是学习的高效率。她每一堂课的学习状态极佳,很难有打瞌睡的时候。这个女生的妈妈就是我的同事。她跟我说,女儿在家里从不过分熬夜,只要到了九点半,立刻睡觉,以保证第二天的好状态。

2. 选择性解决难题。测定自己真会假会的方法很简单,那就找类似的习题来做。你做得对,而且思路清晰,证明你真的懂了,如果你稍作犹疑,证明你根本不是真的搞懂了。如果要搞懂所有的难题真的困难重重,不如有选择地找出相对容易的难题来复习巩固,太艰深的放弃好了。不要强求能解决所有的难题,毕竟"学霸"只是极少数。教师也应该学会分层次布置作业,而不是"一刀切"。

孔子说:"不愤不启,不悱不发。举一隅不以三隅反,则不复也。"我们可以这样理解:如果一个习题连续接触几次却搞不懂,请教别人当时似懂非懂,隔了几天印象全无,可以试着放弃了。

作为教师,在讲解习题时,也应有重点。辅助练习可以选择性地布置,不必面面俱到。一是时间原因,二是难度原因。在学习上,想一手抓、满天红是不现实的。如果在教学时要求学生什么都掌握,其实就会什么也掌握不了。教学中是不能有太多感性的东西的。什么能做到,我们一定要做到,什么不能做到,我们可以针对极少数的学生要求他做到。如果大面积地强迫,只能增加学生的挫败感。学生对教师的辛勤付出也会逐渐失去应有的信任。这是我们绝不愿意看到的。

我很高兴地看到,很多名声赫赫、校风严谨的学校都开始编印专属的辅导练习,基于基础性和多样性的原则,摒弃了大量呆板、深奥、落后超纲的习题,面对大部分学生。在我看来,这样的做法极负责任感。抓住了基础,就成功了一半。我期待我们学校有朝一日也能拥有自己的能量库，不再依靠别人的资料完成正常的复习工作。

3. 拥有自己的学伴。有朋自远方来，不亦乐乎？学习上必须找到自己的学伴，生活上做朋友，学习上做对手。竞争产生动力。曾经盛极一时的小组合作制度就是对此很好的尝试。目前全市风风火火的分层教学也是抱着这样的初衷。其实，也不用那么复杂，同桌或是前后桌都可以是自己的学伴。大家相互学习，共同提高。独木不成林，二火难为焰。三人行，必有我师焉，择其善者而从之，其不善者而改之。只有善于吸取别人的长处，同时补足自己的不足，才能获得最大化的提升。

我在分配小组时，除了确定一个小组长以外，我还要求组员们一对一找到自己的学伴。这个学伴一般是固定的，如果班主任出于管理班级的需要，偶尔调整小组成员，我再重新安排。千万注意，这里的学伴必须成绩相当。如果学生可以在自己的学习中设置一个"假想敌"，这个人一定是和他实力相当的或是优于他的。这样既有竞争又有榜样。如果学生在考试中"干掉"了他的"假想敌"，那么证明你在阶段性的学习中取得了小小的胜利；如果他再一次败给了他的"假想敌"，那么说明还有很大的努力空间。胜也罢，败也罢，都得继续努力，没有什么好埋怨的。

在学习上，学生最难回避的就是对于同学的不同观感。聪明的学生容易看到别人的优点并真心地向对方学习，愚蠢的学生却纠结在与同学的矛盾上不能自拔，把有限的精力消耗在无谓的事情上面，这是极不明智的。看到学伴的长处，想想自己的短处，如何把彼此的不同互为补充，变成"双剑合璧"，这是最重要的事。

在学习中，教师要随时随地地创造学伴间竞争的机会，让他们随时明白与对方的差距在哪里，及时提高自己的学习积极性。我的课堂有两个好学伴。一个字词掌握得比较完美，而这正是另一个学生的软肋；另一个学生综合能力较强，也值得他的学伴学习。两个人你争我赶，形成了和谐而又紧张的学习氛围。

第四，教会学生预习。

我是一个相对粗糙的教师，在教育学生学会预习这方面真的是做得太不到位了。所以每次讲授新课，我总觉得非常吃力。学生的眼神是懵懂的，我的情绪是低落的。好比扔一块大石头到水里，结果只溅起一点小浪花。扔石头的人不免悻悻然，水面仍是寂寂然。我就是这种心情。

吃过几次亏后，我开始学着指导学生预习，也在这个过程中积累了不少经验。

1. 预习要有方向。预习本身就是一件枯燥无味的事情，所以教师要想获得预期的效果，就要在指导预习的过程中注意很多必要的事项。预习什么内容，教师在课前要有明确的说明和提示。如果只布置学生预习的任务，却没有非常清晰的指导，只会让学生盲目地预习却不知所以然。带着问题预习才是最好的办法，脑子里对于所要学习的内容有清晰完整的思路，就像站在山顶看风景，想看什么一览无余。关于学生预习的形式，教师可根据自己的习惯制定，没有什么固定的模式。可以选择课前时间快速浏览，可以布置成家庭作业，还可以借助一些兼具知识和趣味性的资料。

2. 预习要有重点。预习时切忌面面俱到。从量来说，不应超过5题。具体的方式可以参照试卷上的内容。很多学校时兴印制学案，这是个好创意。但是我不赞成长篇累牍的学案，更不建议选择过于艰深的习题。毕竟学生对于文章的理解，或是对于内容的探索仅仅停留在初级阶段。有的内容需要借助教师的深入分析和讲解，学生才能获得更深刻的体验和认识。教师早早地布置学生预习艰深的部分，不但会让学生对课本学习产生畏惧心理，更可能会使之由此生发解而不得的自卑心理。

我们可以设想，教师在一堂课上展现的知识点毕竟是有限的，而且授课内容面对的也是大多数学生。你把学案做成了一份大练习，不但破坏了课堂讲授的氛围，也让预习流于形式，成了作秀的假把式。总的来说，预习的知识点应以浅易化为主，不可过高过深艰涩难懂，或者用一些偏难杂怪的题目来有意无意地干扰学生的视线。

3. 预习要有时间。预习需要坚定的决心和坚强的毅力，若非如此，便无法取得预期的效果。所以，布置预习任务就要有一定的时间限制。教师不可能让学生都陷在你这一科的学习中，这也是不现实的。在学生心里，除了班主任相对权威外，其他教师的权威性是可以考量的。如果本着学生大部分都能做到的原则，预习的时间不宜超过 30 分钟。况且在做试卷阅读理解时，恐怕允许的阅读时间还要低于 20 分钟吧。训练学生以快速阅读的方式来掌握课文的大致内容，也是对学生负责。如果平时训练的时候就没有明确的时间限定，让学生形成懒散拖沓的恶习，这是教师的失责。

即便教师布置预习内容清清楚楚，明明白白，学生也不是个个都能有耐性顺利完成的。学生给自己规定的时间或许会远远地少于教师给他们规定的时间，或许有人在规定时间内也是敷衍了事。这就需要教师的耐性。预习是隐性任务，即便没有预习，也可以随便编两句应付教师。这对尖子生来说，无异于小菜一碟。因此我们可以采取练习、提问等方式告诉学生：没有预习老师是能知道的，不要让老师失望。

蔡元培说："教书，并不是像注水入瓶一样，注满了就算完事，最要是引起学生读书的兴味。做教员的，不可一句一句、或一字一字的，都讲给学生听。最好使学生自己去研究，教员竟不讲也可以，等到学生实在不能用自己的力量了解功课时，才去帮助他。"

第十二章 做个有心人

连云港市的各所中小学有市直属和非市直属之分。我们学校因为2009年的行政区域调整，现今归属海州区。海州区共有13所初中。我们学校作为乡镇初中，劣势实在太明显。近几年，虽然各年级综合考评名次有所提升，但与兄弟学校相比，仍然不占优势。若干年前，我们学校也曾创造过辉煌。不少教师仍然常常回味当年的光辉历史。但是，人总还是要向前看的。

用"千疮百孔"来形容如今的板浦实验中学，实在是有些夸大其词。但是，我们学校的确是内忧外患、前途不明。生源较差，尖子生流失严重，学风不正，这是内忧；兄弟学校频繁崛起，咄咄逼人，区内排名蒸蒸日上，这是外患。我们像溺水至脖颈的人，随时都有性命之虞。

怎么办？怎么办？呼天抢地没有用。在学校发展上，没有人会真心同情你。即便获得别人的同情，自己也无法坦然接受。因此想尽办法让学生提高学习成绩才是王道。如何提高学习成绩？我们要用心，而不是口号。

世上无难事，只怕有心人。学习不仅是一项技术，而且是一项艺术。但是能把学习做成艺术的人少之又少。我们的身边缺少"学霸"，因此我们很难理解他们历练的过程。更好的解释，就是"学霸"从小时候开始，就展现出了与众不同之处。比如盖房子，普通的工匠盖的房子不像房子，只是人住在里面才勉强算作房子；讲究一点的工匠稍微花点心思，使房子看起来稍有美感，但是能力所及，到此为止；能称为建筑师的人不多，他们所盖的房子安全、美观、实用，给人信任感；值得一提的是，建筑大师们会在盖房子之前勘察地形，考察环境，考虑人文，等等因素一个不落，让他们所盖的房子得到了所有人的认可。联系学生的学习成绩来分类，这四种人分别是落后生、普通学生、尖子生和"学霸"。

大部分学生不是学霸，所以要把学习做成艺术，显得有点困难。但是，把学习做成技术，一般学生都能做到。就像建筑师盖房子，不求有杰出的艺术美，但只要有想法盖出坚固的房子，那你必定得爱你眼前的一切。那散乱的砖啊，瓦啊，钢筋啊，水泥啊，黄沙啊，胶带啊，等等，最不起眼的东西，都是不可舍弃的，因为那都是盖房子的必备材料。作为学生，要想有优秀的学习成绩，眼前的课本、练习题都应是心中的宝。

说到爱学习，有人很不解，学习任务这么繁重，我哪有心思把学习当作快乐的事？不对，学习是通往幸福的必经之路。蹒跚学步的幼儿努力使步伐变得灵活；天空飞翔的小鸟努力使翅膀变得坚强。学习使人进步，并趋向完善合理。所以说，如果站在一定的高度，带着辩证的视角，带着欣赏的眼光，就会看到颜如玉和黄金屋。千万不能把学习当作一件苦差事，否则你就会觉得越来越苦。

记得读初中的时候，班里有一个小男生，一脸的稚嫩。他每天笑啊啊地来去匆匆，我们都觉得很奇怪，为什么强大的学习重压之下，别人都是苦着脸，而他却像是吃了蜂蜜一般。后来，我们终于知道了原因。他说，他的家庭经济状况曾经陷入了绝境，如今好不容易有所好转，他能再次走进学校的大门，已经是觉得万般幸运了，哪里还敢有一丝一毫的抱怨呢？现在，他看着书本，就像是看到了美好的明天，开心得不得了。

这个例子说的是穷人家的孩子，他们深知读书机会的来之不易，所以比一般同学更能珍惜学习的机会。在他们的眼里，好好学习即是对自己和家庭的尽责，也是对未来的铺垫。别人替你急没用，得你自己珍惜学习的机会才行。不管什么原因促成了学生的勤奋好学，反正态度对了，事情就成功了一半。

我读初三的时候，班里也有一个引人注目的男生。他门门功课都不错，唯独语文不行。何止不行，简直是马尾巴拴豆腐——提都提不起来。差到什么程度？总分120分的语文试卷，他最高的纪录为70分。平时一般都是不及格的，但这是个不服输的学生。从此以后，他的睡眠比别人少了，活动比别人少了，就连他最喜欢的课外活动也很少参加了。中考时，他语文成绩达到了105分，进了一个不错的学校。这可把他激动坏了。

对，这里说的就是毅力。荀子在《劝学》中说："骐骥一跃，不能十步；驽马十驾，功在不舍。锲而舍之，朽木不折；锲而不舍，金石可镂。蚓无爪牙之利，筋骨之强，上食埃土，下饮黄泉，用心一也。蟹六跪而二螯，非蛇鳝之穴无可寄托者，用心躁也。"有毅力未必成功，没有毅力一定失败。很多学生的成绩就像风筝在天上飘，一会儿高一会儿低，高兴了，认真学习，期待成功；一旦遇到小小的挫折，即刻偃旗息鼓，打道回府。这是他们成绩不能理想和稳定的原因。曹雪芹写就《红楼梦》曾"披阅十载，增删五次"，司马迁写就《史记》时宫刑在身，饱受屈辱，托马斯·卡莱尔写作《法国革命史》期间手稿被烧，二度呕心。这些人才是学生们励志的典范。比照他们的遭遇，学习中的小小不顺又算得了什么呢？

态度加毅力就一定等于成功之道吗？不，我们还要讲求科学的学习方法。没有运用科学的方法，最终学习只能是事倍功半。

想象一下，资质相近的学生，如果成绩出现高下之分，那一定是学习方法出现了不同。孔子说："温故而知新，可以为师矣。"这句话只有短短的几个字，却包含了太多的信息。首先要温故。这是很多学生做不到的。温故，怎么温故？温哪些故？教师讲解过的习题是否全部掌握了？如果没有掌握该怎么补救？用什么样的方法更会获得最佳效果？是全部信赖自己的付出还是借助教师和同学的力量？这些问题都值得深思。其次是知新。温故未必知新，这可不是耸人听闻。假设我们在做一次长途跋涉，肯定会有人在网上搜索一下行走线路的地形气候等可能影响行程的因素，也会咨询那些曾经成功归来的探险者，但绝对也会有人啥都不管，拎包出发。后者连先去观察一下前方的地形都不愿意，如果是学生的话，定是走一步算一步的主儿，我们能期待他在学习上依靠旧知识思考新知识吗？知识之间既是单线向前发展的，又是多线重叠复加的，因此新旧知识之间，有着千丝万缕的逻辑联系。只有踩实旧知识，窥探新知识，才有可能成功。

每个学生都有自己的一套方法。可能是合适的，也可能是不合适的；可能是适用自己而不适用别人的，可能是大众化的。如果到了初中阶段，某一个学生还没有专属的学习方法，那他的心思可能没有用在学习上。我也可以武断地讲，他的学习成绩一定是无法令自己和别人满意的。摸索不到属于自己的学习方法，在学习时必定会有镜中看花、水中捞月的现象发生。

就学习成绩来讲，学生可以被分为不同的类型，而这样的现实则与他们各自采用学习方法息息相关。我们常会说，某某学生的学习效率真高，其实这是他好的学习方法制造的结果。难道对于培养好的学习方法，教师只能是旁观者吗？他们看到那些辛苦劳作却一无所获的学生趴在桌前对着画满红叉的试卷懊恼时，心里的着急其实比学生更强烈。为什么有的学生愿意聆听教师的谆谆教导，而有的学生对教师的讲解满怀烦躁，甚至学生直接拒绝接受？同样的时间，同样的地点，同样的教师，同样的内容，放在不同的学生身上却是不同的结果。与其说学习方法不对，不如说接受学习方法的态度不对。

面对教师的悉心传授，学生有哪些不同的接受态度呢？

一、积极接受型。在教师苦口婆心地传授知识及学习方法时，只有不到五分之一的学生是在用心聆听。从试卷上可以得出这个结论。我们把一张语文试卷分为以下三大项，分别是课内、课外和作文。课内部分又可以分解为：字词、名句、诗歌、古文等，课外部分可以分解为：实践、仿句、阅读等。去除认真与马虎的因素不谈，仅以诗歌赏析与作文举例，便可一见端倪。我对诗歌赏析的答题要求是答全答满，不能漏项；对作文的要求是字迹工整，结构合理，这都是最基本的要求。少数学生做得非常好，翻看他们的试卷，基本能按照我的要求做到，尤其是课外阅读部分，他们作答的内容一看就是我反复强调过的，让我感到满意。

以一个语文成绩始终名列前茅的学生为例，原来的语文教师对书写的要求不够严格，所以她的试卷一眼看去相当不美观，到处都是胶带纸和修正液的痕迹。我的观点是：想学好语文首先要写好字，想取得好成绩首先要掌握答题方法。这个学生把我的话句句记在心里，并且显然为此付出了很大的努力。她天资聪颖、基础扎实，日积月累，进步很大。终于，她在初二年级最后一次考试中，以绝对的优势取得了年级第一名。

二、守株待兔型。这是大部分学生的学习常态。教师讲授的内容也配合着记录，但是只做书橱，不管消化；只懂背诵，不知总结；只记旧课，不想规律。态度不对，不管教师教给多少种学习方法，这个学生记得的永远只是一部分。这些学生在月考中总能占据一席之地，因为月考试题难度相对较弱；一旦到了期中考试和期末考试，习题有了难度和变化，便再也应付不来。有的学生会说："我这次没有发挥好，其实并不是没有发挥好，而是基础没有夯实，学习方法没有真正掌握所致。"说起来，很多试卷题型都是相通的。只要你确定你跟紧了教师的讲课步骤，就能取得良好的成绩。何来发挥不好一说？

譬如说"仿句练习"一项。在做题之前，一定要认真研究例句的形式和内容。形式指的是例句词语或短语的构成，有无运用修辞手法，运用哪种修辞手法，以及句式的对应，语言的生动等，内容则是要表达的对象。

又比如古文的字词解释，一般单字的解释涉及四个方面。一半是课内知识，一半是课外知识。有的学生一下子就被课外知识吓破了胆。其实细想一下，将课内古文与课外古文放在一起阅读，那么课外古文中的某些字词的意思一定是学过的或者是有可能根据前后文推敲出来的，而有的字词不管是在课内文章中还是课外文章中，它的意思都是固定的。有什么难做的呢？最常见的就是"被"字。很多学生只要看到没有学过的文章，想也不愿意想，只留一片大空白在那儿。多好的得分机会就这样被轻易错过了。

只想着记诵教师讲授的内容，只愿意做齐教师规定的作业，从不思考新旧知识之间可能存在的联系，这就是中等生只能在尖子生和落后生之间徘徊的原因。中等生要想在学习上找到自信和出路，必须坚决彻底地改变学习态度，从根子上掌握学习方法才是上策。

三、充耳不闻型。这类人在班级里数量是极少的，但也就是这少数学生成为教学难度的最大集中点。首先他采取的是完全抗拒的学习态度。可想而知，他必定不会花任何精力在了解研究、学习掌握学习方法上。因此他的试卷要么是空白一片，即使不是空白卷，所答习题非漏即错。对于这一类学生，学校完全可以另组成班，让教师以最慢的速度教学，或者以管理为主，教学为辅。如果他们中的部分学生有其他方面的才能，那么最好由教师为引导，学校为主导，推出特色化教学模式。当然，不能流于形式。

教师也可用自己的专业知识判断，是否有学习障碍的学生出现在班里？现实状况下，我们不太留心于这一类学生的观察。除了有学习障碍的学生，还应关注是否有其他特殊的学生。如果过分纠缠于他们的学习成绩，那就显得太过牵强，甚至不近人情了。

说这话的时候，我想起曾经教过的一个男生。他有严重的视觉障碍，上课时眼睛总是紧紧贴在书本上才能看到一点。他写的字无异于

"天书"，几乎无法辨认。所以他的语文成绩每次都徘徊在30分以内。至于有选择题的科目，考试成绩就理想得多。我从来没有责怪过他，因为我知道他已经尽了最大的努力。只是因为视力的关系，产生了书写障碍，没有办法做到更好。

不同的学习态度接收到不同的学习方法。那么同样为学习而辛勤打拼的两个学生，他们会因为学习方法的不同而拥有不同的学习效果，这直接反映在学习成绩上。两个资质相同，或者说在小学期间还齐头并进的尖子生，为什么到了初中，却突然出现了巨大的差距？成功不是无缘无故的。成功的人一定是吸收了更多好的学习方法。

要想有好的学习成绩，学生最先要做的就是学会总结，及时纠错。看到错误，不去记录，这是错误；记录错误，不去总结，这是错误；总结错误，不去订正，这是错误。只有及时地总结、纠正错误，才是好的做法。

教师们往往有这样的疑问：为什么我的学生每次考试成绩都不够理想？翻看他的试卷，我不禁大吃一惊，他错的居然是他做过的错题！这是怎么回事？我不是提醒过他了吗？他之前也曾经做对过啊。这道题，我明明已经讲了无数遍，还重点强调了几次，可为什么大多数学生还是没有掌握呢？他们到底有没有在听啊？

每次结束一场考试，我也在反复抱怨：这不是考试之前做过的练习题吗？就是换了一种问法而已。再看这篇课外阅读短文，我都用多媒体呈现过了啊，还要你们自己读了好几遍，怎么只有几个人记得！

其实答案很简单，对于学生来说，烂熟于心的题目并没有掌握，对于教师来说，他重点强调了很多遍的习题学生依然做不对，只是因为教师在耕耘，其实学生并没有收获。问题越积越多，学生更没有耐心、信心和决心进一步探索了。

所以，要想取得梦寐以求的好成绩，首要的就是准备一本错题集。这就像行路一样，要想留下两行深深的脚印，不是走过一遍就行，觉得哪个脚印偏浅，就得有意识地多下点劲，或重新走一遍才行。准备错题集的目的正是为了真正地走稳每一步。不论哪一科，可以分而置之，也可以放在一个本上。复习时，只针对自己薄弱的环节，有的放矢，重点突出。免得到时候眉毛胡子一把抓，像个没头苍蝇一样乱撞，影响学习效率。

访问那些成绩优异的学生，他们都有一个共同点，就是学习有目标，复习有步骤，哪些是重难点，哪些该一掠而过，在脑子里都有清晰的一本账。

有的学生说："我不想准备错题集，因为我喜欢看在练习簿上的习题。"那么好，你得在辅导练习上下功夫。

就以学生人手一册的辅助练习为例，尖子生们的练习本上都有至少两种颜色的笔迹。我要求他们不会做的，或者是查书查资料找到的，还有教师讲过的答案必须明确标示，复习的时候当作重点，多下点功夫。付出必有收获。相反地，不听取我的建议的学生也得不到满意的成绩。总有学生每一次都对我的悉心教诲置若罔闻。听不见教师说什么，也是失败的根本原因。

当然，学生需要总结的不仅仅是高频率的错题，还有教师反复强调的习题。如果一种或几种题型教师反复强调，说明这一定是非常重要的题目。因为这是教师经过长时间认真地考虑、选择和打磨，才精心推出的一道"饕餮盛宴"。这是非常可口但不一定人人都做得出来的美食。有经验的教师很擅长引导学生在容易获得丰硕果实的土地上耕耘，带领他们静下心来反复推敲哪块生地上会有更多的值得收获的粮食。对于学生来说，遇到这样的教师，真的是天大的幸运。

学会总结，及时纠错，其实也是一种正确的人生态度。曾子说："吾日三省吾身。"会总结，会反省的人生，才是有亮点的人生。

有的学生对自己期待颇高，一旦在考试中失利，就悻悻然地成日垂头丧气，惶惶不可终日。这是学习中的大忌。学习中总会有浮浮沉沉，不能太过执着。所以，在学习过程中要保持淡定的学习态度，轻装前进。

学习压力是学生在学习过程中必须面对的，也是逃避不了的。它包括身体上、心理上的对学习的各种抗拒反应。不是发生过高考结束后书本碎片满天飞舞的奇特场景吗？这就是内心承受的巨大压力外化为肢体反应的最极端的释放方式。这只是个别现象。况且初中生的压力一般达不到这种程度。但是，教师不能无视学习压力的存在。既然学习压力是客观存在的，那么学生如何对待学习压力呢？

有一句话说：考考考，教师的法宝；分分分，学生的命根。学生的压力很大一部分来源于考试。学生之间如有激烈的竞争，最常说的就是：是英雄，是狗熊，考场上见。也就是说，只有在考场上，才有英雄用武之地。而成绩，就是准确区分强者或弱者的唯一利器。更可怕的是，在最后一搏定输赢的中考中，你在那张试卷上收获的多少，完全决定了你是否能与你心仪的学校挽手前行。这样看来，一次又一次的考试真的很大程度上决定了学生的命运。

那么，学生究竟应该以什么样的心态对待考试？

失败乃成功之母。面对考试，重要的不是成功或者失败，而是吸取成功的经验，总结失败的教训。比如拿到一张做过的试卷，有的学生总是首先计较分数的高低，自己位于班级的名次。这种态度多少有些急功近利，对成绩的真正提高却并没有多少的裨益。这就像登山，如果一味想着快速登上巅峰，只有两种结果，一种是登得很慢，一种是摔下山崖。如果看准山势，踩稳脚下，即便有两下滑脚，只要及时修正，一定会顺利登顶。

学习上最忌讳的就是情绪波动太大。考试成绩高了，则欣喜若狂，教室里再也站不下；考试成绩低了，则萎靡不振，坐在墙角发呆。古人说："胜不骄，败不馁。"最理想的状态就是不管成功还是失败，都要保持平稳的心态，期待下次的成功。过程更重于结果。

学习三步骤：我努力，我进步，我成功。我付出辛勤的汗水，我不管我得到什么或得到多少；天道酬勤，只要我日积月累，不放弃，就一定会得到；一次又一次地攀登，我最终会到达我自己的巅峰。如果这样还不成功，怎么办？那只能充分地证明：学习不一定能让你有所成就。你的人生有许多种选择，你已经成功地排除了一种，值得庆幸，不必多走一条弯路。鲁迅先生最初走的是从医之路，后来举起文学的大旗，并且成为现代文坛的一员巨匠。我想告诉我的学生们，只有努力过的人生才可能没有缺憾。因为泰戈尔曾经说过："天空不留下鸟的痕迹，但我已飞过。"只有这种心态，才能真正让自己成功。

和同学攀比成绩的同时，更要看到别人为取得成绩而付出的加倍努力。从容淡定的心态是人生的最大财富。即便走入社会，我们仍要面临各种各样的考试。世上没有常胜将军。就用在学校中积蓄的淡定心态去应对工作中的挫折、不满、抑郁和烦躁吧！

如果一次不能成功，那么就分解目标，循序渐进。

老子说："合抱之木，生于毫末；九层之台，起于累土；千里之行，始于足下。"这讲的是万事都要打好基础。学习更是如此。可是，基础打好了，想要获得进一步的提高却成了海市蜃楼，可望而不可即。看着身边的同学越来越优秀，更是慌了神。为什么老有啃不动的难题？为什么名次又向下跌出了好多名？这无数个为什么，正是那些已经开始在学习之路上越走越慢的学生无法排解的困惑。

对大多数人来说，包子要一个一个地吃，台阶要一级一级地踏。学习上的难题就像一个个待送进嘴里的包子，和脚下一级级将要踏上的台阶。如果没有长猪八戒那么大的肚子，没有长刘翔那么长的双腿，那么就请老老实实地，按部就班地，一个个地吃包子，一级级地踏台阶。

说白了，这就是分解目标，将学习变成力所能及的事，做起来就会有信心。在登上第二级时，回头看一看第一级台阶，会有莫名的成就感涌上心头。

我的班里有一个学生，他是一个自尊心超强的孩子，可惜成绩处于年级下游，经常一副郁郁不得志的样子。我说："你给自己定的要求太高了。当然，我不是在鄙视你。你在小学时的基础没有打好，想要在初中突然之间一鸣惊人也是不现实的。现在你的名次是排在班级第40名（全班仅有52名学生），只要你在这一次的考试中前进了，哪怕只有1名，我都会在全班同学面前大大地表扬你。"

就这样，这个男学生由前进1名到前进10名，后来一直保持在班级前10名的位置。他自己也很开心。如果当初我强令他一定要达到班级前10名，绝对是不可能实现的。而我分解了目标，降低了他追求的难度，反而让他找到了前进的动力，最终达成了他当初怎么也不敢想象的目标。

很多教师都有这样的习惯，总是强行规定学生在下次考试中一定要达到的目标。或是具体成绩，或是上升的名次。我无数次看见教室后墙上出现的由学生亲笔书写的目标责任状。我开玩笑地说这是学生发的"毒誓"。每次听到我这样说，那些把自己的成绩定得遥不可及的学生总要笑得合不拢嘴。我一眼可以看穿他们的小把戏，那就是在被逼无奈的情况下，为完成任务而随意想出的数字而已。不写这个数字，教师是不会轻易放过的。写下这个数字，虽然肯定达不到目标，但是最起码一个月之内是要休闲点了。

对于教师来讲，定下一个没有经过科学判断的乏味数字，意义何在？难道只是为了安慰自己干涩的眼球？为了完成学校下达的任务？让一个始终处于年级前10名的学生在考试中取得前5名的成绩，还是可以理解的；让一个从来不写作文的学生作文考出50分的成绩就显得太牵强了。

每年的中考一百天宣誓，就是一道亮丽的风景线。毕业班的学生们庄严地握紧了拳头，群情激昂地预告着自己的决心，我深受感动。但是，除了感动，别无其他。如果处于秩序井然的日常学习氛围中，如果都是学习成绩优秀的学生，我觉得值得鼓个掌。可是，当一群平时调皮捣蛋、不思进取的学生拼命地展示自己对于中考的信心，我总觉得是一种强烈的讽刺。请原谅我说得如此直白，伤害了一些人的"玻璃心"。

所以，一个严谨理性的教师，在给学生下达目标前，一定会经过严格的考量和反复的推敲，让学生不至于在目标前望而却步。在具有诱惑力的可实现的数字前，相信每个学生都会奋起拼搏，以一点一滴的进步来慰藉自己初见成功的心灵。

第十三章 品德好，才是真的好

《中学语文课程标准》有这样的内容："在语文学习过程中，培养爱国主义感情、社会主义思想道德和健康的审美情趣，发展个性，培养合作精神，逐步形成积极的人生态度和正确的价值观。"也就是说，教师在教育教学的过程中，除了要关注学生的文化成绩外，更重要的是要使学生在人格修养等方面有着良好的发展。

真实的情况又是如何呢？教师们是否更关注学生的品德修养？是否将学生的学习成绩凌驾于品德修养之上？在学习成绩和品德修养之间，教师们是否会不自觉地选择前者？在学习成绩评比愈加严苛的今天，我们很多时候竟忽略了学生的品德修养。这是很普遍的问题。

我们可以从教师们的日常交流中，感受到一些蛛丝马迹：

教师1：某某的成绩又下降了不少，到底是怎么一回事？我得跟家长好好交流交流。原来他的成绩挺好的呀。这下子要拖班级后腿了呀。

教师2：作为学生，没有好成绩，能有什么出息？别说你上什么清华、北大了，将来你连成家立业都困难。所以我劝你还是老老实实读书，考个好学校才是根本。

教师3：这个小子，别看平时不学习，专门讨人嫌，关键时刻却不含糊。瞧，这次考试竟然取得了这么好的成绩，比那些平时趴在课桌上的学生强多了。

教师4：踢足球有什么用？中考有这一项吗？有这时间多放在主科上。到时候文化成绩不够，你足球踢得再好也是白搭。

教师5：有多余的精力不如去学习啊，打架能打出成绩来？你看看你的成绩，马尾巴拴豆腐，提都提不起来，中考如果开设打架这一门，你准保是个冠军。

大多数教师都会在心里盘算学生的学习问题，这是关心学生的首要表现。不关心学生成绩的教师肯定不是好教师。我们最常见的就是一轮考试之后，大量的学生被"请"到办公室训话，无非是成绩为什么下降了，是不是最近不用心啦；告诉过你要认真努力，为什么没有一点改进；要是把一半的精力用在学习上，也不至于考这么差的成绩等等。

可是，有多少教师关注过学生的品德修养问题呢？或者更准确地说，有多少教师会真诚地认为学生的品德教育应该凌驾于学习成绩之上？若干年前，我们就听过"德智体全面发展"这样的话，我想，它在今天依然适用。对于学生来说，"德"的地位任何时候都应是至高无上的。

做教师的可以扪心自问，我对学生德育的关注到底有没有？有多少？我对学生的注意力是否都集中在成绩上？为什么我对学生所有的意见和建议最终都归结到成绩上？这个指导思想错在哪里？

对，这就是当代教育的误区。就连搞教育的专业人员都不能公正全面地认识到教育的根本目的，这是一件多么可怕的事。拥有人们最美好期待的建筑师都不能盖出坚固实用的房子，那么对建筑一知半解的工匠又如何能拥有盖房子的本领呢？他们盖出的房子也一定是进风漏雨、千疮百孔的。

这件事是我亲身经历的。

那是一个晦暗的早晨，学校下达了一项特殊的任务——在后墙上出一份黑板报，内容围绕庆祝五四的主题展开。我看了看学生，想起周某某是个绘画高手，如果由他总体设计再好不过了。可是，一听到我的要求，周某某竟大声说："我不去。作业这么多，我不想浪费时间。"说实话，他的回答让我感到尴尬和生气，我无法理解这个男生的反应。我对学生是很有耐心和热心的，谁知道就让他做这么一点小事，居然满腹的抗拒？

我的一个同事给我说过这样一件事：

早上他骑自行车出门，走到校门口的时候，一个冒冒失失的男生冲过来，吓得他紧急刹车，人也一下侧翻在地上。可那个男生只轻轻地瞄了一眼，不理不睬地走了。只留下他一个人在风中凌乱。

我们都知道那个男孩的做法是错的，但是当时却没有人真正把它当回事。如果我的同事追究起来，说不定还会有人说他小题大做。最后反复思量，只得作罢。

我偶尔会关注社会新闻，每每震惊于青少年犯案的可怕。几个校霸合伙欺负一个女生，逼其下跪、自扇；一个十几岁的男孩子杀害了两个男童，居然还能泰然自若地帮助警察寻找案发地……这些不良行为简直令人发指，甚至触犯了法律。我们学校也发生过这样的事情。几个学生毒打一名女生，还发视频传上网。学校领导非常震怒，严惩了这些学生。学校所拥有的权力，只有这些罢了。

我们学校的校园暴力事件也时有发生。最严重的就是几年前那一起学生冲突。我记得一个学生在前面跑，跑得惊心动魄，恐惧万分；另一个学生在后面提着一把不知从哪带来的菜刀，在后面紧追不放。前面忙着逃命的那一个学生慌忙躲进政教处，暂时安全了一点，但把教师们吓出了一身冷汗。至于到底发生了什么事，只有当事人最清楚。不管他们两个中间谁有多大的委屈，至少当时是扰乱甚至破坏了学校的教学秩序。如果这样的学生以这样的状态走入社会，对社会来说，无疑又多了潜在的威胁。

看到以前墙上的标语这样写："不成才，便成人。"其实它说的也是不能太过看重学生的学习成绩。所以，教师心里要有一本账，并且要清清楚楚，明明白白。拿棵树来打比方，成绩差，只是缺少营养，长得不旺而已；而品德差，则是树根腐烂了，这是无法救治的。

所以，教出真正的孩子、未来的接班人才是教育最要紧的事。当然，家长是孩子的启蒙老师，他们对孩子的健康成长有着不可推卸的责任。但是，一旦他们走进校园成为无数个学生中的一员，那么教师对这个学生的继续成长就负有更为沉重的责任。也许家长交到你手里的这个学生不如人意或不尽如人意，但请教师首先从品德上进行适当的教导。

学生在学校接受的是相对规范的教育，这跟把小树苗慢慢拉直的原理是一样的。拉直的过程中，小树苗可能会有点痛，但绝对在能容忍的范围之内。小树苗也会本能地抗拒这种拉力，但园丁依旧要坚持到底。认为自己做得对，就做下去好了。教师要在教育过程中把自己的理念传达给自己的学生，以自己的实际行动来影响学生。

在这里，我有几点具体的建议可以提供给大家，重点就是要让学生有集体观念。

很多人对现在的孩子心存芥蒂，我也如此。每年面对着这么多的学生，很多时候我最大的感受就是三个词："自恋""自私""冷漠"。

先说第一个词：自恋。我说的不是自信，也不是自负。

说个近一点的例子。平时上课照镜子的学生不少，只是有的稍微隐蔽点罢了。其实，这些特别迷恋脸蛋的学生并不是特别出众的那一群，但是，他们却完全被一种虚拟的假象迷惑了，这是多么有意思的事情。

有人说：自恋有什么不好呢？我认为，自恋容易养成自私的性格。在学校里学习，学生就得在班集体中很好地生活，否则就会被集体排斥，甚至于抛弃。自己认为身上的一切都是优点，容不得别人的半点批评，怎么可能进步呢？既然看到自己的都是优点，相对而言，看到别人的多是缺点，这不利于同学之间的团结，矛盾就随之产生了。另一方面，很可能几个自恋的学生组合了一个小圈子，又要到大圈子内引发骚乱，排除异己，这样势必增加了教师管理的难度。

对于自恋的学生怎么办？教师可以这样做。

1. 让每个学生认识到自己在班级中的位置。其实说到底，自恋只是一种美好的臆想而已。这种学生大多衣食无忧、家人宠爱、长相清丽，骨子里带有天生的优越感。于是他们给自己预设了这样一种完美无瑕的氛围而不能自拔。教师要适时打破这种表象，把这些学生放在与其他同等的平台上进行评价。不能搞特殊化、高待遇。当然，目标设定要合理科学，不能"一刀切"，更不能想当然，丝毫不顾及学生的感受。

2. 及时发挥家校通作用。我以前接触过一个女生。我在认认真真讲课，她却在座位上如痴如醉地欣赏着自己的照片，应该说是自己的一本精美相册。那时因为太年轻了，我头脑一热，把她的相册揉巴揉巴扔进了垃圾桶。女生气得半天说不出一句话。事后一想，要是我能及时通知她的家长，也许事情的结果应该会更能令人接受一些。从情感上说，这个女生违反了班级的纪律，而罪魁祸首似乎正是那本相册；从理性上说，我的行为也是自私的表现，因为我近乎失控的行为，也给班级的其他孩子留下了不好的印象。我完全可能私下里解决问题，这样，既给那个女生留足了脸面，也不至于影响正常的教学流程。

3. 经常总结可能或已经出现的不良现象。班级的风气是从自习课开始的。教师不在的教室里，才最能看出学生遵守纪律的自觉性。这时，如果是小团体的话，一定已经蠢蠢欲动，要往一起凑。这时教师就要看准苗头，及时管理。当然，每天一总结最好，及时点名点事，做不到做得差，每天都要拎一遍。这里有个窍门。所谓法不责众，相信大家都明白这个道理。所以看一看，想一想，小团体中哪一个最不守纪律？从他下手即可。要是把一长串学生撵出教室，倒有了反效果。反正又不是我一个人。谁还在乎哟？到时候不是学生的集体受罚，反而会让其他学生笑话教师的教育能力。如果几个学生旗鼓相当，那就视他们的自恋程度，自尊心强度、平时表现、学习成绩、家长态度等因素，一个一个谈，各个击破心理防线，让他们把心思放在学习上。也可用调位置的方法，让这些学生从自己的小圈子里跳出来，融入班集体的大圈子。但是调位置不是随意把他朝那儿一戳就行，还得经过全盘慎重的考虑。各个班级的情况也不一样，教师自己想好就行。

我对学校这方面的行为一向颇有微词。我记得我在板中读初中时，偶尔也会看见墙上张贴的布告。有时是一张，有时是两张。一般情况下，一个月也看不见几张。每张布告上处分的学生一般只有一个。所以这样的布告震慑力比较强。而现在的学校一旦张贴布告，动辄好几张，一张上有时甚至最多出现几十人。升旗仪式时，领导们让这些学生站到队伍前面，他们起先看上去有些局促，然而这么多人聚在一起，个个都露出了张扬的神色。你说，这样的处理方式有一点警示效果吗？对于受处分的学生来说，这就是一个笑话而已。

再说第二个词：自私。

这是普遍现象。古语说："各人自扫门前雪，哪管他人瓦上霜。"比如：

> 有一次语文测试，一向语文成绩很好的某某居然在试卷上用了两种颜色的笔。这是我绝对不能容忍的。后来我听说，她那天忘带笔芯了。旁边的同学有几支笔芯，死活都不愿意借给她，说是怕她把笔芯用完了自己还得买。

虽然这是一件微不足道的小事，但也反映了学生不愿意与他人分享的现实。这个不借笔芯的同学会想："我为什么要借笔芯给你？我从来没有向你借过东西啊。谁叫你考试之前不按老师要求好好准备的？你上课不认真听老师讲话难道要我为你承担后果？"自私的孩子永远不知道自己有多自私，也不会轻易主动认识到身上的错误。

　　自私的学生有无数种支持自己自私的理由。可能有些理由在别人看来根本站不住脚。但是自私的学生本身认同自己的观点，也许他认为那不叫自私，是叫做好自己的事而已。我觉得没有一辈子不求人的人，不管是谁，都会有遇到困难的时候。你帮别人的同时，也在为别人帮你做铺垫。那么，怎样让学生明白这一点呢？我觉得应当是营造浓厚的集体氛围。

　　学生之所以自私，很大一部分是因为他把自己排除在班集体之外，他觉得其他的同学与他没有任何亲密的关系，即便不帮助别人也是理所当然的。一旦有了这种思想的学生越来越多，那么这个班集体一定是个没有战斗力的集体。越来越多的学生不知道要从集体的角度考虑问题，那么这些学生与散兵游勇有何差别？这样的班集体还有存在的必要吗？因为它只是几十个学生组成的群体，而非我们预期的集体。

　　有人说，你说得轻巧，如何营造浓厚的集体氛围？我这里倒有几个小小的不成熟的建议：

　　1. 学习小组分工要明确。每个班级都会组织几个学习小组，让每个学生都能参与其中，各司其职。教师每天认真检查前一天的作业完成的效果，大力表扬小组里的先进生，使后进生产生压力感。根据每个学生能力的不同，教师一般会安排每个人完成不同的任务；不过为了促进集体情谊，也要适当布置共同完成的任务。在与别的学习小组的对比学习中，体现每个成员在小组内部的价值和整个小组的共同成长。长期坚持，形成习惯，小组成员之间也会形成相互帮助的良好风气。

　　2. 完善班级文化建设。班级内部的文化建设，一般都体现在几面墙上。但遗憾的是，好多班级内部的文化建设处于敷衍状态，对学生的个人成长并没有明显的益处。最常见的是在后墙上面剪贴些花，至于有什么意义，只有贴的人自己知道，也许就连贴的人自己也不知道。如果是抱着这样的态度来搞班级文化建设，怎么也搞不好。班级文化建设是一个提升班级战斗力的极佳平台。建设得好，令人入室即神清气爽，产生学习的欲望；建设得差，会使学生显得懒懒散散，毫无斗志。班级文化建设宜简洁忌烦琐，宜分类忌混杂，宜灵活忌死板，宜变换忌陈旧，宜常态忌敷衍。

3. 重视与小组内部成员的沟通。很多学生对不少同学的家庭情况一无所知，这也无可厚非。但作为朝夕相处的教师尤其是作为班主任，对大部分学生的相关情况说不出个所以然来，这就不正常了。影子在灯光之下才无所遁形，学生的自私也可能来自他的家庭教育。抓住具体的例子，适时与家长沟通，结合家长的教育，这样更有效些。

4. 对待学生一视同仁。对于家长来说，爱孩子不能停留在表面上。对教师来说，爱哪一个学生也不能表现得过度热情。大多数教师是喜欢那些成绩优秀、老实听话的学生的，因为他们在班级中起着很好的带头作用。而对那些屡屡违反班级纪律，给班级评分带来困扰的学生则缺少关注，认为离他们越远越安全。这种思想要不得。在家长的眼里，孩子是他们的全部。在教师的眼里，每一个学生都应该是有血有肉的个体。教育的特殊性和差异性是客观存在的，教师不能置若罔闻。

最后说一说冷漠。

网上有关冷漠的例子太多太多。震惊全国的小悦悦事件，清华高才生的虐猫事件，老人公交车毒打少女事件……无不触目惊心，发人深省。其实这里所说的冷漠还可分为三种情况：

1. 看客式的冷漠。鲁迅先生早就在他的文章中描述过这种人，明明自己是个中国人，却在为中国人被砍头而拍手叫好。这种冷漠实在可恶，不是天灾，而是人祸。校园中也常有这种"看客"，认识对方也罢，不认识对方也罢，总之，只要哪里有热闹，他一定就在哪里。

去年有一个下午第四节课，我往教室里走，学生陆陆续续朝后操场跑去。这是怎么一回事呢？难道我记错课表了吗？等我走到后操场，远远地就看到一堆人在那儿起哄："打打打，再打狠点儿。"哦，我明白了。原来是两个男生在打架，旁边就站着几个"看客"。他们自动分成两大派，分别给自己的一派助威。力气小一点的男生被打得满脸是血，但没有一个学生真心地拉架。后来，学校的领导把两个打架的学生带走了，这事儿才暂时有个完结。

对于这些人而言，课堂的吸引力远远逊色于打架的吸引力。他们一直在秉持一个原则，就是只看不动手。说实话，没有这些"看客"，有时候，那架还真的打不起来。跟唱戏的一样，台下观众越起哄，台上演员越想把戏唱好。因此这些人直接拉长了打架的长度和密度。

2. 过客式的冷漠。有的学生对于打架这种热闹不感兴趣，生怕惹祸上身，于是远远地躲开。谁胜谁负，打完决定，与我无关。这总比挑事不怕事儿大的学生靠点谱。但是打架的是他的同学，难道他没有义务关注他们的强弱势吗？难道他没有义务把同学打架这件事儿报告给教师知道吗？是怕受到报复还是怕被说成是给教师打"小报告"？难道不应该关心一下双方究竟有没有受伤？严重吗？

有一天，一个学生无辜被打，只因打人的同学"看他不爽"。年级主任调查几位靠近的学生，到底有没有看见某某打人，几个被调查的学生沉默不语，到最后这个事情不了了之。打人的同学不承认，路过的同学不证明，这件事实在没有办法有个最好的结果。

3. 暴力式的冷漠。《哆啦A梦》里有个男生叫胖虎，他人高马大，总以强力胁迫同伴听他的话，搞得身边的小朋友都很郁闷，可是又不敢惹怒他。我没有认真数过，总之出场的小朋友中，大雄经常被胖虎揍得鼻青脸肿。

班里也有一个胖虎式男生某某，在小学时他还曾经威胁过教师，是学校的"小霸王"。分到初中后，教师们对他已有了警惕性。初一年级假期的军训，他就开始挑衅同伴，不但故意把同伴绊倒，而且趁同伴还未起身时，狠狠地踢了同伴的头。当然，这些都表现得没有多大破绽。同伴忌惮于他的蛮横，不敢吭声，也不敢向教师报告。慢慢地，这个男生越来越放肆，成了班集体中"不安定因素"。他动不动就暴打同学，换句话说，他通常都是用肢体语言与同学沟通，一言不合，拳脚相加。有一次在英语课上，不知同学悄悄说了一句什么话惹到了他，他突然翻脸，一拳向同学腮帮砸去。双方动作来得太快，把正在上课的教师都给整懵了。

对于教育冷漠的学生，事实上很多时候感觉非常吃力。这里不妨提供几种方法：

1. 帮助学生确立正确的是非观念。《三字经》说："人之初，性本善。"没有哪一个学生是天生的坏蛋。可能是成长的环境、家庭的教育和社会的干预等外在的因素阻断了他应走的良性之路。做教师的不如接受现实，好好想一想怎么教育好这个学生。怨天尤人没有用，关键还得靠自己。什么是对的，什么是错的，怎样做是对的，怎样做是错，教师必须适时地引导学生知道。有时候，教师会心生怨艾，在校艰难的一天过去，走出校门只需一分钟，那些曾经的理想与美好全部土崩瓦解。这也是无奈之处。但我们有责任告诉学生，你看到的不是社会的全部，也不是社会的常态。做个好孩子吧，那样人们都会用赞赏的目光看你。做个"熊孩子"，别人对你敬而远之，这样好吗？

2. 教会学生换位思考。与其说学生的冷漠来自客观因素，不如说主观因素占的比重更大一点。因为他从未站在别人的角度考虑过问题。他总是以自我为中心，认为自己所做的都是对的、合理的。如果他扪心自问：如果我是那个被打的同学，我会怎么想？我希望有人围观吗？如果我发生了危险，我希望别人走掉吗？如果我打了某一个同学，将来就不会有更多的同学打我吗？这些都会引发他深刻的思考。

班级里可以做些小游戏，来个角色扮演，让同学从观赏表演到亲历表演的身份转换中获得最直观的情感体验，这比喋喋不休地单纯说教有意思多了。有时候，当学生身处其中不知道事情的对错，一旦成为旁观者，思维自然就清晰了。

3. 启发学生的存在感。如果这个学生无视同学，那么他迟早也会被别人无视。人们都说患难见真情，你在同学最难的时候帮了他一把，他会感激你的。反之亦然。这个"帮"不是指一定要帮对方出手或回嘴，而是从其他途径、以其他方式间接给予帮助或者据理力争。你帮助了同学，得到了友情，也树立了自己在同伴中的威望。有时候，坏人其实本身并不坏，只是因为别人当他是坏人。如果教师让学生看到自身阳光的一面，这是改变的最好机会。

我们在教育的长河中艰难地跋涉着。有时辛苦有时甜蜜。也许我们感受到了收获的喜悦，也许我们有过放弃的念头。既然教鞭在手，不敢停留。我们的责任不仅是引导学生取得学业上的进步，还要牵着他们的手，走过千山万水，跨过激流险滩，迈向光明的前程。

第十四章　玉不琢，不成器

有人说，性格决定命运。成功的人性格大致相同，失败的人各有各的性格。对于教师而言，彻底了解学生的性格，才能真正有效地管理学生。了解学生的性格，才能实现学生真正意义上的健康成长。

那么学生大致分为哪几种性格呢？

一、执拗型。执拗型学生的最大特征就是固执己见。觉得自己所说所想的都是对的，听不见别人的半点意见，不考虑别人的感受。跟同学发生矛盾，一定是别人的不是；自己撞倒了别人，是因为别人没有站稳；自己撞到了电线杆，是因为电线杆安得不在正确的位置；学习不好，是因为教师水平不高；考试成绩差，是当时没有发挥好。不管遇到什么问题，这种学生总是考虑客观因素，从来不会反省自己身上存在的问题。

有一段时间我曾经布置学生写小作文，让他们记下这一天来最深的感触。学生嘛，如果不是特别要好的关系，是绝不容许同学阅读他的作品的。男生甲没有征得男生乙的同意，擅自翻看了男生乙的小作文。男生乙当然非常生气，就要男生甲作出解释。本来，男生甲道个歉，事情也就了结了。偏偏他不但觉得自己没有做错，而且还振振有词：写下来就是给别人看的嘛。这么小气！其实，绝大部分学生是以日记的形式来写小作文的，也记下了自己内心的真实感受。这样的内容怎么能让其他同学看到呢？

执拗型学生遇到事情只考虑客观原因，不挖掘主观原因。比如跟别的班级赛球输了，他一定会作一个很透彻的总结，诸如练球时间太少、教师战术失策、天气影响心情等等，只是为了证明自己是没有问题的。

执拗型学生像个"圣斗士"，总喜欢与同学滔滔不绝地辩论，一直到自己赢了为止。如果输了，他就会很生气，一定要在下次找个机会把这颜面争回来。所以这类学生总是让自己处于防御状态，既游离于群体之外，又容易高度紧张。

执拗型学生遇事容易情绪波动，看问题比较消极。还容易将自己定位太高，很少有人能入他法眼。这样的学生成功则激动万分，失败则唉声叹气，得失心太重。

执拗型学生不会尝试着改变自己，因为他永远不会意识到自身的问题。也可能即使他意识到自身存在的问题，也不会想到去改变什么。

对待这样的学生，教师要有足够的耐心和意志，否则是无法让他们意识到自己的问题的。一旦教师不能把握相处的尺度，那么很可能将战火引燃到自己身上。我们的目的是解决问题，这样是不是反而把简单的问题给复杂化了呢？

我有几点建议：

1. 做个好的倾听者。执拗型学生就像一根绷紧的弹簧，不把自己拉到失去弹性，他是不会停止的。对于这类学生，最好的办法就是以静制动，以不变应万变。面对这类学生，教师如果强行弹压，他很可能认为教师是专门针对他，甚至会在潜意识里将教师推到他的对立面，不配合，甚至对抗正常的教育教学工作。所以应该等到学生把自己的委屈都倾倒完结，教师再根据实际情况具体评点，一条一条地指出他的错误之处，让他心服口服。如果没有给出诉说和消化的时间，这类学生是不会轻易低头的。教师也不能跟他硬碰硬。我们求的是最终的教育效果，放慢教育的步伐又何妨？

  我记得这样一个典型例子。有一个脾气比较急躁的男教师，管理学生的手段一贯相对强硬。有一天，班里的一个男生犯了错。本来是一件很好解决的事，他却硬生生地将其演变成了教师与家长的冲突，实在是得不偿失。那个男生固然不该在教室里与同学吵闹，但是，这个教师不顾这个男生的辩解，一味地凭着主观判断就把所有的责任推到这个男生身上，也是不对的。这个教师又不停地把这个男生以前的错事一一列出，来印证今天这个男生的错误之严重。这个教师言辞激烈，情绪高昂，小男生连个插话的机会都没有。我想，这个男教师但凡能安静一会儿，也不至于让这个男生辩无可辩，摔门而出。

2. 抓住具体事件，剖析利害。教师不能凭主观臆断或捕风捉影就评断学生的对错，也不要轻易地下达处罚学生的决定。如果零零碎碎地处理学生，反而收不到应有的效果。所以有具体的事件，就得立即抓住，不容有失，这样才能让学生心服口服。趁热打铁铁有形，借势论事事必成。

怎么适当地处理解决问题，教师在心里要有一本明白账，不能以其昏昏，使人昭昭。这种情况也需要预设慎重的态度。现在的学生大多伶牙俐齿，思路清晰。如果教师不做好万全准备，很容易使自己陷入被动。结果不但没有解决问题，还会把自己置于尴尬的境地。

教师可以在头脑中设计很多问题让他来答：

  你们之间到底发生了什么事？
  你觉得你对的地方在哪里？
  在这件事上，难道同学就没有一点正确的地方吗？
  你是否觉得自己对这件事的处理非常完美？
  当时观看的同学，是否都站在你这一边？

那么，你的错误在哪里？

下次遇到同样的情况，你会怎么做？

一旦学生认识到身上存在的错误，他会慢慢改过来的。执拗型学生不是洪水猛兽，他有他的善良和正直，这一点足以让我们相信他们。可能他某些观点稍微偏激了点，或者略显狭隘片面了点，但就总体而言，这一类问题是很容易被纠正过来的。摊开双手，谁也不能说自己的哪一个手指头是不重要的。既然已经接受了这样的学生，教师不妨多点耐心吧。

3. 提高期望值。执拗型学生一般比别的学生更期待得到教师的嘉许，那么教师可以利用这一点做文章，直接告诉他我对他的期望，直接说我对他的期望值有多高，希望他在原有基础上更加努力，更有成绩。即使他有偶尔的滑坡，也不能过分指摘，而是平心静气地分析问题出在哪里，把他当作自己的孩子循循善诱，他会成长很快。教师可以私下告诉他，我对你怀着很高的期望，所以你不要跟其他同学一般见识。这样他再与别的学生发生矛盾时，因为你对他的器重，所以对于你的批评，他也会坦然接受。

二、对抗型。作为教师，有好几年我最怕的一件事就是进教室。因为我不知道教室里有什么事或什么人在"蓄势待发"。或许进教室之前的那一秒是开心的，下一秒可能变成暴跳如雷。我有时还会想很多问题：是不是所有的学生都做好了上课的准备？还是白板上上一堂课的印迹还没有人处理掉？我这一堂课的辛苦是不是所有的学生都能知道？是不是那几个爱捣乱的学生会稍微给点面子？很多时候，上完一堂课我都觉得刚刚经历了一场惨烈的战争，而我已学会了同事的经典用语："走，'开战'啰。唉，终于又活下来了。"

是的，总有那么一小部分学生，视班级的纪律如无物，对待教师也像对待敌人。我始终介怀那种满是戒备的眼神，里面除了猜疑，就是仇恨。在他们的眼里，似乎教师所有的举动都是可憎的，又似乎教师的所有批评与惩罚都是故意为之。

第十四章　玉不琢，不成器

以下是一个真实的故事。

师：上早读课，你为什么睡觉？

生：你凭什么说我睡觉？我根本就没睡觉。你少冤枉我！

师：那你为什么趴在桌上？

生：趴在桌子上不假，那你为什么说我睡觉？

师：没睡觉也不应该趴在桌上？

生：趴在桌上的多了，干吗只说我一个人？

师：早上就发困，昨晚干什么去了？

生：你只谈今天早上的事好了，干吗又扯到昨天晚上。昨天晚上关你什么事？

这种情况下，教师只能气得干瞪眼，要不还能怎样？我看着满腹委屈气急败坏的女同事，心有戚戚焉。

那么，我们有必要深入思考一下，怎样教育这样的学生？这样的学生有没有改变的可能性？是不是面对这样的学生，教师只能举手投降？理智地说，任其自由发展肯定是不行的。还是要想好办法改造他、教育他。教师和学生譬如处于天平的两端，你掉下去了，他就跳上来了。教师一味地宽容，学生不但不会感激，反而会嘲笑，会对抗，会更加肆无忌惮。

就我的经历而言，面对学生的挑衅，我常常按捺不住心中的火气，事后又感到后悔。我常常问自己：我这样做，是否真的能解决问题？为什么不理性一点，让事情的发展能如预期一样？作为教师，是否有必要凭着自己的情感来处理已经发生的问题？我那样处理问题，是否考虑过学生的感受？他真的从心底信服我了吗？我和学生的相处，是否会因此蒙上阴影？这样的处理方式对今后的教育工作利多还是弊多？

那天，我刚进办公室，就听见一阵混乱。怎么回事？走廊上站着几个学生，有男生也有女生。班主任在一边和女生说着什么。突然女生的声音高起来，并且连哭带嚎。听了半天，原来又是学生之间的恃强凌弱事件，我也没有听懂前因后果。一会儿工夫，女生的家长到了办公室，嘴里骂骂咧咧的，很不入耳。我认识这个女生，甚至每一位课任教师看见她都要发怵。这个女生在教室里的气场很强，就是在其他教师讲课的时候，只要她不满意，立刻扬长而去。在所有教师的眼里，这都是一个可怕至极的人物。我想，今天可能又发生了什么事情了吧？

我不是当局者，也不是事件的全程参与者。我甚至不能主观地评价对与错，或许我站的角度使得我不能作出全面正确的评价。在同一个单位摸爬滚打，流泪流汗，我的心是向着同事的。可是作为教师，我觉得这个同事处理的方式值得考量。我并不是存心摆出一副专家的样子，因为每次发生类似的事件之后，我也是这样反思自己的。

遇到这类对抗型学生，我们不必首先顾及所谓的尊严，而是要认真思考利大弊小的方法。我们该怎么办？任由自己的情绪发展下去，跟学生对着大喊大叫，那是降低了自己的身份。不管学生多么无理，他毕竟是个孩子；不管自己多么委屈，你毕竟是个教师。你的目的是终止事件，而不是让事件扩大化。一旦教师情绪失控，说了不该说的话，做了不该做的事，导致学生做出过激行为，后果都不是乐见的。万一走向不可控的境地，我们岂不是"好心办了坏事"？

我们要做的是首先学会软化自己的愤怒。农民披星戴月，辛勤劳作，最终颗粒无收；旅人满心欢喜，贪看远方美景，原来是海市蜃楼；教师满怀憧憬地去教育学生，却无人回应，可想而知，这些事会多么地影响人的心情。因此适度地表达自己的愤怒也未尝不可，教师也不是圣人。孔圣人生气也骂人啊："朽木不可雕也，粪土之墙不可杇也。"

设想一下，教师的愤怒和学生的愤怒就像是两只老虎。两虎相争，必有一伤。学生受了伤，很短时间就可以痊愈，而教师就做不到。如果你一点儿也不介怀，那你就不是正常的教师。教师又是"伤不起"的，毕竟还有年龄、精力、家务等因素的限制。我有一个同事，跟学生置气的时候面红耳赤，心跳加剧，吓得我胆战心惊。

真的，去年，某地一位女教师在早读课后猝然离世。哎呀，真的是让人悲痛不已。各位同仁，相信你也会有同样的感觉。

很多与学生有过冲突的教师都会有这样的体会：一旦内心愤怒，那么直接的表现就是头疼、烦躁、郁闷、委屈，想有个倾诉的对象，想有个支持自己的人，想有个宣泄的出口。甚至有人会想最好能赶快退休，再也不管这些家伙了。但是冷静之后，该做的还得做，不是吗？所以，即使从保护自己的角度来想，教师也犯不着跟学生置气，气大伤身，何必呢？

不管学生表现得多么讨厌，多么不可理喻，说白了，他毕竟是个孩子。就妥善处理突发问题这一方面，孩子的能力是极低的。在家里，他和父母闹掰了，因为父母控制着他的生活来源，他不得不捏着鼻子做软柿子。在学校里，教师能控制他什么呀？这或许会让他变得有恃无恐。有的学生越看教师生气就越开心，真是奇怪了，甚至有的坏孩子还以捉弄教师为乐呢。

有一年，我和一位女教师搭班。我教的是语文，她教的是数学。这位女教师非常敬业，人也很温柔。不知为什么，学生们就喜欢作弄她。逢到她上课的时候，他们就把黑板擦收起来，看着她到处找，甭提多开心了。一到数学课，总有一小撮学生故意迟到，惹老师生气，他们就算是目标达成。当那位女教师在办公室里高声控诉着学生这些行为时，我们都默默地聆听着，不知道该找什么话来安慰她。

遇到这种情况，教师该怎么办呢？是怒目相对厉声呵斥，还是和颜悦色转头忘之？我认为，先让自己冷静下来，好好地盘算一下怎样做才是最合适的。哪怕走出教室深吸一口气，或者对着墙角发泄一下情绪。千万不要让自己的愤怒蒙蔽了双眼，以免发生让自己难以收拾的残局。在同一件事情上，孩子的判断未必是我们满意的。反过来，教师的决断未必是学生满意的。只要不是太过分，还有缓和余地的情况下，教师应抱着对大多数学生负责的态度，先平静地将课程结束，然后再继续未完的事情。

有果必有因。教师应首先自我反省，到底是在哪一个时间段哪一个环节无意触动了学生的神经。如果没有，一定是学生在无理取闹。这里还有两种情况，第一是单个学生对教师的对抗，第二是多个学生不服从教师的管理而间接引发的对抗。

如果只是单个学生对教师的对抗，这个问题是相对简单的。因为只是发生在两个人之间的事情，谁对谁错，错在哪里，是比较容易解决的。如果问题发生在多个学生和教师之间，那就大大不妙了。

没有无缘无故的争斗。教师在给出具体的惩罚结果之前，一定要先搞清楚事情的根源。这是什么时候发生的事？牵涉了几个人？最初是谁挑起的？要达到什么样的目的？现在你们是否满意了？你们这种行为对其他同学有没有造成一定的影响？你们的父母希望看到这样的你们吗？他们给你们提供这么好的学习条件，难道是让你们在学校胡作非为的吗？

训问学生的时候，最忌讳的就是集体化。把学生放在一起，容易激发学生的集体情绪。况且初中的学生，正是大讲"江湖义气"的时候，谁都不想做孬种，个个争着做出尽风头的"英雄"。瞧瞧，我连老师都不怕，说出去多有面子。有的学生就是这样，在教室里跟教师一句也不让，那是为争一个面子，维护自己在班级同学面前老大的形象。

因此在与学生谈话的时候，要一个一个地来，逐一对其批抨教育。不是所有的学生都是坏孩子。在面前的这些学生中，总有一两个是跟着凑热闹的。先从这一两个人下手，严词厉色吓退他们；再找到老实本分的，从学习成绩的角度点醒他们；剩下的就慢慢磨吧。

怎么磨？带在自己身边，照旧悠悠哉哉地做你自己的事情，别管他，耗着他。耗到他受不了为止。他觉得受不了了，会有两种做法，一种是傲然走掉，那么这种学生已不在任课教师应当管理的范围之内，你不能拽着他求着他让你管理啊。这种情况只能寻求班主任的帮助，由他来做中间人，效果会比较好。如果这个学生稍微有认错的迹象，做教师的不管有多少的不愿意，也没有理由放弃他。

继续无视他，耗掉他的最后一点斗志。然后问他：你错在哪里？不是问"你知道你自己错了吗"，而是问"你错在哪里"，这样更有目的性。如果他反驳，就继续问：你错在哪里？直到他愿意回答为止。最好让他留存一份检讨书，加深记忆。

像这样的学生，教师的态度要相对温和一点，防止激起他新的反抗。我就吃过这样的亏，现在也还在后悔着呢。

事情原来跟我也没有多大关系。语文作业每天都有，这是硬规定。可是，一天课代表居然把这件事给忘了。我那几天也比较忙，把检查作业这样重要的事情放心地托付给了课代表。我千叮咛万嘱咐，一定要检查到每一个人。一周过得很快，我的事情也顺利解决了。我想星期天的作业就是做完《伴你学》吧，只有一课，挺简单的。我也没有顺带着问一句：觉得作业多吗？如果我多问一句，也就没有后面什么事了。星期一交作业的时候，就出了问题，虽然作业潦草了些，但毕竟还是大多数学生都交上了作业。课代表记名单的时候，说一个学生不但不交作业，语气还挺横。我的无名火马上升起。要知道这是一个非常叛逆的学生，在小学就是出了名的。我第一感觉就是无奈、头疼。我问他："别人都交作业，为什么就你特殊？教师的天职是改作业，学生的天职是做作业。"他梗着脖子跟我喊："我就不写语文作业。"看到他这种态度，我更加生气，脱口而出，那你以后不要上我的语文课。他倒也配合，上语文课直接倒头就睡。后来，一个女生悄悄告诉我："作业太多了，我一天在家手都写麻了。"原来，这才是事情的真相。我是哑巴吃黄连，有苦说不出。又不能批评课代表，这以后的工作还得他做啊，又不能向学生说明真相，这让课代表威信何在？以后我每次布置作业，都会有意识地问一句：今天作业多吗？

到了第二学期，那个不做作业的学生才收敛了他那强硬的态度，又开始工工整整地写作业了。我逮个机会表扬了他，他又对我露出了笑容。

我认为，教师对每个学生的处理方式要有差异。打击面越广，作用越小。这是惯例。不是有一句话，叫作法不责众吗？事实上，一个班级里可能会有一个屡教不改的学生，太多了就是教师管理的失责。这个学生在挑战教师的时候，又可能出现有样学样的人，而这些狐假虎威的学生面上维持着嚣张气焰，其实他是心虚的，没有底气；一些学生唯恐天下不乱，在某一方呐喊助威；还有的学生盲目参与，只是因为贪看热闹。

这些学生在犯错程度上是不一样的，一定要有差别对待。不能像以前一样把这些学生统统列到一张记过布告上，这是乱弹琴。如果管理者觉得很委屈，那我可以说一句，这就是管理者的责任，是校风问题，是领导者的水平问题，与普通教师无关！

每次我看到一张四四方方的白纸上写满了违纪学生名单，心里就嗤之以鼻。这么多学生在违反校规班纪，不是从很多层面说明问题吗？一个年级有二十个班，每班哪怕只有一个，那就是二十个，太可怕的数字！在升旗仪式上，让这些学生站到队伍前面，目的是让他们感到羞愧，实际呢，事倍功半。学生犯错误时，处理的人数越多，效果越差。因为人数多，所以有的学生满不在乎，丝毫不能认识自己的错误。

回到每个班级，怎么办？那些看热闹的，训斥一顿完事，要不就查他的作业，这足以吓退他们，因为他们本身心理防线就弱。教师可以把注意力聚焦在那些瞪着眼睛、梗着脖子的学生身上。教师在处理学生的时候，千万不能欺软怕硬。只要站在理上，有的放矢，学生还是有畏惧之心的。对于这一类学生，最好是与家长携手，对家长表明自己认真尽责的态度。

处理学生的时候，要做到及时、简洁、有效、艺术。及时说的是不能拖延，在犯错的第一时间就要批评指正。不能星期一发生的事，放到星期五来谈。一旦失去了时效性，教育的效果会大打折扣，学生可能已想好了对策，先前教师设置的突破口也不管用了。找个合适的课后时间，或大课间时间也行。教师所有的重要的事情都得停下来，因为这一件事就是最重要的。不要怕浪费一两节课，没有严格的纪律，学生无法安心地学习；没有安心学习的学生，班级还能成为班级吗？让一个或一群不安心学习且不断破坏他人学习的学生占了上风，这个班级还有成绩可言吗？学会做人比学习成才更重要。

简洁说的是教师处理问题的语言和过程都不能拖泥带水，否则会引发学生对教师决断能力的质疑。第一，说说教师的语言。有的教师处理问题时抓不住重点，且东拉西扯一大堆。结果出现了这样一种奇怪的场景：教师和学生变成了辩论双方，双方争得面红耳赤，没有下文，再到领导面前评个你长我短。这分明是街头吵架的做派嘛。还有的教师与学生争得生气了，嘴里也开始骂骂咧咧，完全失去了教师应有的体面和尊严。这更加助长学生的不满情绪，使得事态更加严重。同时，失去自控的教师也正在失去自己的权威性。教师的语言要文明得体，言简意赅，切中要害，让学生无力反驳。第二，说说处理的过程。这不是一场旷日持久的战争，没必要把战线拉得那么长。学生认识问题到位了，愿意有一个改正错误的态度，这就足够了。教师没必要一定让学生和家长赔礼道歉才肯罢休。要给他留有一点余地，虽然可能他所犯的错非常严重，但那是他的事儿。如果始终把自己置身于那个氛围之中，不仅让自己身心俱疲，也失去了教育的成就感。

我要特别作出说明的是，处理学生一定要有一个结果，不能不了了之。教师在这件事上的态度也要告知其他学生。老师喜欢什么样的学生，老师讨厌什么样的学生。成绩不是目的，做人才是根本。对犯错的学生不能运动式教育，而要注意监督，留意他有没有兑现他自己的诺言。他改了没有，改了多少，有没有复发的征兆……当然，教师不能有一劳永逸的幻想：只经过这一次教育，他就从此再也不惹是生非了。就连成年人都未必能做到，何况是乳臭未干的毛孩子们？

教师在批评学生时，对不同的学生要有不同的态度。即便是屡屡不听规劝的学生，性格也是不一样的。在那儿狂喊乱叫的，不妨等他冷静下来，再跟他谈。以软话对硬话，以礼貌对粗鲁，恐吓是没有多大成效的。因为这一类学生已经见惯了暴风骤雨，哪里还会把教师的愤怒放在眼里？总之，在现在的教育环境下，打骂是违法的，也没有长效性。教师要从其他途径作新的探索。把态度蛮横、不思悔改的学生当成朋友试试看，也许这样才能让这些紧裹盔甲的学生真正卸下自己的武装，以最软弱的一面来应对教师的开导。

　　正所谓玉不琢，不成器。教师在教育学生的过程中，尝尽了千辛万苦，却常常得不到学生及家长和社会的普遍认可，这是教育工作者的伤心之处。把学生锻造成一块坚硬的钢，需要的不仅仅是教师的一方努力，全社会都应该行动起来，创造一个优质的环境，防止学生在学校里学到的一切美好因为走出校门而土崩瓦解。

第十五章 有"礼"走遍天下

作为教师，你有多久没有听到学生的问好声了？即便有，你又能听到多少个学生的问好声？你正在教导的学生当中有多少个向你问好？去年你最喜爱的那几个学生如今还记得你吗？前几年的学生还有人在节日时给你邮寄卡片吗？在路上偶遇教过的学生，他们还愿意认识你吗？

作为教师，我有一段时间的心情是不堪的。那时我教的是初一年级两个班，班级学生的整体素质比较好，相对来讲，我对每天的课堂是怀着一种美好的印象，虽然偶尔也会发脾气。学生中有不少懂礼貌的好学生，他们见到我大声地叫"老师好"！我原本有些抑郁的心情因为这几张灿烂的笑脸而放晴。到了初二，学校又开始大动班级，全部打乱了再分。不少学生到了别的班级，而这些学生再见到我时，无视我的占了大多数。我突然想起来，去年一直亲亲热热的学生家长们今年也像从来没有认识过我。开始，我的确有些不习惯。时间长了，就那样吧。反正我也习惯了。

对待教师，有些学生已经没有足够的耐心。教师的谆谆教导在他们看来是理所当然的。所以，你做你的教师，我做我的学生，我的眼里没有你。某次家长会上，某个家长大言不惭地说，孩子学习好，是他自己努力的结果，与老师无关。家长尚且这样认知，更别提孩子了。所以，有时候，我很想冲着家长发脾气，更想躲在角落生闷气。前者是因为家长的势利让我感知人性的可怕，后者是纠结于对学生的全心付出是否值得。

我觉得家长的这种认知，完全是孩子灌输给他的。在家里，孩子不知道对父母倾诉了多少对于教师的不满。家长又有多少机会了解老师呢？即使完全是家长的个性使然，但长此以往便会外化成孩子的恼人言行。

很多教师也会有这样的感受。班里有几个成绩不错的学生，明明我始终对他们和颜悦色，但毕业那一天他们连合照的想法都没有。反而有几个平时总是挨打受骂的学生，乐滋滋地跑来感谢教师。这是不是一个极大的讽刺？

再看另外几组镜头：

一个学生急匆匆地跑过来，不小心撞倒了另外一个同学。被撞的学生撅在地上还没有爬起来，撞人的学生一掠而过，连声"对不起"都不愿意说。

自习课上，几个女生在安安静静地研究习题，后面有窃笑声。转头一看，同伴衣服上被涂鸦，谁都没有幸免，可是不知始作俑者是谁。

考场内，一个男学生在抄袭别人的答案，洋溢着一脸的幸福。旁边的同学伸过头来，抄袭的学生立刻挥起拳头："看什么看，敢告诉老师，小心一点！"

下课铃响了，楼梯口拥挤不堪。几个滑头滑脑的小男生喊话："前面的胖子，一个人占那么大地方，让我们先走。"

一群学生在打架，说是争什么"江湖老大"，咒骂声此起彼伏。

楼道的灯不知又被谁飞踢了一脚，玻璃碎了一地。

厕所的下水道不知被哪个学生用塑料袋给堵了，地上到处都是脏水，清洁工一边抱怨一边打扫。

很多教师都有自己的"专属名称"。有的叫"北京人"，有的叫

"小苹果",有的叫"大黄狗"……当然这些诨名都是拜学生所赐,从外貌,到性格;从穿着,到品质,描述得一应俱全。

……

当然,与学生打架相比,这些都是小事一桩啦。

办公室里的班主任几乎每天都在狂躁中度过。这一拨刚走,那一拨又来;三天一小架,五天一大架。尤其是在星期五这一天,班主任们都是绷紧神经的(普通教师们又何尝例外过?)。有的学生碍于班主任的威严,通常约在星期五下午出校门后再开始决一雌雄。

我想最紧张的应该是学校里的各位领导了吧?害怕社交媒体上出现学校的名字,害怕哪个学生又被曝光了视频……

教师们都在感叹:初二的学生可比初一的学生难管多了。你都摸不透他们到底在想什么?他们自己吃够了亏,也不知道收敛一点。

是啊,这都应该引起我们足够的重视。支撑祖国未来基业的应该是一群坚定、开朗、文明、有礼的孩子啊。一个粗鲁顽劣、不懂得尊重他人,只会横冲直撞的人,是承担不了他应该承担的家庭和社会责任的。

要让学生成为文明有礼的人,教师自己应先做个文明有礼的人。

孔子说:"其身正,不令而行;其身不正,虽令不从。"榜样的力量是无穷的。要求学生做得到,首先自己要做到。学生见到教师不问好,那么教师不妨问问自己,见到自己当年的恩师,向他问好了吗?讨厌学生考场内作弊,教师自己是否在专业考试中做到了诚信应考?说学生在下楼梯时不守规矩,可是有的教师自己却极少文明地站在楼梯口礼让别人。否定学生身上的"江湖气",可是有的教师身为管理者却拉帮结派,搞自己的小团体。说学生在自己课上吵吵嚷嚷,而教师们在办公室里也总是发出噪音。要求学生安安静静地读书写字,可是有的教师根本屁股不粘板凳……教师在做,学生在看。你做得对,才有资格教育学生。你做得合理,你的批评才有说服力。

我听说过这样一个教师:

他和每届学生都积累了很深的矛盾。有的学生只要听说是他的课,干脆不去上。他教学水平较高,工作态度极其端正,学生却大多讨厌他。为什么呢?他有一个致命的毛病,就是满口脏话。跟同事说话时,也能带出一两句。学生犯了错误,他就骂骂咧咧个不停,从学生本人到学生的父母。这让学生极度反感。

这样的教师怎么能赢得学生的尊重和喜爱呢?学生听着他的语言,肯定会难过、不解,甚至愤怒。

我的另外一位同事就做得很好。

他是一个儒雅博学的教师。他总是以他的真诚多知影响着他身边的每一个人。据我了解,他班级里的学生明显比别的班级里的学生听话得多。在办公室里,我从没有听他说过一句脏话,即使非常震怒,也不会轻易地说出那些粗鲁的字眼。这样的教师,有谁会不喜爱呢!即使有学生不守规矩,也不至于到失控的地步吧!

强权之下,未必出贤。恩威并施,方为良策。教者示之,学者效之。

我们还要借助家长的力量,双管齐下地教育学生,效果会明显得多。所谓上梁不正下梁歪,学生的很多坏习惯其实来自家长。父母是孩子的第一任教师,父母说什么,做什么,对孩子的影响最大。有的家长会说:"孩子会自己长大,我怎么管啊?"谁要你管啊,你自己得做正啊。就像前面提到的那个爱打架的男生,他的爸爸就是一个远近驰名的黑道人物,打架、赌博……样样都来,这能带孩子走上正轨吗?说不定,在孩子的眼里,爸爸说不定是个英雄。用这样的眼光看待身边的人和事,那么这个学生的人生观本身就是错误的。按照这样的标准来要求自己,必然会出问题。

不管什么样的家庭,不管父母自己做得好不好,他们对自己的孩子还是非常关心的。他们对同样关心孩子的教师还是比较尊重的。教师应该利用这个既存的优势与家长多作沟通，让家长明白自己哪些做法是对的，哪些做法对孩子的成长是不利的。告诉家长，孩子的未来附着在他们良好的言行上，家长会在孩子面前稍作收敛的。只要家长真正感受到教师对他家孩子的好，一般情况下，都会出力配合教师的教育的。

我们说，封闭容易产生隔阂，隔阂容易变成误会。很多矛盾就是缺少及时而必要的沟通造成的。多与学生交流，教师喜欢学生的哪些行为，就要明白地告知他，让他从你的鼓励中得到前进的动力。教师讨厌学生的哪些做法，也要明白地告诉他。如：

老师不喜欢你说脏话，你可以改掉这个坏习惯吗？

你喜欢满口脏话的同伴吗？

你说脏话的习惯来自何处？

你希望将来你的孩子跟你一样说脏话吗？

你在家里经常挨父母的打骂吗？

你打骂同学的时候，心里怎么想的？

你的面前站着一群同学，你愿意选择什么样的同伴？

你和同学站在一起，你认为谁更会给别人留下良好的印象？

没有比较，便没有结果。学生毕竟只是个孩子，他可能一时之间在人生的道路上迷失了自己，只要教师循循善诱，勤加引导，大多数学生还是会及时醒悟，走回正途的。在教育学生的时候，教师不能含糊其词，一定要就具体的事情鲜明地表示自己的真实态度，让学生知道正确的做法是什么。我们引领着少年们向着理想飞奔，向着美好飞奔，向着未来飞奔。

第十六章　教师不是"小脚婆婆"

我经常听到同仁们为自己鸣不平，内容不外乎自己的付出与得到不成正比之类。的确，我也正面临这样的困境，每天起得比同龄人早，备课、上课、批改作业、教育学生等等，劳碌不堪。一周近三十节超负荷的工作，实在让我难以承受。可是这样艰辛的付出却未必总能得到学生的理解和信任。许多教师或许都曾有相似的经历：刚开学的时候，学生的表现还差强人意，适应教师的管理之后就开始以各种方式来挑战教师的尊严。所以教师的委屈越来越多：我把一颗心都掏给你了，你为什么就不能做得好一点呢？我苦口婆心地教导你，你为什么就不能懂事一点呢？我把时间大半都用在你们身上，你们为什么就不能转化为学习的动力呢？

那么，换个角度想，学生之所以不服从教师的管理，是否全是学生的责任呢？教师的身上就没有一点问题吗？教师对他们的管理是否显得太支离破碎了呢？

请看一个事例：

早上刚进办公室，就听见一个同事在那儿生闷气。一个男生站在办公室外边一句话也不说。看这气氛，刚才一定发生了惊天动地的争吵，教师一定受到了不小的伤害。因为他正在嘟嘟哝哝地诉说着什么。

第十六章 教师不是"小脚婆婆"

原来这个教师刚走进教室，一眼就盯上了那个调皮的男生。一会儿说他的发型不够标准，一会儿又嫌他的值日没有做好，还说他的成绩又下滑了很多……说得这个男生很不耐烦，直接站起来跟教师大喊起来。

的确，有些学生是很令教师烦恼的，这也不对，那也不行。当我们看到他们身上有太多的"不行"时，就很想出于教师的责任感，用自己的方式让学生改过来。可是，当教师像个"婆婆"一样，唠唠叨叨地企图通过言语说教的方式引导学生按着他们的预期前进时，学生真的能如我们所愿吗？答案肯定是否定的。原因很简单，就是管得太多等于没有管，管得越多效果越差。

譬如，这个学生头发长了违反学校规定，那就只讲头发的问题好了，偏要牵扯太多其他的问题干什么？教师的用心是良苦的，但是对于一个顽劣的学生来说，他改掉一样毛病已是千万的不乐意，你期待让他一下子改掉所有的毛病，这本身就是一件不现实的事情。

初中的学生相对于小学生来讲，他已有了基本的判断能力。什么该做，什么不该做；什么想听，什么不想听；愿意听什么，愿意听多少；愿意听谁的，不愿意听谁的，他都有着自己的标准。如果一味地强求他们接受教师给出的标准，结果只会适得其反。我们做教师的都有着这样的体会，一旦学生对自己的教学或教育有了反感情绪，那么想要实现预定的诸多计划，就成了天方夜谭。

同时，对于具体的事物，初中的学生仍然缺乏足够的判断能力。他们需要教师的适度引导才能走在正确的道路上。他们流露在表面上的叛逆、对抗等负面情绪，其实也是他们无法正面应对客观现状的另类呈现。教师作为他们的校内监护人，有着不可推卸的重大责任，无论如何也是推卸不了的。

放与不放，这是个非常纠结的问题。

我来说一说放的不良后果。我曾经教过这样一个班级，全班五十几个学生，大概有一半是来自单亲家庭。很明显的是，其中的一部分学生因为父母的"放"而丧失了很多让自己阳光成长的机会。有的学生少人管教，在班级里肆意妄为不思悔改；有的学生以"江湖老大"自居，并经常为争取自己的"江湖地位"而大打出手；有的学生偷偷地吸烟、逃课、流连于网吧。父母的放手滋生了孩子坏习惯的土壤，所以是放不得的。

有一个这样的班级，班主任是个温柔细腻的男人。开学时学生就想出很多办法捉弄他。这下可把他惹急了，整天脸被气得惨白惨白的，从此把进教室当成了一件最痛苦的事。毫无悬念地，班级基本处于失控状态。这就是教师的"放"带来的恶果。

"放"，既不是民主，也不是友好。"放"的实质就是不负责任，逃避责任。"放"的结果是不堪想象的，是谁也负不了责任的。

所以说，学生是放不得的。放必生乱，越放越乱；乱则生恶，越来越恶。对于学生来讲，调皮是天性，作乱是挑战，恶念则是霸凌。而这种"恶"一旦流入社会，必将生根发芽、开枝散叶，继而成为社会的隐患。

如果不放，那就要管。但当教师们絮絮叨叨地诉说着学生的一切时，换来的一定不是感激、理解，而是不满、气恼和不甘心。那么就需要研究一下到底怎么管才是正确的。那就是要管，但要管得适度，不要面面俱到。

方法一：管纪律，为学生提供好的学习环境。

如何管好班级的纪律，见仁见智。但有一条不可否认的是，教师不可能整天待在教室里，他离开教室的这一段时间就为学生调皮捣乱提供了机会。那么，教师离开教室，谁来做教师的替身？毫无疑问，当然是班干部。因此我想在这里谈谈如何合理科学地用人。

一个良好的班集体应是一株枝繁叶茂的大树。班干部是被精选出来的、综合素质较高的一群人，他们应是最为坚固的主干。只要主干不倒，不受虫蚀，班集体的基本格局便稳如磐石。这一群人形成一股合力，班级里自然会形成良好的学习氛围。这对正确引导班级的学习方向是极为有益的。

去年我接手一个班级，虽然有少数学生一直不做作业、上课睡觉，打架、吵闹不休，但整个班级的成绩仍呈上升态势。这就是因为班干部的优秀素养在其中起了决定性作用。相反，今年的班级状况，我就不够满意。班主任选出的班干部带头讲话，违反纪律，让别的学生如何信服？如果班主任是一个班级里"定盘的星"，那么这个班级的干部尤其是班长，对如何"定盘"起着关键性的作用。

选好班干部，教师可以从繁重的班级管理中抽身出来，也可以把教学工作做得更好。和学生的距离相对远了，也就产生了另一种美感。选好班干部，也要用好班干部，选而不用，等于失去了选拔班干部的意义。如何用好班干部，每个成功的班主任或任课教师都有着自己的独特经验，不可用教条来衡量。

> 这是一个非常成功的班主任，并且有着多年的教学管理经验。他不像一般教师那样常常为学生的错误而生气不已。相反地，他每天都是活力满满的状态。这是怎么一回事呢？后来我发现了其中的秘密。原来他的班级有两个非常优秀的课代表，随时都会认真负责地协助老师完成班级的管理工作。班主任不用进教室，就能知晓教室里的一切异动。即便是自习课上，这个班级依然是保持教师在与不在一个样，学生们大多在安静地读书和写字。

我很羡慕这个井然有序的班级，就向这位班主任讨教管理班级的经验。他狡黠地一笑："天机不可泄露。不过我要告诉你的是，选好班干部是最要紧的。学生毕竟是学生，你要让他感觉到班主任时刻在他身边，他才可能充分激发自己的自觉性。"我又问："如何选好班干部呢？"他说："成绩不是主要的，但班干部的成绩又不能太差，否则管理同学没有一点说服力。要遵守纪律，起到表率作用；上进心强，又不能太激进，那样容易跟同学闹矛盾；肚大能容，自己能消化矛盾。"我不由叹一口气，我真心觉得自己班级里根本就不存在这种人。这个班主任对我说："这种人每个班级都有，只不过你还没有发现而已。"

最后一句话点醒了我。不可能只有他的班级每年都出现一两个这样优秀的人物，只不过我缺少他那一双慧眼罢了。选用好的班干部，要经过多少年认真的思索，精心的考量，并加以自己独特的能力，这三种因素的结合，自然能让教师在第一时间、第一眼，就能迅速锁定那些能干的、优秀的、有群众基础的，能最大限度地代替班主任行使管理职能的学生，和同学一起，又在同学之上。

好的班干部会用自己的智慧和坚忍为其他同学塑造一个良好的榜样。学生在学习和自律上有了明晰的指导标杆，这个班级就变成了一个坚不可摧的集体。

教师在平时听课时，会有独特的心理体验。明明这个教师的课上得不怎么样，可是人家的成绩怎么就那么好呢？感觉我的业务水平比他高，怎么在考试上总是略逊一筹呢？我告诉你，这就是教师管理水平的差异导致了学习成绩的差异。如果教师想要提高学生的学习成绩，仅仅在专业水平上下功夫，是远远不够的。

方法二：抓成绩，让学生信服。

对于家长而言，我把孩子送到学校来，送进了你这个班级，他的德育发展到什么程度我不关心（因为孩子在家长眼里，通常是最完美的），我只关心我的孩子他的成绩有没有进步，进步了多少，这次考试他有没有达成预定目标等等。

我曾经接触过一个班级，班主任在管理纪律上很有一套，每次经过她的班级，即便是自习课，也是鸦雀无声。可是，成绩一出来，大家都大跌眼镜。为什么？太出人意料了。这个班级尽管纪律良好，但成绩却很一般。静下心来思考一下，光纪律好有什么用？学生只是惧怕于班主任的威严，并没有潜下心来学习。再仔细观察，发现学生的视线是下垂的，眼神是涣散的。这样的学习风气是有问题的。

在这样的情况下，学生也会产生诸多的疑问：

为什么去年我的成绩是良好，而今年我的成绩却下降为中等？这到底是哪里出了问题？是教师的能力问题，还是我自身不够努力？

我提不起学习的劲儿，我也不想待在这个班里。我很怀念去年的教师。我很想回到他的班里读书。

这个班级表面很平静，可是只有我知道实际上它是混乱的。早读课都开始了，一大半学生在发呆，这是以前我没有看到过的。

学生对成绩的关心远甚于其他任何事。尤其是对于那些特别要求上进并期待在学业上一展所长的学生而言，如果哪个教师能让他在短时间内迅速提高成绩，那么这个教师的任何言辞都会是对他有所期待的表现。如果这个学生在某个教师的谆谆教导下屡屡受挫，那么来自这个教师的谆谆教导也会演变成啰啰唆唆、胡言乱语。教师对于学生的所谓威信是靠良好的成绩来维系的。没有成绩的教师，在学生眼里，在家长心里，简直没有一点存在感。

所谓教无定法。从某个角度来讲，只要能最终提高学生的成绩，那么什么方法，都是适用的。邓小平同志曾说过，不管是白猫黑猫，捉到老鼠就是好猫。当然，除了严重的体罚，除了恶毒的谩骂。我们必须时刻记得，学生是我们的教育对象，但绝不是我们的管教对象。

我想起我一直敬仰的一位教师。他就是教师的典范。他教的是数学课，有鲜明的个人风格。在那个还没有小组合作讨论问题的年代，他经常鼓励同桌互助。那时还没有提倡教师为主导、学生为主体的理念，他已经开始了这方面的实践。在他的努力下，我们的数学成绩每次高居年级第一名。我们对他始终充满信心。不管说什么，我们都觉得是对的。连他的斥责，在我们听来，都无比受用。

以前我不清楚原因，因为我还是个孩子。现在我知道了原因，因为我已经是个比较成熟的教育工作者。当然，与当年我的这个数学老师相比，我还有很长一段路要走。可是，我会向着他前进的方向一直努力下去的。

方法三：带着明晰的目标学习。

在很多人看来，某些学生的学习状态有问题，导致他的成绩忽高忽低，飘忽不定。其实不然，我觉得是学生在学习的过程中，没有明晰的目标。他知道要学什么，可是不知道为谁而学。

教师可以试着跟学生聊聊天，了解一下他们是否知道自己学习的目标是什么。是想得过且过，混完这短暂的初中三年，还是想通过学习这条路有所发展，又或者用学习来锻造自己的坚强与忍耐。是想在班级进入前十强，还是想进入年级前十强，又或者独占鳌头。是想在同学面前树立美好的形象，还是想成为父母的骄傲。这些问题都是很现实，却很模糊的问题，一旦教师认真点拨，糊涂的学生也会豁然开朗。当他们有了目标之后，人生自然会有一个全新的开始。

经过一段时间的相处和打磨，再没有人比教师更了解和熟悉自己的学生了。如果你是一个真正关心学生前途的教师，你一定愿意静下心来走进学生的心灵世界。是的，没有几个学生能成为爱因斯坦，也没有几个能成为童第周。说起来，我们做教师的，又有几个钱梦龙呢？可是，方向即努力的动力。

正如行车时方向感很重要，有了方向，人的心里也踏实。明白自己的所求，明白自己将为什么而奋斗，这一点很重要。想要让学生明白自己的良苦用心，教师既不能无所事事，放任自流，又不能做"小脚婆婆"，管得太多，管得太宽，导致学生无所适从，主动放弃了改善自己的机会。

第十七章 教师，不应该仅仅是教师

我想教师们都会有这样的体会，从七年级到九年级，学生是越来越难管理。师生之间看似隔得很近，其实心理距离越来越遥远。因为学生似乎总在提防着教师们的一举一动，连同教师们无意识的一些行为，在他们眼里，也可能具备某种特殊的含义。教师咳嗽一声，本来是普通的嗓子不舒服，学生会想，他又要惩罚谁了。教师放书的动静稍微大了一点，学生又会想，到底是谁得罪你了？教师眼睛睁得大一点，学生又会想，我没有犯错啊，干吗瞪着我……

教师也会想，为什么学生会这么戒备我呢？我是想和他们打成一片的啊。今天我有点感冒，所以咳嗽了几声。那天，我眼睛进了灰尘，感觉很不舒服，所以使劲地把眼睛睁大。我不是有心针对谁啊。其实，教师心里也很委屈。到底应该从何着手呢？一方面要维护教师在学生心目中的形象，一方面又要让学生相信、依靠教师。这不是很为难的事吗？

是的，想要和学生建立非常和谐宽松的关系，似乎已经是一种奢望。我来谈谈我的感受。

我们学校一般实行跟班制度。怎么说是"一般"呢？曾经有几年，我是跟着学生"升级"了，可是每一年给我换两个新班。学生一直跟着某个教师，容易融洽师生之间的感情。我的学生年年是新的，教育起来难度就大了。谁都会欺生，学生对待教师也是这样的态度。包括教师教学的方式，处理教材的手法，哪怕是穿着打扮，学生都得适应至少一个月，甚至是更长的时间。就以今年所带的这个班而言，我整整耗费了大概两个月时间才让他们彻底接受我。上一个教师比较随性，他一般不布置作业，不管是什么形式的。学生自然开心极了，等到听我说还有作业要写时，差点气白了脸。我和学生之间一度因为作业问题弄得很僵，以至于有个女生直截了当地告诉我，她们班所有的同学都不喜欢我。过了好长时间，学生总算接受了这一事实，而他们的语文成绩也一直在进步中。所以，我对学校经常分班的做法一向颇有微词。

这几年，我是比较好运的。两个班级的学生从七年级一直跟着我到了九年级。七年级的学生相对比较幼稚，管理起来难度较大。这也不懂，那也不会，整天只忙着教规矩，所以我的面孔一般是严肃的。这使得学生都不敢跟我亲近，更别谈说什么心里话了。我很羡慕其他教师跟学生的融洽关系。即便是同一个班级的任课老师，学生们敢于拍拍英语老师的肩膀来示好，也绝不敢随便跟我说个笑话。我本来想做个笑脸，可是，我知道笑完之后，我的课便上不顺利了，索性我就这样保持现状。偶尔有个小水花，我也只当成是教育生涯中的一种调剂。

到了八年级，青春期学生的叛逆程度更为严重了。整天高度紧张的我，很容易被激怒，所以也没有学生愿意走近我。九年级的学生中有一些认识到了时间的紧迫，开始认真地对待学习，班级似乎平静了许多，这让我有足够的时间来思考教师和学生的关系问题。我开始反省自己身上存在的问题。我开始认识到自己在与学生交往中的不足。就这样成天板着一张脸，对于管理来说，是占了极大的优势。可是，对于孩子们的成长来说，是不是多了一层束缚？每天与学生保持一定的距离，本来出于教育教学的需要，但是不是同时又将师生关系推向疏远？我冷若冰霜的态度，会否成为学生学习生涯中的一道阴影？

是啊，做教师的该以什么样的姿态面对学生，这是个值得思考的问题。如果还是在那个教育理念相对落后的年代，只靠一把戒尺、一本书、一张嘴就能组织课堂教学的年代，教师可以维持"冷面包公"的形象，因为距离可以制造成绩。在这个观念日益开放的年代，如果再有这样的思想，真的太落伍了。因为现在的社会需要的不仅仅是优异的成绩，还有表面看来与成绩无关的东西，但它确实跟成绩有千丝万缕的联系。你重视它，对提高学生的学习成绩很有帮助。你漠视它，连学生的学习成绩为何起伏说不定都弄不清楚。

教师和学生之间，并不应该是不对等的关系。如果仅仅是高高在上、威严肃穆的教师和俯首帖耳、逆来顺受的学生，那么这种关系迟早会演化出剑拔弩张、貌合神离。因为这样的教师和学生处在一条线的两个极端，永远没有并轨的可能。

所以，我一直在探索和反躬自省中。

怎么办？只有各退一步，朝对方靠拢。教师要俯下身子放低姿态，学生要学会尊师重道，这样，教师和学生才能形成和谐的关系，彼此的心智也才能真正健全、成熟。那些只懂得大声呵斥的教师只会更多地表现出自己的幼稚，更大程度上暴露出自己在专业处理上的不足。当然，这里说的也包括我自己。

孙猴子拥有分身术，关键时刻就能击退来犯之敌，如果教师也能学会这种本领，那么不管面对怎样顽劣的学生，教师也能沉着应对。也就是说，教师不能只拥有教师这一种身份。只有一种身份的教师遇到问题会显得比较尴尬、难于应对。

教师要扮演三种角色：父母、朋友和教师。

一、父母。

看起来坚强的学生，在同伴前大逞威风，偶尔在人前摔了一跤，装成一副没事人的样子，其实一转头，他也会抚摸着摔伤的膝盖抹眼泪。说起来这又是多大的人呢？我那十几岁的儿子也时常在我面前撒撒娇呢。所以，做教师的第一重角色就是要做父母。

做父母的疼爱、呵护自己的孩子，做教师的也应该反省一下，对学生付出了几分的爱呢？对他们是否做到了像父母对孩子一样呢？冬天，学生衣服单薄，在寒风中瑟瑟发抖，做教师的是否愿意主动地关心他，悄悄地询问一下什么情况；体育课上，女生皱着眉头，做教师的能否意识到她可能在生理期，不去逼着她练习各种动作并质问她为什么动作不到位；一个经常迟到的学生有一天又迟到了，说不定又是因为他家的距离太远，而且经济不太宽裕以致买不起自行车。总之，教师应像父母一样，关心学生的点点滴滴。

教师要真的做父母，不知道要付出多大的努力啊。什么是父母？就是那个哪怕你惹他生气，也要守护你的人，就是那个用慈爱温柔的眼神对着你，不管你有多叛逆的人。父母永远不会遗弃自己的孩子，教师也永远不会放弃对任何一个学生的教育。这也是教育的真正目的之一。

难就难在这里：孩子与父母的矛盾只限于一场暴风雨，风雨过后，便是晴天。因为毕竟维系二者的是血浓于水的亲情。但是，学生与教师的关系与此不同。好比在暴风雨中，教师还要说服学生捧起书本，琅琅而诵。作为普通教师，既没有血缘维系，也没有什么威慑力，想要让学生完全接受自己的教导，看上去真是一件天大的难事。

到现在为止，我仍然记得那位慈母型教师——板浦高级中学的退休教师江桂香。

那还是我在读高三的时候，江桂香老师正年过不惑。她最爱穿一条黑裙子，偶尔把头发披散下来，显得英姿飒爽。那时板浦中学教师的地位是崇高的，每当果实成熟季节，总有一些云台山的学生家长送来一筐筐的宝贝一样的东西，用红布蒙起来，绕到老师们家里去。我们知道，口福来了。江老师喊我们到她家里去玩，我们明知是怎么回事，也装着很矜持的样子，最后盛情难却，才终于答应到她家里去。桌上摆着的是鲜澄澄、光亮亮的时令水果，馋得我们直咽口水。江老师很热情地招呼我们吃水果，我们也还是懂礼数的，象征性地吃了一点就陆续跑掉了。虽然吃得很少，但我们心里都是甜甜的，直到现在，我还记得那一股香甜的味道。与其我怀念的是那水果的味道，还不如

第十七章 教师，不应该仅仅是教师

怀念她对我们那份真挚的情感。

我是个穷学生，有时用的本子也是千疮百孔。江老师不时喊我到办公室，瞅着其他教师不在的空当，拿几本作业本塞给我。我很感激她对我的经济上的补贴，虽然微不足道；同时照顾到我的自尊心，让我不至于因为贫穷而尴尬。这些始终令我难忘。

即便二十年后的今天，偶遇这位老师，我仍然会肃然起敬。我希望我自己也能成为这样的教师，若干年后也能让自己的学生如此怀念。这种情感的存在正有力地证明了教师所作的努力所取得的效果。

二、朋友。

有的教师会很奇怪，为什么要我跟学生做朋友？如果教师和学生成了朋友，那么教师的威严何在？学生很容易"得寸进尺"，一旦教师真的放下尊严与学生亲近，那么以后还怎么管理学生？

不错，这样的疑虑确实值得考量。但也许我们对教师的定位还是偏于保守。社会需要的是如孔子般博学多知的儒者和长者，严厉最好，只要不过分。现如今，磕头拜师依旧有人崇信，谈何放下师道尊严，和学生打成一片呢？当初我也是这样想的，而且遇到了一些解决不了的问题。所以在这方面体会颇深。

这是两年前的事了。一个小男生怎么也不肯认认真真地写作业，到最后干脆就什么也不做了。不管我问什么，他总是三缄其口，就是不告诉我真实的原因。我越纳闷就越生气，语气越发生重了。直到后来，他拒绝和我交流。我实在没有办法，就请其他学生悄悄地问这个男生到底出了什么事。原来这个男生的其他老师对他很和蔼，所以他尽管基础很差，仍然老老实实地写好作业等着教师检查。后来，换了我这个相当严格的教师，他有点接受不了。加之我的态度似乎一直是居高临下的，他在我面前根本抬不起头来，于是变自卑为抵制，公开向我

"宣战"了。我清清楚楚地记得他说过的一句话:"语文老师压根就没有把我当成朋友,我只听朋友的话。我不喜欢语文老师,她让我做什么,我偏不做什么。除非她改变对我的态度。"

当我后来回想起这件事的时候,心里充满了内疚。我想,人类最美好的情感莫过于三类,分别是爱情、友情和亲情。教师和学生的情感似乎早已游离于这三者之外。这也就是教师和学生经常发生冲突的原因。社会上的报道听过太多,有时候,教师的形象甚至被部分人妖魔化。在平常人身上司空见惯的事,放到教师身上便弄得尽人皆知,且饱受指责。反省一下,这是不是教师和学生被人为地拉大了差距呢?

小学生们奉教师的话为"圣旨",初中生则不然。他们开始用自己的眼光来审视身边的教师。谁对我好,谁对我不好,他们都有自己的一杆秤。这杆秤一旦歪斜了,就是对教师产生不好的情绪的时候。他们的表现让教师感到困惑,于是烦恼啦、头疼啦等各种不良情绪便会随之袭来,让教师更加重自己的职业倦怠感。

那么,究竟如何把学生当成朋友呢?

(一)宽容他所爱的。

很多学生会不听教师的话,是因为两者之间有代沟。不是吗?学生在网上冲刺厮杀的时候,教师在埋头批改作业;学生在五子棋间纵横驰骋的时候,教师在精心构思论文;学生骑着单车撒开双手的时候,教师只管教训太过危险。教师的思维是出于对学生的保护、限制,但学生却未必领情。因为学生的思维就是要摆脱束缚,尽情享受属于他这个年龄才有的不羁与狂野。

其实教师们早就遗忘了自己也曾有过的烂漫童年。当教师们戴着放大镜检查学生的仪表是否整洁时,可曾想起若干年前自己满头满脸都是泥巴被大人责骂的情景?当教师们瞪着刚从网吧里出来的少年,是否还记得若干年前那个在放学后流连忘返、听着远处传来的呼唤也还不愿意回家的自己?

今天的教师就是昨天的学生,历史就是这么可爱地重复着,我们甚至可以从学生们的身上找到自己的某些影子。譬如我，就曾是一个调皮的女生。如果教室里水漫金山，始作俑者一定是我。如果某个女生的长辫子被扣在桌腿上，千万不要怀疑，一定是我。尽管有如果，无数的如果，我还是成了今天的我。

说了这么多，我只是想说，作为教师，面对学生偶尔所犯的错误，可不可以不要摆出一副生硬的脸孔，而是多给学生一点宽容，一点等待？如果针对一点小小的过失就死死地揪住不放，精神上受伤的恐怕不仅仅是学生吧？

说一件我曾经历的事与诸位听。当年我读初三的时候，遇到一位与我在情感上并不亲近的男教师。他教的是政治课，讲的都是大道理，我很不高兴。整天吹牛，吹什么吹！虽然心理上接受不了，但班主任太严，也没敢怎么懈怠。直到有一天，我不知哪根筋搭错了，掏出了火柴，点燃了手中团起的几张纸。突然间烟雾四起，政治老师循着烟雾和学生窃笑的方向一看，原来如此。我看见他微红的脸，这下才知道怕了。意料之外的是，他只是稍微停顿了一下，就收敛了怒气，如常讲课。从那以后，我再也不敢捣乱了。认真听下来，觉得这位老师的课堂有条不紊，深入浅出，再后来竟爱上了政治课。我知道我当年的政治老师还没有退休，在这里，我真诚地向他——板浦高级中学的政治教师陈宽安说一声抱歉。我想他早就遗忘了这件事，但我永远记得，有一位年轻宽厚的教师曾经怀着一颗多么崇高的心原谅了他的学生！

感谢我的政治教师，面对我的过错，他采取了宽容的态度。而这种故作糊涂的态度极大地彰显了他的教育智慧。郑板桥曾说："难得糊涂。"我们做教师的，偶尔糊涂一次也是不错的。太清醒的教师活得最累，太清醒容易太较真。太较真，容易将头脑中的那根弦绷得太紧，最后折断的时候，就是师生情感彻底破裂的时候。

（二）爱他所爱的。

如果教师非常抵触学生的游戏活动，换个角度来说，是否因为你并不了解这项活动？年龄的差距可以成为鸿沟的来由，但是教师要想很好地掌控学生，就必须人为地缩短这段差距。要不然，站在沟的这头呼喊沟的那头，谁听得到呢？所以，教师有必要改变，略微改变一下自己的立场。

我们总说：教师要成为学习者。那么，学习的内容是否仅仅限于专业知识，教育理论？教师要学习的内容太多，其中就包括学生所喜爱的各种运动和活动。我们可以不下场实践，但是绝不能对这项运动一无所知。我们可以不了解，但是我们绝不能不理解。

试想，如果一堆学生在踢足球，路过的教师发出这样的疑问：

踢足球有用吗？能成为世界冠军吗？把大量宝贵的时间浪费在没有用的运动上，你们能得到什么？

你看看对面的那几个，捧着书在拼命。你们要能把踢球的时间用到学习上，说不定比他们强。

那么多的人抢一个球，你们要是对语文书有这么深的感情就好了。

想想看，一群热血沸腾、情绪高涨的学生，正在忙里偷闲享受他们的美好时光，突然一盆冷水从天而降，哇，可以想象他们什么样的心情，也可以想象他们对教师的失望和反感。如果可以这样问：

一群阳光少年！谁的进球最多？有空能不能教教我？我们可以互相切磋一下球技哦！小心败给老师啊。

学习嘛，就是不能光做书呆子。我像你们这个年龄的时候，比你们能跑呢。

利用课后的时间锻炼一下身体，也是不错的选择啊。不过小心上课答不出我提出的问题，要罚站的啊。

教师的理解和宽容可以增进师生的情谊，相信很多教师有很深的体会。越压制越反抗，过度的压制等于把学生对学习的好感给抹杀了。事实嘛，自古以来，人们就是很矛盾的综合体，既希望可以获得无穷的知识，又讨厌来自外力的约束。未入学时，孩子渴望天天可以背着崭新的书包，坐在窗明几净的教室里，聆听教师的谆谆教导；真的进入了课堂，又开始羡慕那些在校外游荡的少年，还把教师的教导当成了烦人的念叨，多听一遍都嫌烦。要不是升学的压力，我想可能不少学生早就跑了吧。

我们再不是老学究式的教书匠，所以跟学生的沟通要加入更多的智慧。爱他所爱的，了解他所爱的，肯定能拉近与他的距离。教育的最终目的就是促进学生的成长，那么做教师的稍微与学生走近些又有何妨？

（三）信任他所解释的。

有没有过这样的事情：就是每次迟到的学生总能编出一个又一个迟到的理由，每次不交作业的学生也总有一大堆的借口在等待着教师。写字潦草是因为时间不够用，作业太多，抄作业是因为找不到自己的书。遇到这种情况，教师最常见的处理方法就是勒令其写检查、作检讨，端正态度，承认错误。可这样的方法有用吗？

表面看起来是有用的。这不，被批评的学生唯唯诺诺，垂头丧气。可是过不了几天，一切照旧如常。那又能怎么办呢？

教师必得有这样的心理准备，总是有那么几个学生是难以走上正轨的。如果所有的学生都能通情达理、知书好学，那么教师不可能像现在这样百炼成钢。调皮的学生同样磨炼着教师的意志，并帮助教师成长、变强。

假如我们面前正有一筐成熟的诱惑众生的果子，里面总有几个干瘪的。即便把差的挑出来，过了一段时间，里面又会有几个差的冒出来。有人的地方必有差异。这是逃避不了的。

教师会想：我相信你所说的话，可是明明你是在撒谎呀。即使我相信你，你能真心改过吗？你承诺了许多次，为什么就不愿意守信呢？哪怕一次也好啊。我愿意相信你，是保护了你的自尊心，还是助长了你的嚣张气焰？

作为教师，我的矛盾感也是非常强烈的。一遍遍的容忍，未必会换来真心的悔改。那么，我愿意相信，我的忍耐还没有到家。说到这，我的脑海里浮现出这么一幅画面：在牢里蹲了十九年之久的冉·阿让，一天晚上投宿到一位神父家里，仁慈的神父毫无芥蒂地收留了他。当天夜里，冉·阿让偷走了神父的银器，并打晕了神父。可善良的神父不仅没有告发冉·阿让，而且当着众人的面力证银器是他送给冉·阿让的。这样的行为终于成功感化了冉·阿让。我始终难以忘怀的是神父那双深邃且充满信任的大眼睛，他相信每一次冉·阿让所解释的，直到他真正改掉为止。因此如果教师善用自己的"心灵之窗"，我想一定会有一定的效果。

不如换个角度来说，学生愿意在教师和同伴面前摆出一副无辜的样子，证明他还是愿意做出改变的。教师经常接触两类学生，一类是不悔改的学生，一类就是这种学生。他愿意蒙着脸，低着头，说明他还是很在意自己在教师和同学心目中的形象的。如果现在一把扯下那层面纱，让他的脸与阳光零距离，那么他可能因此自暴自弃：我就这样了，你能怎么着吧？

有人说，人有三大类。第一类不打自成才，第二类打了就成才，第三类打也不成才。把这种观点对应到教育上，学生也就被分成了三类。第一类不教自成才，第二类教了就成才，第三类教也不成才。站在家长的角度，自然喜欢"不打自成才"的儿女，无须过多劳心劳力，即可看到孩子的成长。站在老师的角度，我倒喜欢"教了就成才"的学生。因为这类孩子大多没有棱角，我可以努力地去塑造他。他不是一流学生，所以对他来说老师的教导非常重要。他不差，不具备与生俱来的叛逆，也没有时间跟老师作对；他还有自尊，知道什么是老师忍耐的底线并尽量让自己的行为不出格。向前一步是尖子生，他偶尔会考出好成绩，但他知道好成绩里必定有自己辛勤的汗水和老师苦口婆心的谆谆教诲。向后一步会被其他同学甩到后面，他极有可能面对，他必须挣扎，必须上进，他懂得逆水行舟不进则退的道理。就在这拼命凫游的过程中，他会拿出自己所有的力气，而面对着"不教自成才"的学生，我的内心却会不安。这一类学生天资聪颖，领悟性强，在别人还在埋头苦读、满腹疑问的时候，他已经在审视周围的一切了。他的眼里或许有他的同学，但同学不及他，或许有老师，但老师不见得有多高明。他神游万里，不知所向。教师不能批评他，因为他没做错什么，一旦批评他，激起他的叛逆情绪，那就得不偿失了。

第十八章　我不是"学霸"

　　常常会有教师感到不可思议：分班时各班成绩都是齐头并进的，过了一段时间，差距出现了。再过一段时间，差距越来越大。对于某一个学生来讲，他的成绩也很可能是忽高忽低的，像是不受控制一样。这样一来，教师在学生如何提高学习成绩这一个环节中用的精力和努力就会越来越多，和学生讨论的话题也更多地围绕学习而始终。

　　家长的参与更加重了教师情绪的波动。家长会问："我家孩子小学学习挺好的呀，怎么到了你的班里会下降了呢？"也有的家长会说："我在我家孩子身上寄托了太大的希望，现在怎么办呢？照这样下去，他的清华梦将要破灭了啊。"

　　无疑的是，所有的教师和家长都非常关注学生的学习成绩。从某个角度来讲，教师甚至比家长更为紧张学生的学习成绩，因为这涉及班级的评比。每一个学生都是评比中的一分子，有时候，甚至每一分都影响着班级的排名。即使是在教坛打拼多年，地位已然无人撼动或已有特级称号，再无更高追求的教师们，也会为着自己的职业道德还有不能回避的面子问题，而关注到每一个学生的学习成绩。

　　有些教师老是唱高调，说自己是什么"佛系"教师，对成绩什么的并无所求。我对这种高调一般是嗤之以鼻。很多人本来就是为着光鲜体面而走入教育队伍的，初衷就是有所求的，何来"佛系"一说呢？所谓"佛系"教师，不过是在应对教育教学时无法完成预定目标，又想显示自己无所不能的托词罢了。这就好比一个学生成绩一般，老是喜欢说这样的昏话：我就是不努力罢了。我要是认起真来，谁也不是我的对手。

但是，即便如此，是否每一个学生都能如教师所愿考出理想的成绩来呢？答案当然是否定的。

有的教师会说："你还不够努力，看看，同样的地点，同样的教师，同样的时间，同样的课本，你怎么就不如别人？你能不能在学习上再下点苦功夫呢！"

这些每天重复了无数遍的话，对学生来讲，是否有效？恐怕，与教师的期望值相去甚远哟！

学生也会在心里说："我努力了啊，成绩就是没有转变，我还能怎么办？"

有的教师就说："我到底要怎么做，才能提高这些学生的学习成绩呢？我每天都在牵挂着学生的学习成绩，不过想了无数种方法。那几个学生的成绩仍然在原地踏步，我真的是黔驴技穷了。"

要不然给几个落后生补补课，如何？有的教师提出了这样的设想。这种想法当然是无法投入到实践当中的。因为这种实践需要时间、空间、精力等很多因素。

那么，就让学生进补习班吧。问题又来了。家长同意吗？在我们这个相对落后的地区，要联系家长适时到校处理简单的问题，也许都不能如愿，还奢谈什么其他要求？另外，经济条件也极大地制约着家长，不少农村家长们仍然在为生计问题发愁着。算了，不谈了，整个焦头烂额。

每个教师都希望自己的学生与众不同,都希望每次考试中自己的学生能取得辉煌的成绩。但是,我们试想一下,这些学生的基础都是一样的吗?可能在小学的时候,有的学生由于各种主观和客观的原因,已经被其他学生远远地甩在了身后,你让他在短时间内突然跃起,向着终点冲刺,这怎么都是个不可实现的美梦。

又譬如盖房子,地基已经是不牢固的,你能指望房子结实到哪里去?翻盖吗?当然不可能。况且,一个班级内部,总有尖子生和落后生的存在。你把所有的落后生的成绩提了上来,新的落后生又会出现。所以,不管教师如何解决,总会出现这样或那样的问题。

至于好多家长所说的这样或那样美好的愿望,做教师的可以理解。家长对自己的孩子可以有高期待,因为孩子在父母眼中,本来就几近完美无缺。但是,面对班级里那么多可爱的学生,教师的态度就应该显得理性一点。

且不说理想的大学离一个初中生到底有多远,单说教师和家长对孩子学习成绩的态度,我认为是颇为功利的。从长远来看,孩子的学习成绩远没有我们担心得那么严重。人的记忆有一定的周期性和变化性,学习成绩的高低和忽高忽低也是纯属正常现象,因此不必大惊小怪。也有一句话叫作欲速则不达,调整心态才有利于学习成绩的稳定和提高。

说到帮助学生提高学习成绩,我必须提到教师面对学生成绩时的心态,这才是影响学生学习成绩的关键所在。教师的心态普遍有以下几种:

一、习题轰炸式。

有的教师绝对不能容忍落后生的存在。他坚定地认为,这些学生之所以成绩上不来,就是因为他不够努力。在他看来,班里的学生没有天才,也没有蠢材,大家的资质是差不多的。为什么就不能多多努力呢?于是乎,一旦面对学生不如意的成绩,教师的情绪就不由得产生了极大的波动。惩罚他,让他长记性,对,罚抄,10遍、20遍、50遍、100遍……

这一类教师希望通过大量的习题训练来加强学生对知识的巩固,心情可以理解,但方法不宜效仿。我们要知道,对于尖子生来讲,不管做多少作业，他都能保质保量地完成。可是，对于学习有障碍的学生而言，大量的作业意味着教师对他变相的折磨。落后生的试卷上几乎全是错误，是因为当他开始委屈地做着比别的同学超量的作业时，除了有着痛苦的感觉外，一种屈辱感、懈怠感也产生了。他们由不平而反抗，最后一点学习的兴趣也消散殆尽。一旦对于学习的信念被消磨掉，那么破罐子破摔的心态将直接表现在行动上。当学生彻底放弃的时候，教师之前在他们身上付出的所有努力都会付诸东流。是得多，还是失多，不言而喻。那么，教师希望出现这样的情况吗？当然不想，所以请注意练习的方式。

二、放任自流式。

有的教师算了一笔账，几个不算认真、不够认真以及不认真的学生，学习成绩基本维持在个位数左右，那么即使我投入再多的精力，也只能让他们的成绩提高到30分左右。算上付出的时间、精力等额外因素，我远远是不划算的。无奈之余，这些教师采取了不闻不问的态度，这又产生了新的问题。

有的学生会想，凭什么教师不管他，只管我？另一些成绩相对不那么落后的学生则会认为，老师不公平。换言之，做教师的一旦放弃了一个落后生，就意味着放弃了更多学生。

我就吃过这方面的亏。

我接带的一个班，原先风平浪静。后来一个男生跳出来，开始挑战我的耐心。上课讲话、传纸条、打架、顶撞我……一向心态平和的我，不由得怒火中烧，说了不听，听了不改，改了又犯，干脆放弃他好了。只要是我的课堂，他要么睡觉，要么消失，绝对不能干扰别的同学。后来，我发现了一个奇怪的现象，睡觉的学生突然增加了好几个，而他们的成绩也越来越糟糕。最后一次考试，他们的分数只有个位数或刚刚过10分。

从此以后，不管是表现多差的学生，我也再不敢放弃，这样班级里的落后生基本维持现状，中等生的成绩在慢慢地提升，算是最佳结果了。

教师必须明白这样一个事实：学习差不是一件丢脸的事，只要尽力纠正他们不良的学习习惯，教给他们正确的学习方法就好。千万不要把自己当作万能钥匙，妄图开启每一扇易开或难开的大门。世上门太多，总有生锈的，不要高估自己的能量。即使是魔法师，也总有失利的时候。

教师还要明白这样一个事实：落后生之所以落后，可能不仅仅因为不良的学习习惯，也许他真的有学习障碍，或者他的学习习惯一年两年真的纠正不过来。

"万般皆下品，唯有读书高"的时代已经一去不复返，教师不必过分将自己的意念强加于学生身上。教师自身的成功是依靠当年的努力不懈，而学生的成功之路很可能与教师不是同一条。何必把自己的经历强加给学生呢？

所以，拿到学生的试卷，看到上面糟糕的分数，教师首要做的不是暴跳如雷，而是给自己一个微笑，这样做的目的是不把自己逼到墙角，让自己放松心情，寻找新的出路。再给学生一个微笑，表白自己不会苛责他的友好态度。落后生常常是对教师怀着戒备之心的。所以教师要尽早消除他的这种不良想法，以真诚情感来维系他的学习兴趣。

学生将来有没有出息，从某个角度来讲，或许并不是教师需要考虑的事情。这不是在推卸责任。作为教师，你只要尽到自己的责任，备好课，上好课，适度关注学生，这就算是个好教师。想得太多，活得太累。况且，成绩的好差与前途的好差没有太大的关系，不要带着功利心来教育学生。目的性强的教育从来都不是什么好教育。

每次考完试，我总对学生说："你们不管考出什么样的分数，只要你觉得是自己付出了足够的努力得来的，就应该坦然面对。我绝对不会因为成绩惩罚你们，但你们必须知道错误的原因。考得好了，不必骄傲，就把它当成一次人生的历练；考得差了，不必灰心，就当走路不小心摔了一跤好了。"

说实话，学生考得差了，过分苛责他有用吗？老人们会说，谁有粉不想往脸上搽？首先得有粉才行。落后生表面上做出一副满不在乎的样子，他哪能真的不在乎呢？只不过他完全不知道问题出在哪儿，也可能他知道出了问题却不懂得从哪个环节着手解决。

说一说我读高中时候的事儿。我是个"路盲"，没想到地理居然差到每次只能考三四十分的地步。老师问我："你的简答题做得怎样？"我无言以对。老师又问："你的填图题呢？"我更是哑口无言。不用再提选择题和判断题了。也就是说，一张地理试卷摊在我面前，哪一项我都是有重大漏洞的。这也是我不愿意在地理这门功课上花时间的原因。所谓当局者迷，旁观者清。现在回过头来想，我只需要针对其中的某一个题型就好了，干吗想得那么复杂呢？对于一个中学生，有那么多的内容要学，一旦有了闪失，就觉得混乱不堪，哪还有理智继续这门功课的学习呢？于是，没有最差，只有更差。

学生一旦成为落后生，面对教师时内心便多了一丝畏惧、不安；面对同学，又有了几分羞愧。不管他是有多差，自尊心却是必不可少的。所以，教师对考试总结得越多，对落后生的成长越是不利。他们听不懂，不敢问，像囤积脂肪一样囤积问题，犹如新陈代谢出了问题，完全丧失了消化能力一样，最后完全失掉了学习的勇气。

在尖子生和落后生的中间，还有这么一群学生。他们数量庞大，成绩或左或右不规律地偏斜，他们就是班里的中等生。

一般的教师对中等生的要求不高，因为他们认为作为中流砥柱的尖子生才是固班之本，将来中考结束了，好奇而挑剔的家长们只会对考上重点中学的数字感兴趣，至于其他，谁会理睬。这样的想法太过功利性，如果每个教师都这样想，一个班级就彻底完了。

如果把一个班级比喻成一幢房屋来说，它的地基同样重要。游人固然都站在楼顶远眺美景，但是默默承受着巨大压力，且没有多少出头机会的中等生才是承载重量的地基啊。

有了与中等生的竞争，尖子生们才有了前进的动力。他们的成功，是因为想要一直在中等生面前保持领先。尖子生在中等生营造的学习氛围中，获得了更好的成长机会。尖子生要感谢中等生。

尖子生是孤独的，而中等生是"痛苦"的。他们一方面承载着家长的殷切希望，一方面却又因为能力所及而迟迟不见提升。

提到能力，有的家长会反驳我："我的孩子也比较聪明，他小学时的成绩和某某一样好，上了初中突然不认真了，所以成绩掉下来了。"

可能也有的教师会质疑我：我觉得聪明的人少，蠢笨的人也少，大家资质都是差不多的。对于学生来讲，只要够努力，他就能提高学习成绩。

非也，非也。中等生的存在是有很多原因的。表面的原因或许是他看上去不够努力，深层原因还是能力有限，或者说大多数中等生能力上还有缺失。不管这种能力的缺失是多年累积所致，还是学习方法的确有问题，总之他在具体习题的领悟和解答上，与尖子生会有明显的差距。当然，不乏后来居上的中等生，但数量少之又少。

常听别人说：谁家孩子平时成绩不怎样，可是中考成绩发挥得很好啊。那么恭喜这位，试卷的内容偏于浅易，让中等生们占了大便宜，值得庆祝。但是，这样的机会毕竟很少。

既然归属于能力问题，那么教师如何正确对待中等生呢？

首先，要做到多鼓励，少批评。中等生更易渴望教师的鼓励，因为他获得赞美的机会实在不多。只要他的作业写得工整清晰，就可以表扬他几句，但要点到即止，不要浮夸。如果他朗诵课文结结巴巴，那么不要着急，让他重新来过。对中等生不适合单独批评，如果确实想要发脾气，不如面对集体，说出个一二三来，时间可长可短。这样，每个学生都在怀疑教师是在训导自己，都会反躬自省。

其次，多巩固，少急躁。"天空不留下鸟的痕迹，但我已飞过。"如果没有痕迹，那么再飞一遍好了。中等生的记忆是不牢固的，只有不停地重复，才能让他牢记学过的知识，多提问，再提问；多回答，再回答。一旦他真的掌握了，他学习的信心将倍增。一旦他增加了学习的信心，那么他提高成绩的概率将大增。

如果中等生遇到学习的某些障碍，教师千万不要失去耐心。以下这些话是大忌：

你真笨！

讲了这么多遍，你还不会，你脖子上顶的是什么？你是猪脑子吗？

你看看，比你后来的都会了。你天天坐在这儿纯粹是熬时间……

如果不会教师提出的问题，学生会觉得更难堪。不要否定他的付出，要给他足够的时间。不要期待他在你短暂而急速的诱导之下就能给出你想要的答案。

还有一种学生，说他是"学霸"吧，好像是，好像也不算。有的时候，他能冲进年级前十名，有的时候一下子跌出百名开外。好像只要愿意多努力一点，成绩就能青云直上；稍微打个盹，又成了中等生。他就这么摇摆不定地晃悠来、变化去，没有个准儿，总是离尖子生只有一步之遥。这一类学生让做教师的很是烦恼。

有一回，我听到两个妈妈在聊天，觉得挺有意思。甲说："你家的孩子真是省心，每次考试都在年级前列。"乙："你家的也不赖啊，学习不是挺好的嘛，别给孩子太大压力就行了。"

我理解前一位妈妈的感受。因为她的孩子的确聪明可爱，就资质来讲，与另一位孩子不相上下。可是，他的成绩却永远徘徊在原地。明明离年级前十名只有一步之遥，却永远达不到应有的高度。检查背诵吧，他永远是第一个漂亮地完成；抄写作业吧，永远工整极了。所以，每当妈妈谈到孩子的成绩，总是叹息不已：

怎么办呢？我又使不上劲啊。

就那么几分之差，为什么就不能再使一把劲呢？

看来，他是考不上重点高中啊。

每天，我为他的成绩，觉都睡不安稳，为什么就不能理解大人的心呢？

正所谓望子成龙，望女成凤。家长期待孩子给出更多的惊喜，这份心情无可厚非。可是，一味地唏嘘却不去找出孩子不能更进一步的原因，这样的家长是不合格的。因为学习并不只是教师一方面的责任。在与孩子的相处过程中，家长对其性格的了解更多、更透。如果能力、态度没有问题，那就是性格的缺陷。

我的儿子就是这样一个聪明却又不够拔尖的人。开始我认为他不够上进，所以成绩一直提不上去。可是，后来我注意着他的一举一动，才发现了其中的真实原因。首先是他对教师的态度有问题。他特别挑教师，包括穿着打扮、讲课方式和为人处事。有一个女教师，教数学的。他特别不喜欢。我儿子说："大冬天的，穿一条短裙，冻得脸发青，有那么好看吗？"我说："她爱穿什么，就穿什么，关你什么事？"儿子又说她讲课的速度太快，接受不了。我说："接受不了就问啊。"儿子还说她是个"贪污鬼"，还罚钱呢。我说："罚就罚呗，谁让你不认真写功课呢！"于是乎，儿子这门功课学得很烂，我却是束手无策。

从儿子的失败中，我得出一个教训，不够拔尖的学生要想突出重围，必须做到以下几点：

1. 不能挑教师。很多家长会找教师的毛病，譬如说对学生不够温柔细腻啊，教学时速度时快时慢啊，等等。甚至有时候连胖瘦啊、经济状况啊，说不定都会成为家长们讨论的话题。一般的点评无伤大雅即可，但指责性的言论常常会让孩子在潜意识里形成对这个教师的某种负面印象，以至于孩子在上课时也会浮现出家长对教师的质疑之声，不良后果是显而易见的。加上有些孩子性格执拗，本身就对教师容易产生不满情绪，二者一旦形成合力，不满情绪就会高涨。在这样的氛围之下，学生是无法静心学习的。

2. 不能质疑教师。在学生成为学生之前，教师已站在了自己的工作岗位上，所以不是由教师适应学生的学习方式，而是由学生适应教师的教学方式。"学则须疑"，说得不错。但是，"疑"的应是学习过程中内容，并不是教师的教学方式。学生要做的就是信任教师，跟着教师的教鞭，在每一个学习环节都留下深深的足印。你喜欢朗读式学习方式，偏偏你遇到的是喜欢问题式教学的教师，那么就迅速调整你的思路；原来你的抄写是2遍，现在的教师要求你抄3遍，你就照做行了，干吗要反驳呢？你可能改变教师吗？当然不可能，那只能改变自己了。这就比如两人拉车，信任教师的学生与教师形成一股合力，学习效率自然就高；质疑教师的学生与教师的力量南辕北辙，学习效率大大降低。要记住一点，亲其师，才能信其道。

3. 注意细节问题。细节决定成败，有些学生的问题就出在忽视细节上。昨天我在课堂上请四个学生默写一个古文句子的翻译，其中一个成绩很好的学生居然犯了不少错误。省略的主语没有补充出来，语气助词直接无视，没有标点符号。我告诉他这就是你始终停留在原地的原因。你是有能力攀到山顶的。一个句子，就出现了这么多的漏洞，那么，两个句子呢？一篇课文呢？

教师对待学生，需要有坚定决绝、永不妥协的态度，狠得下心，冷得下脸，抓住漏洞当众训斥他，和其他调皮、不做作业的学生一视同仁。尖子生毕竟是班里的精英，有的教师对尖子生身上的毛病视而不见，而揪住落后生死活不撒手，这是教育学生的大忌。

瓶里装满水，晃一晃听不见响声，瓶里有几滴水，晃一晃响声很大。其实，那些尖子生之所以不能让成绩再进一步，本质原因，还是态度问题。会了一点就沾沾自喜，以为天下之大，唯我独尊。他会无意中过分抬高自己的能力，而忽略了先前达到这个成绩而付出的主观努力。教师如果对他们大加褒扬，可能会间接助长他们的嚣张气焰，岂不是害了他们？所以既要让尖子生健康成长，又要帮助他们向上攀顶，这可不是一项简单的技术活儿。

首先，及时检查——结果式批评。

对尖子生的批评不能浮于表面，否则无法让他信服。那么哪还有批评的机会呢？太多了啊。讲完新课，检查他掌握的内容，以他的默写或背诵为重点，请其他同学仔细寻找漏洞和不足的地方。甚至于他的外在形象、说话语调、情感支配、写字方式等等，让他在同学的评点中，明白"金无足赤，人无完人"的道理，收敛马虎的狂妄，无所不知的心态，代之以沉稳、内秀、自谦、自慎。

如何保证教学成绩？及时检查作业，批改作业，订正作业，这是"王道"。在检查作业这件事上，教师要不厌其烦去做。这样做的好处有很多，最重要的就是让学生明白自己的学习是有漏洞的，是需要改进的。他们会把外斗转移为内耗，再也没有太多的精力去质疑无谓的事情了。

其次，安排对手——对比式批评。

尖子生与尖子生的比拼，是课堂的最大亮点。一山更比一山高，齐看哪山有柴烧。举个例子，班里有四个尖子生，其中的两个对比非常明显，一个背书非常熟练，但漏洞百出。一个背诵几近完美，但是常有课文背不出来。前一个经常沾沾自喜，勇气可嘉，后一个性格腼腆，不善言辞。在众目睽睽之下，两个人脸涨得通红，而通红的原因来自另外两个回答极其漂亮的尖子生。对照之下，孰优孰劣，学生自己都明白。学习之路何其漫长。我相信，这两个学生能认识到自身的问题，奋起直追。

我们一个班共有 64 个学生。我把这 64 个学生分成 10 个学习小组，多出的学生挂在其他小组内。每个学习小组共有 6 个学生，一个为小组长。在互查作业时，这 6 个学生又分成三对学伴。每次检查作业的完成情况，我都会根据大家的需求，大致设定时间。5分钟也行，10分钟也可。计时开始，学伴之间，小组之间，小组长之间，都像在比赛。这样的检查方法，让我班级的语文成绩，在同年级比较时，总能不落下风。

再次，总结发言——自省式批评。

尖子生身上有什么毛病，只有自己最清楚。所以，教师要创造机会让他说出来，才能实现真正的反省。每一个问题的尾声，都是好机会。答完后，请同学们评价。好的总结原因，差的更要说明是哪个环节出了问题，认识到不足，才有改正的可能。

关于这点，我也有自己的经验之谈。学生在做题时，总有错误的地方。我把错误分成两种，一种是共性错误，一种是个性错误。对于前者，我会统一作个订正警示。对于后者，我让学生们一个接一个将自己的错误做法写到白板上，然后让其他学生示范正确的写法或答法。这样的做法，使得班里学生的基础题错误率迅速下降，而这样的好习惯也成功延伸到了其他题型的解答中。因此，在连续几次的大型考试中，我们班里的语文近21个小项的得分率均高于年级均分。

所谓教无定法。每个有经验的教师都有自己的一套成熟的教学方法，都可以拿出来与同仁们达成资源共享。

当然，批评不是最重要的手段，适度地鼓励还是必要的。学生毕竟还是天真烂漫的孩子，过于严厉的态度反而会增加他的精神压力，让结果适得其反。那么，请教师们集合多年的教育经验，把握好这个"度"，让尖子生们在你的引导之下取得更加骄傲的成绩。

第十九章 家教是万能的吗

我在跟一位家长聊天的时候，了解到一个信息：很多家长都把孩子送到了各式各样的补习班。他的孩子近来学习大幅度下滑，他也想把孩子送到某个家教中心，征求一下我的意见。看到家长渴求肯定答案的眼神，我实在不好泼他的冷水，于是只能含糊其词地应付了几句。我不知道他是否想明白了。

那么，学生成绩不好，是不是一定要靠家教来帮忙？这是个值得商榷的问题。任何一个问题都是仁者见仁，智者见智。做家长的，大都抱着一切为了孩子的决心，只要看到一线曙光，就算飞蛾扑火，也是心甘情愿。这样的父母算得上伟大，只问辛苦地付出，不问是否真能收获。

但是，做教师的，面对这种状况，应该怎么处理？在这个问题上，教师们大概分成两派：

一是积极支持。有些教师是站在家长的角度来考虑问题，因为他同样有家长这层身份。在这个请家教成为普遍现象的氛围中，不表明自己积极支持的态度似乎已经不太合理。遍地开花的家教班，以及各式各样的暑期班、长效班、精品班、提高班等等，名称五花八门，只为了吸引更多的学生，得到更多的利润。家教之所以能产生并发展，正是因为有广泛的受众群体。身为家长的教师们也不能免俗，逐渐成为其中不可忽略的一支力量。

为什么要强烈支持学生请家教？教师们应该还有自己的一点私心。有的教师本身就是做家教的，虽然管理部门三令五申取缔家教，可效果并不明显。孩子成绩很好，家长想再加把劲，所以要家教；孩子成绩下滑，怕越来越严重，所以要家教；孩子成绩中等，想有个突破，所以要家教。家长拥有一颗想找家教的心，那些教师高兴都来不及，管他干吗呢。

另外，学生愿意请家教，说明他在学习上是用心的，有提高成绩的愿望，这是多好的事啊，教师何必要反对呢？我就曾经对学生说过，你想上好的高中，这个理想没有错；可是你考了这么差的成绩，却不知道掉眼泪，这就太不正常了。学生愿意靠家教提高成绩，最起码证明他有一颗想学习的心。如果是补习教师本人教的那一门学科更好，一旦他的成绩真的提高了，对自己是绝对有利的。

二是保持沉默。对于学生请家教这个事儿，有的教师持不置可否的态度。姑且不论学生成绩的提高是否要依托家教，单是考虑学生在应对繁重的学习任务之外，还要增加额外的负担，就倒抽一口冷气。从学生身体健康的角度，大多数教师也不赞成补课。你把他对学习的兴趣都给榨尽了，那他在课堂上还能保持好的状态吗？家教教师和任课教师的教学方法如果不一致，你让学生服从哪一个？如果家教教师真的很有水平，能让学生提高学习成绩倒也罢了，就怕不但损失了金钱，而且浪费了时间。

我给女儿也请过家教。因为女儿的理科较弱，正好本人也有提升成绩的意愿，于是我就给她报了几个辅导班。辅导班教师倒也尽职尽责，可是结果却不如人意。当然，我的孩子身上有很多缺点，不能笼而统之地说人家不行，不能把所有的责任都归咎人家身上。

我接触过不少家教班的教师。他们大都是非一线教师，说起话来口若悬河，教学措施天花乱坠，但实际的教学效果远远逊色于他的承诺。今年暑假，我打算给女儿报一个作文提高班，遇到一个据说作文指导超好的语文教师。他授课一节两小时，收费1人150元，这个价位是颇高的。但是，这个教师谈吐很有自信，作文批改有点有面。我有些心动。不过试听他讲课之后，我对他的教学能力真的不敢恭维。他讲课思路不清，选材老化陈旧，吐字发音也有诸多错误，但他的课堂非常热闹，外行人听着很精彩，内行人听着想叹气。我想幸亏试听了一堂课，要不然我跑这么远的路，花这么多的钱，上这么差的课，那真的成了一个大笑话。

那么，教师在家教面前究竟持什么样的态度才是正确的呢？

一、不参与。对于教师主动参与家教，我是持观望态度的。首先，我是绝对不会这么做的。为什么？虽然我的经济条件有限，但维持生计还没有大问题。其次，繁重的教学任务已经耗尽了我大半的时间和精力，回到家中，我只想离开工作岗位，小憩片刻，恢复元气。再次，家有儿女，需要我辅导功课，我无暇顾及其他。最后，最关键的一条，教育部已经出台了相关法规，作为教育者，安分守己地遵守规定不好吗？何必抱着侥幸心理去挣这份钱呢？已经那么多教师被处罚，我是不想拿自己饭碗开玩笑的。对于从事这行的同仁，我只能默默地祝他们一切顺利。

以我的一隅之见，只要教师选择了家教，势必会影响正常的教育教学工作。因为人的精力是有限的，你在这方面投入了过多的精力，另一方面自然投入少了。教师的主业是在校的教育教学，而不是仅仅以赚钱为目的的家教。

有的教师会说："哎呀，你说得倒轻松，我是单职工，没有钱生活怎么运转？我也想让家庭生活得好一些，这一点也有错吗？"

是的，没有错。但是，你当初选择了这个职业，难道不知道它是清贫的吗？难道知识分子不能安守贫困吗？是的，教师也需要生活，教师不是摆在祭坛上的泥偶专供别人膜拜，但是在浮躁的社会环境中，连以教书育人为己任的教师们都只是看得到金钱，那教师谈何使命感和荣誉感呢？连整日吟诵圣贤书的教师也开始坐不住冷板凳了，还有什么人能静得下心来呢！对于教师来说，真正的快乐不仅仅是优越的物质生活，更应该是在教坛兢兢业业耕耘半生的荣耀。

二、不怂恿。有些家长活得很纠结，就来跟教师聊："我家的孩子非常喜欢上网，说也不听。管不住啊。怎么办呢？"在遇到家长的疑问时，有的教师会说："补课啊。既可以避免孩子在家中上网，又可以提高成绩，何乐而不为呢？"

的确，很多学生在家中上网玩游戏，用补课来规避他们的网瘾，是一种无奈之举，但是教师积极的支持无疑点燃了家长心中柔弱的小火苗。依赖教师的家长得到了明确的提示，更会坚信家教对于孩子的重要作用。

同仁们，你们对一种不良的现象可能起到了推波助澜的作用。

三、不否定。任何一件事，都有其两面性，看待问题的时候，人的眼光也是有差别的。围绕家教所产生的争论，从来也没有停止过。看着如火如荼从未停息的家教现象，我不得不开始怀疑自己当初想法的正确性。既然存在了，该有着一定的合理性。而且的确有很多孩子通过补课而提升了自己的成绩。

对待家教，教师需要持谨慎的态度，盲目地支持固然不可取，但是执着地反对也不可取。己所不欲，勿施于人。随着时光的推移，也许人们的看法会有所改变。关于家教的得与失、是与非，可以不急于下结论。

如果遇到对家教有偏激态度的家长，作为教师，要善加引导，回答问题不能绝对化，以免误导不明就里的家长。那么，教师要明确告诉家长的是什么呢？

1. 课堂是学生的主阵地。

教师在课堂上组织教学，学生在课堂上接受知识，所以说，课堂是教师和学生实现共融的主要途径。如果学生在课堂上能够集中注意力，最大限度地记录、消化所学的知识，就会取得最佳的学习效果。同时，教师精心构建的教学模式会帮助学生有条不紊地铺设学习之路，继而获得最高的学习效率。

教师设计了最合理的学习内容，并在教学中根据学生的学习状态而不断改进，这是家教所不能达到的。如果学生的学习精力并没有放在课堂这块主阵地上，而只想通过家教提高成绩，这是不可能实现的。如果学生在课堂已经拼尽全力，却依然没有掌握应该掌握的学习内容，这时候再来光顾家教并付出诸多的期待，也几乎是痴人说梦。如果学生在课堂上已经基本领会了教师的教学意图，那么只需通过教师课后预留的作业深入巩固，即可大部分甚至全盘掌握所学知识，又何必另外耗费大量的金钱和时间呢？

有的学生课堂上精神涣散、马马虎虎，就等着在家教时拼尽全力，这是非常不明智的，与缘木求鱼有何差别？想要提高成绩，最好的办法就是把精力和努力放在课堂上。

2. 教师是最好的导师。

初次见面的教师和学生，一定有过或大或小的摩擦。不管是外化的，还是隐形的，主要是因为教师的教学方法、学生学习态度的优劣，当然还包括教师教学态度的宽严、责任心的轻重，还有学生性格心理的变化等等，但经过一段时间的磨合，一切将归于平静。

我就有过这样的体会，越是往年教过的学生，越容易获得他们的尊重。不管如何责备，他们总会笑眯眯地回应我。如果是今年刚接手的班级，一方面，我与他们的情感不够深厚，容易看到他们的缺点；另一方面，他们对我怀着很深的戒备之心，甚至在违反纪律时，也铆足劲儿准备随时挑战我的权威。

有一次，在我教授某个知识点时，有个男生就质问我："你教得怎么跟我们老师说得不一样？"我当时就差点气成红脸关公。我很肯定我教的是正确的，因为同一个字有不同的读音，就现在来讲，教材对古音的要求已经不那么严格了，所以，我反复强调，只要不是课下注释注明的读音，都可以忽略不计，怎么读都可以。

后来，我反思了一下，觉得这个学生还是对以前的老师有着很深的情感，在他的眼里，以前的老师说的都是对的，而我这个后来者还需要更长的一段路要走。现在，时间已经过去了两个月，那个男学生再也不说这样奇怪的话了。我想他已经接受我了。

教师和学生的磨合期过了，感情也会不断地升温。这时候，在学生的眼里，教师的任何一个决定都是合理的。那么，教师展开教学工作就会顺利得多。同时，在教师的细心观察中，哪个学生是懒惰的，多提问；哪个学生是浮躁的，多敲打；哪个学生是聪明的，多提携；哪个学生是努力的，多表扬；哪个学生是自卑的，多鼓励……

只有互相了解的教师和学生，才能达到这样的境界，互相包容对方的缺点，尝试欣赏对方的优点。彼此交流不多的家教与学生，怎么能有着这样的默契？教师得不断摸索学生的品性，学生得接受教师的新思路。而且，家教教师与学生之间还有利益关联，他本身就不可能在学生身上投入多少的精力与情感。

3. 家教要有充足的时间和精力保证。

既然家长和孩子都觉得有请家教的必要，那么教师就不能再阻拦了，只能静下心来好好想一想，接下来该怎么办。首先你得有充足的时间和精力保证。如果你在一天的奋战之后已经疲惫不堪，无力再应对更多的学习压力，那么我劝你放弃为好。如果你的教师已经条理清晰地将所有的内容都讲解完毕，而且静静地在办公室里等待着你们的求教，那么我劝你放弃为好。如果你的任课教师为了巩固学习效果，已经布置了海量的作业，使得你每晚必须坚持到很晚，那么我劝你放弃为好。如果你为了你的家教疲于奔命，必须被迫舍掉你的某些业余爱好，使得你成了"书呆子"，那么我劝你放弃为好。

教师奉劝学生放弃家教，也是出于关心学生的缘故。但是，如果学生在完成自己的课业任务之余，还能有旺盛的精力，而这种精力如果不能有合理的释放方式，他只会流连在电脑桌前，那请家长最好给他报个家教班。如果学生有着聪慧的头脑，需要在原有基础之上有所提高，也请家长把他带到家教班里。

每个学生有不同的情况，不能一概而论。如果一定要请家教，又要请什么样的家教呢？

要有选择性。学生的功课如果每门都差，选择其中最差也最容易提高的科目。说白了，学生的功课之所以越学越差，大部分是因为原先学习的时候积聚了太多的问题，直到后来失去了信心，继而失去了对此门功课的兴趣。"兴趣是最好的老师"，只要能想办法重新激发学生对学习的兴趣，即能提高学生的学科成绩。

那么，我的建议是，选择要增进的科目，宁缺毋滥。如果太多选择，又一时之间得不到期待中的提高，反而会更加挫伤学生的学习积极性。可以试着选择其中的一两门功课，绝对不能超过两门，要保持时间的合理分配，不能很明显地造成额外的负担。直待某一门有了明显的提高并稳定下来，可以暂时放一放的时候，再考虑其他科目的家教，步子不能跨得太大。有时候，成绩的提高需要一个漫长的过程，操之过急，则物极必反。所以，家长多多关心家教的进程，而少问家教的结果。最好的问题是：你觉得家教以后，你某某功课哪些题型进步了？最烂的问题是：这次你考了多少分？是比上次高了？还是低了？

说一个真实的事情。我认识的一位家长，她对女儿的期望很大，于是给她报了好几个补习班。可是，这个女孩子显然对学习兴趣不大，每次，她人是到位了，可是心却没带到教室。孩子妈妈不停地跟我抱怨，怎么对孩子投入了这么多，始终得不到回报呢？

我想，最大的症结就是这个家长的心太单纯。好学校不是光凭努力就能够进去的。有多大的肚子吃多少的饭。孩子落下的科目太多，积累的问题很多。做家长总以为所有的漏洞一下子就能补上了，这是小瞧了知识的力量。存在的问题越多，越不能妄想一下子解决。其实很多问题出在孩子的学习态度上。浮躁的学习态度导致了糟糕的学习成绩，而糟糕的学习成绩又挫伤了学习积极性。这样一来形成恶性循环，学生在学习中找不到出路，索性破罐子破摔，于是各门功课从此山崩地裂。当这个曾经的优秀学生开启了失败的第一步，当他适应了在当前班级的排名，那他就再也没有勇气往前走，再也想不出理由去改变什么了。

所以,在这里我建议这种类型学生的家长尽量从一到两门功课入手,首先要重新建立学生的自信心。当这个孩子在一门功课上找回自信时,他必将改变对所有学科的学习态度。一旦学习态度端正了,何愁他的整体成绩上不来呢?

另外,我想说的是,对家教教师的选择也要慎重。在这个过程中,千万不能盲从。不能谁说什么,就信什么。当然,很多家长选择的家教教师的标准一般情况下都是参考同学们的反响。我觉得自己到实地看一看,问一问,跟教师交流一下,听一听,根据自己的印象,结合别人的评价,再做最后的决定。

在这一方面,我是吃过亏的。那一年,我的儿子刚上高一,看到许多人忙着补课,于是随波逐流,四处打听到底哪一个补习班比较出名,又打听哪一个教师比较负责。别人向我推荐了一个女教师,我觉得挺好。很能干的样子。可是,补了几次之后,儿子的成绩没有任何的好转。这下我可急了。下面就是我和那位女教师的对话:

"为什么孩子的成绩没有丝毫的提高?"

"他报的是小班的课,我所讲的内容是针对大部分学生。"

"我交了与别人相同的钱,难道你想推卸自己的责任吗?"

"我不可能提高每一个学生的成绩。"

我对她的回答深感无奈。这种状况其实是和平时上课一样的。有的学生在课堂上积累了很多的问题,不敢向教师发问,难道家教教师就能改变这种状况吗?这倒成了恶性循环。上课时集中不了精力,就等着家教提高成绩,有了家教不好好珍惜,花钱费时又没有实际效果。

如果家教真的像传说中那么管用,那么为什么许多学生的成绩仍没有实质性的提高?家教也是做题讲题而已。如果学生能够改变自己的学习习惯和学习态度,并有效吸收家教与本校不同的教学资源,这才能使家教变得合理、有帮助。

第二十章 家长是我们的朋友

很多教师很苦恼，一方面学生太调皮，很难掌控；另一方面，一旦学生犯了错误想严肃地处理，又很难得到家长的支持。

就在办公室里，我亲眼见过几起因沟通不畅引发的冲突。有时是言语上的，家长总认为自己的孩子是天下最好的，而教师则真实地反映了学生在校的表现情况，偏偏教师对学生的印象与家长对孩子的印象反差太大。于是，家长开始质疑教师对自己孩子的评价，教师也觉得受了委屈，双方便由孩子的问题争执得不可开交。有些家长直面教师时，态度极端无理，有时甚至发展为肢体上的冲突，而这种家长入校导致的偶发事件，学校本身也是不予理睬的。如果有好事的家长告到上级主管部门，教师则显得更被动。即便最终洗脱了家长的指摘，心里一定也是大不舒服的。

我在教坛三十载，看多了教师与家长之间的恶性冲突。有到教室用板凳砸打教师的，有在夜路用口袋套教师头的，有在家长会上拍案而起的……这些家长已然到了违法的地步，而教师也不必再容忍，毕竟人都是有尊严的。

我在这里说的只是一般意义上的家长与教师之间发生的不愉快。说到底，这是沟通不畅引发的问题。大多数是教师与家长交流太少，了解不够造成的。教师与家长的相互了解大多通过孩子的口述，孩子不可能把不利于自己的因素告之家长，于是矛盾就出现了，而这一切，教师却全然不知。教师认为，我对孩子的了解比较全面，做家长的不能偏听偏信，家长认为，我自己的孩子自己知道，不像你说的那样。由此可见，压根两方的逻辑推理并不在一个层面上。

所以，教师要及时地把学生在校的不佳表现告知给家长，给他们合理的心理缓冲空间和时间。平时一句话也不说，突然之间，教师告诉家长孩子在学校里怎么样，怎么样，他也接受不了。教师也是为人父母者，如果你孩子的教师也采取这一套做法，你又受得了吗？所以及时的沟通很有必要，在我看来，具体措施有以下几种。

一、及时反馈。据我的观察，家长一般都是通情达理的。因为出于信任，而将孩子送到学校，然后又出于信任，随学校安排自己的孩子到哪个班里。学校和教师的正常安排，家长都是不过问的。对于不徇私的家长，教师们不必怀着太大的戒心，只把学生在学校的不正常表现告诉他得了。记住，不能拖延。在学生保留最深印象的时候，就让家长知道事情的始末，以便于家长核对信息的正误。

当然，信任教师也不是无缘无故的。这种信任大多来自家长对教师的侧面了解。或者是孩子、孩子同学，或者是其他家长对教师工作的满意度调查。家长与家长之间的交流是最多的，哪位教师怎么样，负责吗？教学好不好？他们对教师的议论和了解远远超乎教师的想象。

我家里有一个亲戚，她家的小孩非常依赖某个教师，其他小孩也是一样。这个教师的教学能力和处事方式得到了大多数家长的认可，这是好事。但不知哪个好事的家长得知这个教师有调动的打算，于是联合几个家长到教育局强行阻止了人家的安排。且不说家长们的行为是否合理，单说一个教师能令家长如此大动干戈，也足有成就感了吧？换作一个不负责任的教师，家长们应该拍手称快才是。

回归正题。遇到不徇私的家长，是教师的幸运一定要珍惜。要在最短时间把自己和家长的关系发展成朋友关系，要在家长们中间争取到有力的支持。

二、要善于制造机会。教师和家长在路上也有碰面的机会。不要故作姿态视而不见，而要自然地亲热地跟家长拉家常，套近乎，缩短彼此的心理距离。多聊聊学生的优点、进步，少聊些学生的不好与退步。家长聊些别的内容，只管天南海北地侃一通就行了，千万不要扫了家长的兴致。但记住一点，教师毕竟是教师，因此不要把在家里散漫的一面显露出来。要维护自己在家长心目中的形象，稳重、谦逊。这是家长乐于看到的，他也会更加放心。一旦和家长站在朋友的立场，一般来说，工作起来就方便多了。

家长愿意与教师聊天，说明通过孩子的转达，家长对他的印象还不坏。这是教师处理与家长关系的重要机会。赢得了家长信任，自然也就能更好地面对学生。即使学生想在家长面前告教师的黑状，家长也会加以呵斥，"你老师啊，我见过的，挺好的人啊。"

不是所有的家长都尽如人意，也有一些比较难缠的家长。他们以自己为重心，平时不太关注孩子的成长，可以说对孩子的学习生活几乎一无所知。一旦得知孩子在学校犯了或大或小的错误，立刻暴跳如雷，觉得是教师的管理出了问题。我把孩子送到学校去，就是让你管教的，你管不好了，就来找我。关我什么事？如果家长负责管孩子，那要教师有什么用？

一个同事和某个家长因为孩子的事情争执起来。家长说："你一个破教师，狂个什么劲？连个孩子也教育不好，早知道，就把我孩子送到重点中学去。"同事说："你孩子得有那成绩才行啊。重点中学也不是什么成绩都收的。"家长说："我孩子没有那成绩，你也没有那水平。要不，干吗还待在这个破学校里？"同事气得只有翻白眼的份儿。本来只是学生违反纪律静待批评的事，结果大吵一架，弄得双方都很尴尬。

在这件事上，我觉得同事不够大度，也不够理性。本来只是解决问题，你逞口舌之快干什么呀。好啦，你既没有赢，事情也搞砸了。何苦呢？所以，教师在与家长沟通之前，一定要想好台词。在与家长起冲突的时候，也要控制好自己的情绪，不要给自己惹来麻烦。

有的家长的确专横跋扈，无人敢惹。他觉得自己的孩子在学校里也应该做"江湖老大"。一旦觉得教师伤了自己的面子，便要找教师理论，挽回失去的面子。于是，冲突就来了。关键是，教师想要维护班级内部的和谐，就必须严加管理，而现在的舆论环境又让教师打不得，骂不得。在这样的背景下，这些学生变得更加不可一世。遗憾啊，个别班级长时间的辛苦经营就因为他们付诸东流了。

今年我接带了两个班级。开学第一节课，我一个一个盯着学生的脸瞧，直到彻底确认去年的几个差生不在班里，才长长地出了一口气。因为我害怕啊。这只是我个人的主观感受。光是几个学生尚且让我们做教师的如此不安，跟他们的家长又谈何建立良好的关系呢？

家长到校，我们要礼貌接待。老实说，不少教师在对待家长的礼节上是有很大的缺陷的。犯错误的是学生，而不是他们的家长。要接受处理的也仅仅是学生，而不应该迁怒于他们的家长。对着犯错误的学生可以板起一张脸，因为他这时候不值得被热情对待，可是不应该对着犯错误的学生的家长板起一张冷脸，他没有犯错啊。说到这儿，我想批评一下部分同仁。一旦学生犯错，教师对家长各种训斥，实在让人难以忍受。

我接触过一个小学男教师，直到若干年过去，他仍然是我心底的一块阴影。我们中学跟小学的监考模式是不一样的。以我的经验来说，只要是校内组织的大型考试，无论哪一科，都是极其严肃的。不管哪个任课教师，根本没有单独监考本班学生的机会。如果哪个学生没有准确填写准考证号等相关项目，监考老师是有责任的。小学则不然。很多种考试的监考人，就是本班的课任教师。这是我和孩子的数学教师产生冲突的背景。

有一次期中考试，我孩子的数学试卷被判了0分。我一看，这不对劲呀。按照试卷的得分情况，至少得是96分呀。后来一问才知道，因为孩子忘了在试卷上写名字。数学教师早就说过，不写名字的试卷不管答题情况，一律0分。我当时很生气，就在班级群里说了一句"不写名字，不应该是监考老师的责任吗？"就这一句话，让数学老师大发雷霆。一群不怕事大的家长跟风站队数学教师，认为我是蛮不讲理的那一个。数学老师直接把我踢出群，连我的短信也不愿意回复，电话也不接了。

我很不能理解。等到班主任电话联系我，我才知道怎么回事。我在想，有必要这样吗？就是一句话，值得掀起这么大的风浪吗？作为一个教师，为什么要从攻击家长的专业到攻击家长的人格？这么一桩小事，解释清楚就完事了，为什么非要显摆你的威风呢？

所以，作为教师，大度能容也是专业性的体现。从我任教起到目前为止，我从没有跟哪个家长发生过任何的冲突。

有的教师说，家庭和学校是应该形成合力的，父母对教育孩子有不可推卸的责任。如果学生在学校表现不好，那么他的父母也要接受相应的责难。我受过这样无谓的责难，心里别提多委屈了。

因此，我认为这些教师的话说得似乎没有错，但我并不苟同。孩子在做学生前，教育他的重任在于父母。为什么？他主要的活动场所在家庭。但是，一旦孩子走进学校，那么教育他的主要责任在教师。也就是说，尽管家长对于教育孩子有重大的责任，但是现在最应该对他负责任的是他的教师，而不是家长。不管教师有千条万条理由，推敲起来，都是站不住脚的。

从另外一个角度讲，进门都是客，是客都应该礼貌接待。有的教师坐在那里喝着茶，家长站在那里，这是一幅多么不和谐的画面。这不是变相告诉家长你根本不懂礼貌吗？当然，有的家长对这些礼节什么的根本不放在心上，但是你为人师表，怎么着也得做到位才好。不要对家长做出不必要的举动。

尤其对于那些看起来就很难缠的家长，教师更要坚持礼貌待之。要想解决好问题，先要去除家长的戒心。所谓以柔克刚，就是这个道理。不要过于计较家长说话的语气，我们的目的是解决既存的问题，而不是争执谁对教育好孩子更有一套。你软化态度，家长在心里准备好的台词反而不知道如何倒出来了。你也把主动权握在了手中。

我说的软化态度并不是要求教师一味地妥协退让，没有自己的底线。只要你站在中心点，做到有理有据，我想一般事态不会向严重发展的。因为，家长们还想自己的孩子在学校里，在这个班级继续生存下去，总会适可而止的。再说，在我们这样的乡镇中学，又有几个来势汹汹的家长呢？

教师要做个好的倾听者。这类家长不乏颐指气使者，当他们在口若悬河时，不如做个安静的倾听者。不要打断他的思路，让他把要说的话说完。有的教师总觉得自己有三寸不烂舌、妙笔生花嘴，有时候很不耐烦于家长的讲述，非要说到长舌生疮、大道理如滚滚长江东逝水才罢休，生生地把与家长见面会搞成了演讲会。这是干什么呢？你是怎么教育学生的，谁有兴趣听呢？单就今天这件事而言，你要怎么办？你能怎么办？这是最要紧的。

最重要的是会听，而不是会说。有的家长也要逞能，就在教师面前，将自己的一套育儿经验再三再四地阐释一通，搞得他倒像个教师。这时候，教师怎么办？听就是了。如果有的家长生气责骂孩子，教师又该怎么办？听就是了。只要不出大问题，听就是了。如果他顺带着向教师传授他的教育经验，怎么办？听就是了。

做个安静的好听众，比什么都重要。不要试图向家长灌输什么你认为对的理念，不要试图打断家长的对话。抬高他的存在感，在他感觉词穷之际，你再耐心细致地阐述你的观点，对于事情的看法和建议。你谈话的内容要紧紧地围绕家长谈话的内容，在心里列出要点，以便用最合理委婉的方式和语言反驳他，使他心悦诚服。

我们要向家长多请教他们管理孩子的方法。人人皆有智慧，只看你如何把握。教师对于管理班级具有很强的实践经验，但是作为这种管理经验的旁观者，家长也可能有着独到的见解。况且当局者迷，旁观者清，你可能没有意识到的管理漏洞，也许旁观者就能看得到。加之，家长都希望自己的孩子在班级里享受最完备的环境，他会尽心提出很好的建议。

倾听家长的话，对教师利大于弊。这是让家长学会换位思考，体会到教师管理学生的不容易，从而在最大程度上与教师产生共情。

有的教师总以为别人什么也不懂，或者觉得班级是我的，你有什么资格指手画脚？这种想法无异于井底之蛙。怎么指望这样的人在改革教育的道路上大胆前行？做教师的不能故步自封，那么请先接受别人的意见。不管这意见是对的，还是偏颇的，总有有益的地方。要善于从家长的话中找到有利于班级管理的妙方。

有时候我很想让家长走进课堂尽管这种想法多少有些冒险。试想一下，有多少教师愿意或敢于让家长参与课堂的教学工作？况且有的时候还附带有简单或复杂的管理工作。一方面，家长走进课堂，教师的教学不再带有任何的随意性，因为家长听过课后，一定会有短暂的反应和评价。一个陌生人在教室里，既不是听课的领导，又不是指导的同仁，心里总有一定的不舒服、不自在。另外，家长待在教室里，对学生学习未必不是一种变相的干扰。对学生来说，这是一件多么新鲜的事儿；对教师来说，这是一些别样的客人。这时候，调皮的学生开始试探了，教师应该怎么办？是像平时一样大声呵斥，还是温柔对待，保证教学正常进行？这是值得深思的问题。

不同身份的人对教育的理解是不一样的，不同经历的人对教育的理解也是不一样的。不管在什么情况下，我们都要牢记一点，家长是我们的朋友，不是我们的学生。如果用管理学生的方式管理家长，那未免太有点妄自尊大。不论遇到什么样的家长，不必拿出美酒佳肴招待他，但至少应该让他感觉到这趟真没白来，这老师挺够意思的。

有的学校设有"家长进校周"，我觉得这是一个大胆且有益的尝试。我们常说，要形成家校合力。光有理论有什么用呢？敢于实践，才是真正实现合力的良方。在这个实践过程中，教师会从不同的角度发现工作中的各种漏洞和不足，进而不断地进行批评和自我批评。这样可以产生持久动力，让校园和家园融合，让教师对学生充满期待，让学生对校园充满依赖。

第二十一章　宝贵的课前十分钟

很多学校是以印发学案的方式来指导学生自学，教师对于这篇课文的知识点的把握、重难点的研讨，都融合在这张学案上。学生可以通过反复地做习题来提高自己对于课文的理解和拓展相关知识。

可是，在没有经济条件来印发学案的学校，所有的教学任务都将依靠教师来完成。至于效果如何，暂且不论。那么，教师以什么样的形式来指导学生自学，这是个很大的难题。这也就是说，每次新课前，教师需要用白板，或以口述的形式将下一节课需要掌握的习题告知学生，以便下一节课顺利提问。

那么问题又来了。教师们说："这些学生像是没有上过学似的，根本不懂得思考问题。让他预习，大部分人根本就不理你。即使预习了，也是驴唇不对马嘴。我又能怎么办？"

我也有这样的体会，把预习任务完全布置到位，但是学生们依然我行我素。长此以往，我干脆取消了预习这一环节。这样一来，要么得在课堂上加大阅读的时间，可这样会打乱原定的教学安排；要么按照原定计划开始教学，可这样效果不好。缺失了预习环节的课堂常常出现这样的场景：台上自我陶醉，台下昏昏欲睡。

造成这种状况的原因是什么？我想试着用小学生的学习特点进行分析。

我的小女儿正在读二年级，因此我还比较有发言权。我观察到小学生的学习风格与中学大不一样。

一、以死记硬背为主，思考探究为辅。

我注意到女儿的作业常常分为以下几项：默写课文、组词造句、作文。默写课文自不必说，因为是课文，所以要求一字不差，这绝对没有问题。组词造句，说起来，教师的安排是有问题的，也可能出于课后学习时长的考量，不想让学生花太多时间来查字典。我看到女儿的课文书上，每一个字的组词都是教师列好的。干吗不让学生自己查字典，然后在书上写呢？请原谅我的无礼。作为同仁，我深深理解教学任务繁重导致的诸多不便。有时候，甚至为了及时应对考试，还要被迫舍弃一些经典课文的教学。这是应试教育的悲哀啊。再看一看作文。昨天晚上，教师布置了一张试卷，最后一项是编写故事，教师发的信息是这样的：在摘抄本上以"续编狼和小羊"为题，把课文最后结尾编写完整（可以是小羊被吃了，或是小羊爸爸出现了，再或是小羊撒腿就跑……）。发挥想象，编写完整！我问女儿："你写的是小羊被狼吃掉了，那么，狼吃完羊之后，会不会吧嗒着嘴说几句话，并且神情很得意呢？还是捂着肚子说一些开心的话呢？或者又要想什么坏主意去吃掉别的小羊呢？"女儿说："老师没有这样说啊。你别瞎说了。"所以，在初中生的作文当中，学生很少精心描摹人物的外貌、神情等细节，大多是粗枝大叶，毫无感人之处。于是乎，学生也就懒得在那些经典课文中的精彩章节上细细研究了。

二、教师教学为主，家长辅导为辅。

我一向主张，学生在做学生之前归家长管，一旦做了学生，教育他的重责大任就应该归于他的教师。在学校里，教师就是学生的监护人。家长也有自己的工作，也有自己的闲情逸致，也有自己的生活。学校教育中，家长的角色只是教师的补充，而不是主要角色。教师不应当本末倒置？

但现实是，一旦孩子成了学生，打戴上红领巾的那天起，小学教师就无时不刻地在让家长配合他们的工作。第一步，必须加入班级QQ群了解班级动向；第二步，加入校讯通，随时接收如下信息：学习不认真啦，写作业不及时啦，考试好不好啦……每天信息轰炸，简直让人难以承受。

家长被迫接受教师赋予的角色，协助教师管理着学生。小学生的生活基本都在家里，在父母身边，他知道他是二十四小时有人陪伴的，所以没有什么其他的心思。可是，进了初中，不少学生翅膀长硬了，不再想受家长的约束；同时，初中的作业题日渐复杂，家长既没有耐心也没有能力再干预孩子的学习。一旦脱离了家长的监管，一些学生便如脱缰的野马，直奔旷野而去。除了身后扬起的一路黄尘，其他什么也看不到了。

你说能怎么办？初中的学习任务那么繁重，如果没有课前预习，学生就无法跟上教师的课堂节奏，又怎么提高学习成绩？在这一点上，教师要做更多的事情，最终目的还是提高学生的学习成绩，同时也直接减轻自己的课堂教学压力。

一、帮助学生养成课前检查的习惯。

不要在乎课前那短暂的十分钟时间，牺牲这短短的十分钟，是为了获得更多的收益。缓步行走是为了急行军。如果教师有耐心每天检查学生的预习作业完成情况，那么，不消一个月时间，教师的课堂教学就会异常轻松。以一时之难换取更好的结果，何乐而不为呢？

在这一过程中，教师会遇到懈怠、抵触和抗拒，那么不要着急，慢慢引导学生，让他们逐渐习惯、适应检查。教师有更多的课余时间继续检查学生在课前没有完成的作业，而学生在教师长期的努力之下，必定会明白其中的意义。

偏偏有时候，先放弃的是教师而不是学生。为什么呢？原因很简单。学生长期积聚的坏习惯很难一下子改掉，或者他对教师的新一套做法很不以为然。教师百般的努力就像扔一块小石子到水里，毫无动静。教师会想，我费这脑筋干什么呢？吃力不讨好的事儿。

是啊，这的确考验教师的耐性。老实说，我是没有足够的耐性的。我也没有足够的记性。有时候因为教学任务的限制，不得不缩短检查的时间。有时候，因为还要维持课堂的纪律，不得不割舍掉检查的时间。说的是一回事，做起来又是一回事。

不过，也有细心的教师，坚持着课前检查的习惯，并且学生在他们的耐心指导下，的确获得了长足的发展。在教师走进课堂之前，一个班级大部分学生正在聚精会神地预习着下一节课的内容，而教师在讲解过程中正享受着学生提前预习所带来的快乐，这是一幅多么和谐的图景！

二、预习内容不宜过细。

教师要在课前布置预习的内容，而每次布置的预习内容则要尽量有规律一些。譬如文言文预习什么，记叙文预习什么，诗歌又要预习什么等等。千万不能贪多贪细，越多越细，越会给学生造成较大的难度。预习的主要目的是什么，不是精确到字词句的赏析，而是大概了解这篇文章的主要内容。

如小说单元，布置的内容可以是课文的作者是谁，什么朝代人，有些什么作品，这篇小说的出处，需要关注的字词读音，接触过的多音字，形似字，课下注释提及的主要意思，课文出现的几个主要人物及他们的性格特征、形象意义，文章的主要内容，可能存在的小说线索，景物描写有什么作用等等。

有的教师预习时要学生赏析相关的语句，这是不现实的。这就是逼学生去抄袭答案。这种现象在公开课上是最常见的。教师为了追求最好的课堂效果，营造比较活跃的课堂气氛，利用冗长的学案展开课堂教学，而学生也配合地只管读出非常标准的答案。我想，那么复杂的赏析能读得一字不差，或者学生在那么短暂的时间内能搜索枯肠，迅速组接出流畅出彩的一大段语言，这是要多深厚的知识积淀！我并不赞成这样的讲课方式，为了出彩而出彩。

三、检查预习作业要兼容多种形式。

集体回答也罢，个人书写也罢，都是可以的。所谓预习，其实质是让教师找到学生共同的薄弱环节，并根据学生的掌握情况调整自己的教学思路。学生是预习的主体，可是，教师是引导的主体。不能把所有的任务都交给教师，也不能把所有的任务都推给学生。我想，这是教学相长的另一种体现吧。

我所采用的形式，大致是让学而有疑的学生说出自己的困惑，以他们的问题为一条条丝线，进而推动整堂教学内容。一般情况下，我把整个教学流程分割成四大块。一为作者版块，二为字词版块，三为事件版块，四为道理版块。我要让学生知道预习哪些内容，哪些内容必须重视，哪些内容适量掌握。

关于文章的作者，我从不建议学生挖掘得太多太深。如果有充足的时间，并且对这个人很感兴趣，学生完全可以给喜欢的某个作家写个简介。但是，出于整体的考量，我觉得课堂的中心任务是学习这个作家所写的文章，而不是在这类扩展知识内大费周章。人都是有多面性的，学生要掌握的是某个作家在某篇文章中的形象特征或思想感情。至于其他，作为比较阅读最好，不能混淆了主次关系。况且，教师讲解文章，也不可能对这个作者面面俱到。

当然，作为教育领域的一分子，我也深知指导预习的艰难。不怕实话告诉大家，我们大都是从来不用学校印发的导学案的。那纯属是应对上级领导检查的。为什么呢？导学案内容少了，人家质疑教师水平低，不会教；导学案内容多了，学生又接受不了，学习效率低。于是，我们私下都有自己的一套预习方案，也许有的根本不足几十个字，但是，对于我们农村的学生来说，已经是快到极限了。

从内容上来说，我的学案一般只包括字词和名句。有的时候，甚至连名句也没有。我将文本中重要的句子以填空的形式呈现出来，让学生知道这些词语的重要性就足够了。对于个别基础比较好的学生，我也预备了几题拓展性的内容，总的来说，我的目的就是让课堂的每一个人都有收获。

第二十二章 没有"闲着"的学生

很多教师都会心生疑窦：自习课上的学生总是拿不出最好的学习状态。有的发呆，有的吃手指，有的闲聊，有的无所事事东张西望。一问他们，就说："作业做完了，没事干啊。"坏就坏在这"没事干"三个字。所谓无事自然生非，学生觉得完成了教师交给的任务，就算万事大吉，那么稍微放松一下，教师也会理解的吧？

我发现不少尖子生也有这样令人担忧的情况，只要把教师布置的作业写完了，就立刻进入"乱码"状态。也就是说，他如果离开了教师的编程，就失掉了自我的存在，不去自觉学习，不去合理安排自己的闲暇时间，不去巩固探究，这样的学习状态是极其不好的。

懂得自学与不懂得自学的学生，差距必定是一大截。为什么？前者一直在前进，尽管有的人可能只是一小步一小步地前进，而后者走一段，停一段，慢慢地，就落在别人后面了。

有的学生把学习当成一种"作秀"，教师在与不在，完全是两种面孔。其中绝大部分是缺乏自学能力的学生。如果学习是为教师的，那么成绩的提升必然是有限的。

这几天，学校掀起一股新的学习思潮。教师可以在"班级优化大师"里奖罚学生。当然，奖罚的形式仅限于加分或减分。不少学生因为受着加分的诱惑，就屁颠屁颠地跑来找我背书。直至后来，我一旦要求他们认真写作业，他们都会询问："是不是要加分呀？"我直接跟学生说："你作业做得漂亮，老师自然会给你们加分。如果你们仅仅是因为迷恋加分而完成要求完成的任务，那我劝你们就此打住。学习是你们自己的事儿，不要把它们当作条件来跟老师讨价还价。"这样一说，学生的精神一下子不复从前。以至于到后来，他们连奖励的分数也不愿拿了。

  说一个我家里的事情吧。我一直被女儿的学习状态困扰着。我在外地上班，早上出发，晚上回到家里的时候，女儿已经开始写作业了。可她一会儿抠抠手指，一会儿摸摸头发，写了几分钟的作业，又说肚子饿，跑到厨房找东西吃。如我所料，她的成绩明显比开学伊始下降很多。简单的习题她容易写错，较复杂的习题她又不愿意思考。一说就不耐烦，不说又不改变。我真是无计可施。

说起来，学生不会自学，有几个原因：
可能是教师的问题。自学的习惯是在学校培养的。教师一味地讲授课文，并没有留给学生自学的时间，或者要求学生自学时，又没有明确的自学任务，布置自学任务时，又没有分层次。

  举一个例子。一个非重点中学的教师到重点中学借班上课，依据自己学生的水平，准备了30分钟左右的学案，但在课堂上，他的准备居然被重点中学的学生10分钟搞定了。这位教师不知所措，在讲台上傻了眼。怎么办？又没有准备其他内容。只好硬着头皮，东拉西扯地蒙混过关。

我的意思是，不同班级的学生之间有差距，同一个班级内部学生也有差距，布置作业时必须考虑这一点。学生对自己的大致任务了如指掌，心里就会说："我还没有完成任务呢。万一老师提问我怎么办？"或者说："老师对我的要求是与其他同学不同的，我还不能松懈。"

也可能是学生的问题。如果是学生的问题，那么一般有以下几个原因：

自控力太差。如果你自学时能抗拒来自他人的诱惑或压力，你就成功了。而有的学生既抗拒不了他人的干扰，又有干扰他人的潜在欲望，那就永远也没有自学能力。想有自学能力，必须要有坐禅的功力，静心方能入神。

目的性太弱。很多学生在开学初信誓旦旦，不达目的誓不罢休，一周之后，他连什么时候开学可能都全然忘记了。我在新学期要进步多少名，我要升到全年级什么位置，我要珍惜时间……一切随风而逝。

自学能力强的学生则默默地坚守在课桌旁，竹林中，树荫下，读啊背啊写啊。古人说："一寸光阴一寸金，寸金难买寸光阴。"谁懂得这一点，谁离成功就近了一大步。

那么，教师如何培养学生的自学能力？我认为要做到以下几点：

板得下脸，狠得下心。学生愿意老老实实地独立完成作业，或完成基本的学习任务后还能继续钻研书本，大部分缘于教师的威严。所以教师可以慈爱，但不可以嬉皮笑脸；可以活泼，但不可以蹦蹦跳跳。下课可以和他们玩耍，但不管什么形式的自习课，却要有多严就多严。

自学有层次。全班学生一般分为三种类型，分别是尖子生、中等生和落后生。让尖子生做中等生与落后生的作业，有些大材小用，而且他做完作业会无所事事。让中等生做尖子生的作业，有拔高之嫌，难免淡化他的自信心。让落后生做尖子生的作业，有些过于勉强，只会让他憋得满脸通红，也不知所云。

所以，自学作业要分层次，有梯度，有共同要掌握的基础题；此外，中等生要巩固，尖子生要精进。这样一来，尖子生会说："我还有进步的空间，千万不能得意。"中等生会说："我这题掌握得还不够牢固。"落后生会说："我掌握了基础，将来一定能赶上其他同学。"

这就是学习的最高境界：没有闲着的学生，只有忙着的作业。当然，我

第二十二章 没有"闲着"的学生

还是那句话,教师要做好表率。学生在辛苦地写作业,或凝神或蹙眉,老师也应当把精力放在学习和工作上。

一个硕大的瓶子,里面装了几滴水,使劲晃一晃,就会听见"哗啦啦"的响声;一片干瘪的或还没有成熟的稻子,凉风簌簌吹过,总是高高地昂着头。每次走进教室,我除了痛苦还是痛苦,就是这个原因。我对学生这种全然不去深入思考的积习是深恶痛绝的,却又无能为力。伏案小憩,蓦然心惊。我这个身为学生表率的教师,自己又何尝不是常常找不到前进的方向?中级于我,就像一个安眠的枕头,可以求得短暂的优哉游哉;高级于我,恰似一杯白酒,也许剂量不足以让我迷醉,但足以让我摇头摆尾。至于特级,就是一个美好的理想,不作他想。这些想法总是干扰着我,让我感到迷茫,安于现状。

说回正题。我是喜欢在晚自习早退的人,虽然知道这很不道德。不过,我转念又觉得没什么。我一周三节晚自习,实在是劳力费神。家离学校不算近,每逢放学这个点,校门口总是堵得水泄不通。热心的家长们早早就守在门口,各式各样的车辆挤在一起,从来也没想着给下班的我们留一条路。提前几分钟撤退,就能从缝隙中找到一点缺口,不至于被各路大军围追堵截,而折腾到十来点才能到家。

有同事跟我说,哎呀,你班级太乱了。我说,我布置作业了呀,学生已经在做作业了,还会分散精力吗?第二天早上到校,我询问了具体情况。原来同样的作业内容,有的学生早早就完成了,闲着无聊,便想找点其他事消磨时间。有的学生闷头劳作,也抵挡不了诱惑,结果就成了我同事看到的那个样子。

于是,我再次调整了作业量,不同层次的学生布置不同的内容,下一周的情况就大大改善了。

好教师是如何炼成的

第二十三章 家长会是师生沟通的桥梁

每次一到开家长会，就是教师们无比纠结的时候。到底怎么开，用什么形式开，请哪些人，要不要学生来，多少家长能来，来的人能否遵守会场纪律，这次开的家长会有没有收获，有多大收获，家长会满意吗，有没有个别家长会质疑班主任的管理能力，有没有个别家长会与任课教师发生不必要的冲突……

怎么办？聪明的教师们想出了各种各样的办法。首先布置好教室，在黑板上写下几个大字：欢迎家长；现在不是有多媒体吗？那么在电子屏上打出几个大字：欢迎家长光临指导！这就显得客气多了，也显出教师的谦虚与素养。在班级选几个漂亮的女生，作为礼仪小组，在校门口引导家长的到来。要不就是在家长到达学校之前，让所有的学生出去迎接自己的父母，拉着他们的手，把他们领到班级整好的队伍里，跟自己的孩子坐在一起。

至于，发言稿嘛，网上什么样的内容都有。可以抄袭，可以借鉴。只看你需要什么样的题材罢了。

下面，我来说一说我所经历的几种类型家长会。

一、煽情类。我听过一次家长会，班主任是个女教师，期间最精彩的环节是让几个精挑细选的女生作为学生代表发言。女生们讲的是什么呢？大都是家住农村的父母如何含辛茹苦地把自己拉扯大，然后又付出了多少的努力才让自己有着这么优异的成绩。听得各位家长不停地抹眼泪。为什么？引起共鸣了呀。有谁没有辛酸的过去？有谁没有创业的经历？有谁没有经历过养育孩子的艰难？

首先，我得承认，这是个聪明的班主任。可能她已经认真研究了她所面对的这个特殊的群体，才选择这个突破点，以情感触碰的方式为以后的教育教学铺平道路。俗话说得好，人心换人心，四两换半斤。家长们看见了教师的真心，又怎么能不配合她的工作呢？

这也许就是女教师最大的优势吧？一般男教师好像用不上这一招。男教师的风格似乎更要直白一点，是什么不是什么，清清楚楚。

二、批评类。不知道教师平时受了多大的委屈，才想到在家长会上诉说学生的不足。家长们满耳朵被灌输的都是不平和辛酸，也许有的家长还没有回过神来，我干吗要为我的孩子受训啊？你做教师的不就是应该承受这样的学生吗？这是你的工作啊。要鸣不平，说辛苦，不如找你的领导。也有的家长肯定会厌倦这样"怨妇"式的教师，回到家，再对孩子轻描淡写一番，开家长会的效果就这样变成了负面的。

这种情况是比较少见的。有人说，你太夸大其词了吧？的确，没参加过这类家长会的，肯定会认为我在胡说八道。而且有的同仁也未必清醒地意识到自己身上所存在的问题。他可能会认为自己只是在跟家长很好地沟通孩子的负面行为。不过，这种倾诉一旦不注意言语及语气，很可能适得其反。

> 我见过这样的场景。有一个班主任在家长会中途就跟家长吵了起来。那个家长应该喝了点小酒，说话逐渐放肆到让班主任无法容忍的地步。对我们教师来说，把学生的缺点实打实地陈述出来，是对学生及家长的尽责。谁知那个家长不乐意了，他主观地认为自己在众位家长面前丢了脸面，而班主任是负有教育好学生的责任的。班主任觉得自己说的都是实话，并没有夸大其词，家长是蛮不讲理。双方沟通不畅，旁边的家长们劝谁都不对。

我觉得这样的家长会是失败的。我们要恰当对待这样的问题，如果学生犯了错误，是不是私下跟家长交代明白更好一些呢？

三、告知类。这种家长会是最常见且最实效的。前面已经提及不少，这里就不一一赘述了。

开家长会有几个需要注意的地方：

1. 不要把家长会变成控诉会。学生必是有缺点的，学习不认真的，写字太潦草的，考试画圈圈的，思考不深入的，性格不随和的，责任心不够强的，打扫不干净的，迟到的，早退的，撒谎的，手脚不好的，出校门不请假的，等等。可说的缺点太多了，教师是不是要在家长会上一点一点地诉说给家长听？这种想法是危险的。一是因为对于成绩，家长未必看得那么重。二是因为人人皆有自尊心。你当众把孩子的不足告诉给所有的人，面对他人的私语、不解、冷漠，甚至嘲笑，这个孩子的家长情何以堪？下次家长会，他来不来都不一定。这样的结果是教师想要的吗？恐怕不是吧？

2. 不要把家长会变成报告会。如果不经过精心的组接，家长会一定会成为一场报告式的写实记录。孩子在班级里的位置如何，成绩如何，上升了还是下降了，有没有与同学闹矛盾，有没有得到什么荣誉，教师一一呈现给家长，无意之中使家长会开得平平无奇，没有亮点。这种家长会又有什么价值可言？

我不明白，素质教育下的家长会，为什么只讲成绩，而不兼顾学生们的其他才能？那些成绩不好，但在其他方面有潜力的孩子，在如今的家长会上竟得不到重视，悲哉！

3. 不要把家长会变成吵架会。家长会上你面对的是一大群父母，一大群成年人，一大群在其他行业熠熠生辉的人，那是你学生的父母，而不是你的什么人。父母都是疼爱自己孩子的，虽然有时候这种疼爱是非理性的，但做教师的绝不能忽视这一点。

所以说，教师要注意说话的婉转性。不要在公开场合把孩子表现不好的原因都归结到家长身上。曾经有一位教师就因为说话不太客气，语气太生硬，激起了几位家长的强烈不满。整个家长会全程处于剑拔弩张的状态。最后大家不欢而散。

怎样开好家长会，班主任们都有自己的成功经验。而开好家长会，到底有多大的益处，每个教师也有自己的切身体会。我在这里说明几点：

1. 家长会是交流会。在管理孩子这个问题上，要抱着求同存异的原则。人无完人，不要对学生要求太苛刻。就人性而言，尤其是孩子们，有缺点太正常了。我们做教师的，千万不要做旁观者。我们存在的目的，不是专门挑他的刺，而是帮助他成长。如果他愿意往山上爬，那做教师的务必尽全力帮助他登顶，家长也是协助学生登顶的另一支力量。我们要把孩子可能成长的空间适度地释放给家长，让他们在期盼中完美配合教师的安排，共同帮孩子取得最好的成绩。如果他到了山腰就直喘粗气，并且没有登顶的意愿，那就让他下山好了。不要过分强加自己的愿望给自己的学生；家长方面，对于他们的孩子是否能达到某种高度，教师只须提出自己的建议即可，不要盲目地下结论。

2. 家长会是联谊会。教师平时与家长的联系较少，甚至很多家长都不知道自己的孩子在哪个班级，有哪些授课的教师。当然，这样的家长对教师的情感肯定不够深厚，甚至是很冷漠的。那么，教师就要牢牢抓住家长会这次机会，以此作为建立感情的最佳途径。如果通过家长会，教师与家长相熟，那么以后联络起来会更加方便。对于孩子的教育，共同点会更多一些。当家长了解了教师的良苦用心，在对孩子的教育上，他自然会为教师说一点好话。这样一来，哪怕有了矛盾，也会很快解决，不会针锋相对了。

3. 家长会是展示会。教师的教学能力如何，管理能力如何，沟通能力如何，个人魅力如何，都将在家长会上得到最充分的展示。你是瞒不过家长的眼睛的。那么，家长会更不能马虎。从穿着到导入，从流程到总结，都要经过反复的推敲与斟酌。一旦你在家长心目中得到了公认的高评价，那么即便你管理班级时略有疏忽，也可以得到原谅。想一想，孩子们一定已经在背后不知道说了多少遍教师了，从外貌到性格，从教学到人品，家长已经有了基本的印象。那么，那些与教师没有深交的家长，必定准备通过自己的一双慧眼去揣摩、去定性、去质疑。这个时候，如果有一场成功的家长会，将会打消家长们所有的疑虑。当家长们感受到教师的专业能力和人格魅力，他们会真心融入这个集体里面，那么，教师们再开展工作，便会容易得多了。

第二十四章 如果遇到学生偏科

有的家长问我："孩子成绩老是上不来。我很着急。"我问："到底差到什么程度？如果仅仅是不能位列年级前几名，问题不大。如果是因为哪一科拖了后腿，就不能掉以轻心了。"

这就是我们所说的偏科现象。有人说："总分在那儿，有什么关系啊。"不懂行的人当然不知道其中的厉害，偏科是件非常可怕的事情。一科偏，科科废。接下来，我就分析一下学生的偏科现象。

偏科始于各科差距不大，某一科略有偏差。人的能量是守恒的，顾得了这样，就顾不了那样。有的学生大多数的科目都维持在平衡状态，只是某一门功课落下了一点点。短时间内，不会有太大的漏洞。时间一长，这种缺陷会越来越明显。差距不太明显的时候，还有可能亡羊补牢，等到差距太大时，就只能对着成绩叹息了。外行们总是说，努力一把就上来了；内行们却会说，缺失的那一环是何等重要啊。这就像帮游戏中的小人儿从这一端跳到那一端，稳妥地连上那块板就成功了。但如果偏离了那块板，岂不是前功尽弃？如果要重来一遍，那得花费多大的代价啊。

文理科之间往往会出现失衡状况。按照一般规律，女生的文科成绩普遍优于男生，反之亦然。同样，同一个学生身上，也要烦恼自己的文理科不平衡现状。明明我的文科很好，怎么理科就是读不懂呢？这样的疑问让他越来越没有自信心。于是，这个学生的文科越来越好，但也只能停留在某一个阶段却不能再提高，因为分数是有限的；理科越来越差，最后成了马尾巴拴豆腐，提都提不起来。到那个时候，不管是教师，还是家长，都会急成热锅上的蚂蚁。真到了那个时候，再改变就很难了。我还是刚才那个观点，一旦偏科太严重，最终连自己都会怀疑自己的能力。

那么，这种状况是如何造成的呢？

其一，畏难情绪。这是最根本的原因。没有读不懂的书，只有不肯读的人。不是有"笨鸟先飞"的说法吗？如果觉得自己的成绩不如意，可以努力啊。攻城莫畏艰，攻书莫畏难。你不能给自己找无数的借口和理由，其实那些都是怠惰的表现。读书本来就是一件苦差事。别人在被窝里享受睡眠时，学生就得背起书包，在黑沉沉的夜幕中，开始一天的苦行僧般的学习生活。吃得苦中苦，方为人上人。想要向上飞，必须努力练习飞翔的本领。怕黑也得出门，这是作为学生的责任感。

其二，个人兴趣。不管多么优秀的教师，总有不喜欢他的学生。这就是个人兴趣。不管多么出色的文章，总有人能挑出几分不如意。这也是个人兴趣。可能教师的长相、身材、态度、口才、教学方式等因素都会导致学生对这个教师所授功课的不喜欢。这是事实。

我记得我读初中的时候，仅仅因为教地理的男教师腰细、腿粗，说话满脸都是汗而不屑于上他的课，以至于累积问题太多而对地理一窍不通。现在后悔也来不及了。我竟然无知到忽略了地理老师的专业能力和勤恳态度。这种任性最终延续到高中，我仍然不思悔改。高考的诸科成绩之中，就属地理最烂。就是这一门功课，让我在几所心仪学校面前望洋兴叹。只是这一门功课，就让我比其他同学落后了三十分。多年之后，我还是后悔自己对待地理课的不理智。如果当初能多努力一点，缩小跟其他同学的差距，那今天的我，又何必捶胸顿足呢？

再说科目的选择。老实说，初中时代，我非常喜欢学习语文，常常醉心于经典篇目而废寝忘食，但是理科我就很抗拒，不是我学不懂，确实是觉得没有意思，干巴巴的，如冬天的枝干，似沙漠的碎砾。到现在，我还是不愿意接触化学一类的科目。当然，我不敢去责怪我当年的老师们。因为一切都是我个人的错。因为我也做了教师，所以，我知道一切真的是我个人的错。一上语文课，我就卯足了劲，瞪大了眼；一上数学课，我就如经霜的茄子，失去了光彩。

其三，教学方式。与其说学生对哪一门功课失去了兴趣，不如说从一开始，他就没有完全入门。门都没有进去，何谈探索了解门里的世界呢？于是就有了失误、错误，连续的失误、错误，而这些与教师的教学方式有相当大的关系。粗暴与盲目地否定、比较、训斥，只会增加学生的挫败感，于学生的学习是无益的。教师不能只管追究学生的责任，而忽视了自身的责任。我曾经对学生说过这样一句话："你们还没有来，我已经来了。你们应该适应我，而不是我迎合你们。"不过，换个思路，如果大多数学生都不能很好地适应教师的教学方式，那八成应该是教师身上出了问题。当学生做不到改变的时候，就需要教师作出适度的改变了。因为我也是个教师，所以我想从自己身上找一找原因。

那么，教师怎样做才可以最大限度地避免学生的偏科现象呢？

首先，放缓教学速度。我在初中最喜欢说的一句话就是入门难，入门难，入门就是难。但是，教师未必能够体会学生焦头烂额、手足无措的惨淡心理。一般教师是按照既定的教学计划，冲锋似的跑步前进。学生有的会了，有的直吓得眨巴眼儿。学习是寸积铢累的事儿。时日方长，问题越积越多，学生哪还有信心学下去呢？所以，请教师务必放慢讲解速度，多多提问那些看起来目光茫然或左躲右闪的学生，确定他们真的会了，再进入下一环。

我这样说，完全是基于我们学校学生的学习能力而言，不是说所有学校的教师都得遵循我这样的做法。有的学校收录的是超一流的学生，他们都是一只只奔跑的兔子，又何必学习乌龟的做法呢？但是，大部分学校的学生都是资质相对一般的。像我们这种学校，去年期中考试年级均分在 80 分左右，能进入全区前 100 名的学生寥寥无几。面对这些学生，教学时如果缺少无数遍的重复，怎么期望学生们听得懂呢？

入门就是打地基，夯实地基，再盖房子速度自然会加快，而且房子建成后不惧风雨雷电。我记得我的初一英语教师，花了一个多星期时间带着我们学音标，让我们学会自己拼读单词、预习课文。别班的教师大惑不解，说不定心里还在嘲笑这样的低效率呢。事实却是，我们班的英语成绩一直遥遥领先。尤其在辨音这一项上，我们班占据绝对优势。

其次，改良教学方式。小学时的两位数学教师，给我印象非常深刻。年轻的那位总有办法将简单问题复杂化。有的数学题我似懂非懂，经他讲解完，我彻底不懂了，只好再向同学请教或自己琢磨半天。好在那个时代的学生作业不多，一切全凭自觉。年老的那位经验丰富，就在插科打诨当中，化解了一道道难题。不管多么艰深难懂的习题，只要经过老教师一番打磨剪接，总能变得通俗易懂，妙趣横生。上年轻老师的课时，我们都是一副苦瓜脸，因为大部分人都听不懂。上年老老师的课时，教室里人人都在开动脑筋。为什么？教学方式不同，学习效果自然不同。

我想，教师的教学方式很大程度上影响了学生对知识的吸收，不要一味地责怪学生听不懂、没兴趣，也应当反省一下自己是否讲解得不够深入浅出。教师的备课工作，应该包括好的教学方式。你所认可的好的教学方式，可以写在纸上，也可以记在心中。如果班里的学生偏向于读书，那么让他们在读中悟，是不是很好？如果班里的学生容易不集中精力，那么经常让他们集体朗读，是不是很好？每个敬业的教师都会有自己的法宝，而正是这些不同的法宝的适当呈现，才使得每位教师的课堂变得多姿多彩。

再次，给予学生信心。学生不会做某道题，是很正常的一件事，教师切忌打击学生的自尊心，与其否定、嘲笑，不如变个法子让他接受。对狂妄自大、浅尝辄止的学生用激将法，"你要能做到的话……"；对有畏难情绪的学生用奖赏法，"你表现真棒……"；对胆小懦弱的学生用宽容法，偶尔温柔地瞥他一眼。对偶尔取得进步的学生，不吝惜对他竖个大拇指。让学生明白，教师是他强大的精神支柱。

做这许多事的目的都是给予学生信心，有信心才有学习的动力。当然，各种方法都要把握尺度。激将不能讽刺，奖赏不能空泛，宽容不能纵容。

我们必须承认，偏科是一种正常现象，无论是哪个学生，总有在某一科目上存在力不从心的现象，除非是极其优异的学生。学生不必要求自己每门功课都出类拔萃；教师不必过分拔高学生接受知识、改变现状的程度，因为成绩不是生活的全部。教师也不必过分强调成绩在学习生涯中的分量，这会更加大学生的精神负担，得不偿失。春风化雨，潜移默化，越是平稳的改变，越是牢固。

第二十五章 偶尔释放自己

听过一节公开课，上课的居然是几个学生，男女搭配，有板有眼。教态上略嫌生涩，思路上值得商榷。但是有一点值得肯定，这样的放手不但锻炼了学生的课堂组织能力，而且可以直接体会教师的辛苦付出。他们想要上好课，就得仔细研究课文，怎么上？上什么？劳累了这些小脑袋的同时，也间接减轻了教师的负担。看着学生在台前劳心劳力，教师则在后面连连点头，我不觉心生羡慕。

有的教师不禁感叹："这不是不负责任吗？教师是上课的主体，学生是学习的主体。该上课的不上课，该学习的不学习。这像什么话？长此以往，教师在学生心目中的威信何在？"

的确，如果教师把上课的任务随意摊派给学生，目的只是落得一身轻松，那这种做法当然是不稳妥的。但是这样的教师是极其少见的。至少到目前为止，我还没有见到过。大多数这样费力谋划的教师都是怀着一腔善意的，并且偶尔释放自己，也是一件好事。

又有的教师会说："学生毕竟是学生，他们对教学又能了解多少？让他们上课，又能上出什么内容？万一上错了、走偏了、挖浅了，又当如何？"

教师的精力是有限的，忙了这头顾不了那头。有时候用力过猛则精疲力竭，力道不够又显得不负责任。怎么办才好呢？倾心付出，学生也未必都能接受，不如让他们自己讲。从另外一个角度来看，教师的教学语言显得比较正式，学生的语言更具亲和力。再说，听完同学的讲课，学生们也会更珍惜教师的劳动。此外，教师在教室后方踱来踱去的同时，可以观察学生的课堂表现，从点滴之间知道听课的顺利点和困难点在哪里，以便于更好地有针对性地进入下一轮的教学。

可能很多教师对班级里那些小助手的作用还没有深入地理解。其实，他们不仅仅可以负责譬如说收缴作业、组织活动等工作。再说了，如果教师事必躬亲，那岂不是要累坏了？

> 我读初中的时候，遇到过很多好老师，有两个是其中最典型的。他们都是好教师，但他们的好各有不同；做着不同的事，在学生的眼中却是不同的评价。一个年龄较大，身兼数职，仍然亲力亲为。大扫除啦，出墙报啦等等，脑力的也罢，体力的也罢，忙得不亦乐乎。

另一个则不同了。

> 他是个较年轻的男教师，身材魁梧，性格冷峻。一般事情他是绝对不管的。打个比方。两队学生在操场上拔河，边上有一个大叫加油的人必是他了。你的身上全是汗水，他绝不会像那个老教师一样殷勤地递过毛巾让你擦擦汗，只会说自己换身衣服。然而我们每个人都能感受到那份专属男子汉的关心和呵护。

他们身上有不同的风格，慈母与严父。出乎一般人预料的是，我们对严父的爱远胜于慈母。那位老教师的周到早已忘却，但那个干脆、帅气、大度的年轻教师我们如今仍每有提及，且心驰神往。我特别感念平凡的自己和几个同学一起承担着班级的各项工作，在学习之余磨炼了自己的能力。记得班主任把任务分配给我们几个之后，除了上课之外，似乎很难看得见他。可是，我们班的纪律和学习都是全年级中最拔尖的。

有人说："可能是因为幸运吧，有的班级就摊上了几个好学生啊。学习又好，素质又高。我没有这个福气，每一年为选个课代表都劳力费神的。哪还有能用得上的好学生啊？"

我觉得这个观念本身是不对的。我接触过一个班主任，他是个数学老师，家里开个超市。我们学校原来实行上午弹性工作制，有事办事，没事回家。这个老师上午直接就回家去了。说也奇怪，到学校检查业务，人家一样不缺，而且完成得很好。班级秩序井然，各科成绩都在年级前列。我观察到，他很会使用班干部。他选拔出来的班干部，既有出色的能力，又有极强的责任心。老实说，一个成天不离班级的班主任也许只能体现你的敬业吧。至于能力，另作别论。

那么，一个好的教师如何才能通过班干部让班级正常运转呢？

首先，要慧眼识英雄。不管是什么样的班级，不管你是不是班主任，你得拥有识别人才的眼光。不要一味地抱怨没有人才，就像"食马者"对着千里马感叹：天下无马！班里不是没有千里马，而是缺少发现千里马的眼睛。即便真如有些人所说，班里缺少这样的学生，那么就退而求其次。单就一班人而言，其中总有出类拔萃的吧，那么就在这些人中挑选。再参照每个学生的特长，尽量让小助手们真正能发挥所长。

挑选小助手的时候，要盯着他们的眼睛。那些目光迷离、左躲右闪或含羞不语的学生不能作为储备之选。因为撇开成绩不谈，单就外在表现来看，他们缺乏坚定不移的意志和魄力。太软弱的学生怎么能管得住同学呢？自己能不能做到还很难说。这一类人抑或不愿意得罪人，是个"老好人"。要找那些目光如炬，敢与教师直面的学生。这类学生胆子大、肯负责。但不宜选择目光过于锐利的学生担任班干部，因为这一类的学生往往性格过于刚硬，将来很可能会因为不知变通，把班里管得一团糟。我以前的一个男同事，他在做班主任的时候就吃过这个亏，所以我心有余悸。回想一下，那位班主任和班长简直是角色互换，班主任在诚恳地请教管理班级的诀窍，班长在悠闲地回答着问题。这是不是荒唐呢？这是不是说明，为人师者的管理能力很差呢？

其次，充分信任小助手。所谓疑人不用，用人不疑。教师要给予小助手们充分的信任。在小助手们和班级同学发生小矛盾时，教师要坚定不移地站在小助手们一边。平时要最大限度地树立他们的威信，显示在他们身上寄予的最大期望。

在班级管理和课堂教学中，小助手的作用是巨大的。教师只有一双眼，两只手；而小助手便是教师的又一双眼睛和手。如果选好小助手，便会直接或间接地扩大教师的管理范围，让教师把更多时间放在教学上。

但是，小助手毕竟只是个学生，使用得当，受其益；使用不当，受其害。所以，教师在使用小助手时，要避免以下问题：

第一，加重权力。助手，助手，辅助为主。他毕竟不是教师，不要赋予他过重的权力。管理同学，应以平等谦和的态度进行。不能超越同伴而以对立的形式存在。小助手们只是教师与学生沟通的使者，搞不清楚这一点，对于班级的正常管理就无从谈起。

> 我以前接触过这样一个班级。班主任的权力似乎已远远弱于班长的权力。班长管理纪律时或打或骂，颐指气使。后来，自习课就成了班长和同学的对峙时间。班主任把一切事务都推给班长，自己轻松自在。再后来，学生几乎视班主任为无物，这个班级松散不堪，学生把对班长的怨恨加在了教师身上。带这个班级的教师们叫苦不迭，怨声载道。

不知道这位班主任是否反省过自己的决策，弊端在哪里。反正我作为旁观者，再接带他的班级时已是胆战心惊。学生毕竟是学生，不管他（她）适合干什么额外的工作，任何人都不能把教师的信任作为骄横吓人的工具。

第二，任人唯亲。教师任用小助手，切忌因为喜欢而不是因为能力。教师如果不能做到一碗水端平，那么管理过程出现的矛盾无法顺利解决。同样是犯了错误，因为是小助手就放弃处罚，这是不明智的做法。同样是自己的学生，因为是小助手就多了一份灿烂的笑脸，这也是不理智的做法。

以前认识的一个教师，对于班里的干部格外的赏识，不管是多大的错误，都视若无睹。相反，其他学生只要有一点小过失，就严加斥责，使得胆小的学生惶惶然、戚戚然，大多数学生对他不满。

第三，推卸责任。教师任用小助手，让他们帮助管理班级事务，一方面证明他们的出色之处，另一方面又可以磨炼他们的意志，培养他们的交际能力，师生双方都应该是愉悦的。但一旦学生的管理出了差错，教师该怎么办？

说一个发生在我身上的事情。前面也有举例。有一次，一个男生没有做作业。我在全班同学面前狠狠地批评了他。他表示不服气，我问他原因。他说课代表布置作业太多了，星期天根本写不完，所以干脆不写了。我奇怪了，不是每天都有作业吗？原来是课代表忘记了，又听我说要检查，于是一下子布置完了所有忘记布置的作业。我能怎么说？只能责怪自己没有按时检查作业的习惯。从那以后，我每天必查作业，学生也养成了每天都交作业的好习惯。这时候，我没有把责任推卸给课代表，尽管确实是他的责任。

一切都在正常状态。我很庆幸，如果当时没有遏制自己的火爆脾气，那么结局肯定不会怎么美妙。首先，那个让我失望的课代表未必发自内心地认识到自身存在的错误，愿意听从我的劝导和安排；其次，我的体质本就不怎么强健，在那种情况下，血压上升，青筋暴跳，又何苦来？

这样的处理是理智的。我把课代表的责任全都揽到自己身上，既奠定并巩固了课代表在班级学生中的地位，又用我的宽容给这个粗心的男孩子好好地上了一课，更激发出他的工作热忱。

总的来说，不要过分抬高教师的地位，要充分发挥小助手的作用，让那些相对成熟稳健的学生尽快地从同伴中脱颖而出，用他们的出类拔萃与参与班级管理在同伴中树立正面形象，引领其他同学的成长。

而在实际的教育教学中，不少教师漠视了小助手的作用。他们事必躬亲，不仅身心俱疲，而且事倍功半。

第二十六章　有朋友的学生更快乐

有一句歌词唱得好，"孤独的人是可耻的"。我把它改一下，孤独的学生是可怕的。孔子也说："有朋自远方来，不亦乐乎？"他崇尚的多人做伴、游学唱和才是最理想的学习画面。试想，一旦大家坐到一起，把自己学习中遇到的所有难题都摆出来，互补长短，学问如何能不精进呢？

而现实中，会有这样一个现象，有些梦想独占鳌头的学生常常显得很落寞，好像生怕别人打扰他。这些独来独往的学生一般有下面的共性。

一是乖张。这样的学生身体像长了鳞甲，轻易不让人触碰。容不得别人批评，听不见别人意见。他好像一个斗士，时刻准备着跟人决斗。于是，他每天的任务除了学习，就是纷争，把自己搞得身心俱疲，还不知道问题出在哪里。

我执教的班里有一个女生，她看起来特别乖，甚至乖到让你似乎要忽视她的存在。在其他同学嬉笑的时候，她主动申请到最后排去坐，或是把耳朵捂起来跟谁也不搭腔。于是，我无法不注意到她。

有一天，这个女生对我说："老师，这些人太讨厌了，总是想着骚扰我。他们不认真学习，不想考好学校，为什么要耽误我的前途呢？"面对她的问题，我真的不知道如何回答。她说的没错，但是，她这样的人生真的有意思吗？我说的是"有意思"，而不是"有意义"。

这个女生始终是独来独往的。小组活动中，别的同学都在热火朝天地讨论问题，唯独她一个人，静静地在角落里坐着，跟谁也不搭腔。估计在学习上，能入她眼的人是没有的吧！但是，我想，她三年的初中时光难道仅仅剩下自己一个人吗？青春年华不应该是同伴间的打打闹闹吗？难道学校生活只有成绩是重要的吗？

二是自卑。自负的外壳之下包裹的可能是极度自卑的灵魂。表现在学习上的就是怕苦畏难，不愿更深入地探讨问题。或者是遇到难题只懂得逃避，找理由为自己开脱。失败则大受打击，很长时间找不到感觉。有的学生所有的闪光点仅仅是学习先人一步而已，其他方面并无光彩熠熠之处。譬如说外貌啊、性格啊，都有点差强人意。这样的学生就不容易融入集体。

去年我执教九年级一个快班时，遇到了一个"另类"的男生。这个男生个子中等，家境一般，但是作文水平较高。他笔下的初中生活总是熠熠生辉，让人艳羡不已。我是经常把他的作文当作范文读给大家听的，于是，他自以为得到了我的青睐，居然慢慢地变得狂傲起来，经常做些出格的事，比如上课把头扭向窗外不认真听讲啊，偶尔跟旁边同学说个笑话制造骚乱啊，等等。这样，我便当众严厉地批评了他。在这之后，这个男生居然一蹶不振，成绩也是急转直下。

后来，我才了解到他来自一个单亲家庭，一直和爷爷相依为命。他的自信都是装出来的，一旦受到外界的打击，他便丢失了人生的信念。这之后，我试着找个机会鼓励他振作，但是，有同学笑两声，他也会怀疑到自己身上。再之后，班级前十名之列，再也找不到他的名字了。我很为这个孩子惋惜，却也是爱莫能助。

三是孤僻。这种学生不合群，喜欢独处，在安静封闭的环境中才能把握自己，确定自己的存在。因为缺乏沟通的智慧，反而更惧怕与同学接触，进入更为孤僻的恶性循环的不良境地。他会把在学校里自以为受到的委屈再次发泄到家人的身上，结果家人的不理解又愈发地激怒他。他总觉得四面埋伏，危机重重。这样的人生注定不快乐，这样的人也注定不快乐。

我就遇到过这样的学生。家长告知我其在家中的叛逆，我深以为然。他天生孤僻，不懂得如何跟别人相处，又不能完全摘下面具，所以在家人面前完全放松时，将自己的缺点暴露无遗。可能在学校里表现的那一点点善意，也被他放大多少倍变成了恶，来应对想要靠近他的人。

说起来，这些学生内心的痛苦其实并不亚于一般人，别人的痛苦、不满、牢骚都可以倾诉给朋友。分享开心，喜悦就加倍增加；分担痛苦，烦恼就成倍减少。一个人的世界充满寂寞，孤独的学习又要和谁竞争呢？

我的儿子就是这样孤独的人。我常常无法苟同于他的观点，而他又会因为别人的观点与其相悖而突然之间暴怒不止。我说："听到别人的观点与你不相合时，要做的第一件事是找出别人话里的漏洞，并以具体的论据一举击溃他，或者干脆一言不发。"可是他怎么也做不到，为此我们母子经常为一些无谓的事情起冲突，我真的烦恼不已。当我看到他一个人待在角落，没有朋友可以倾诉时，我又觉得他很可怜。如果他能有一两个知心朋友，将他的快乐和忧愁和别人共享，那么他的快乐会加倍，他的忧愁会减半，这是多么让我开心的事啊。

在这里，我想阐述的观点是，有朋友的学生更快乐。为什么？理由有三：

有了朋友，便有了学习的动力。有比较，才有差别；有差别，才有竞争；有竞争，才有进步；有进步，才有成长。同伴之间，自然而然就有了超过对方的想法。当然，这说的是良性的竞争。

  班里有一个小团体，为首的是个稳重乐观的大男生。后来我发现，几个小男生慢慢地开始进步，也不太像以前一样调皮任性了。只要遇到小组讨论的机会，这几个男生就很积极认真地在一起研究，往往还能得出比较满意的结论。

三人行，必有我师焉。择其善者而从之，其不善者而改之。有了朋友，便有了行动的标杆。朋友在一起，总有一个是最优秀的，我指的不仅是学习问题，也有生活的诸多方面。要找学习的对象，只需要看一看身边的同伴即可。有了学习的榜样，就有了前进的动力。向最好的朋友学习，学习身上最好的部分，让自己在最短时间内，实现最大限度的成长。

做学生的，一旦有了益友，等于多了许多学习的机会，而这些来自身边的有利资源是其他人所不能给予的，教师也不行。大家在同一条起跑线上，因为种种原因，有的落后了，有的在前方。落后的要拼命追赶，才能赶得上前方的朋友。这样你追我赶的局面在朋友之间最容易出现，而且必定是一幅和谐的画面。

有了朋友，便有了积极的情绪。孤独的学生沉浸在个人的天地中，很难接触到外面红红火火的世界。而他的奋斗，是个人主义的，也是艰难的。就像一棵参天大树，尽管它伟岸挺拔，但是没有森林作为奠基的背景，依然显得孤单无依。如果它只是一棵小树，如果没有草木相依，那么它又如何抵挡狂风暴雨？

人是需要依靠的，学生亦然。有个朋友陪着你一路同行，会让你在孤寂的学习生涯中多点温暖，少点不安。进步了，有人和你一起开心；退步了，有人和你一起难过。

人是多种情绪的组合体。而良好的情绪会促进学生的身心发展。当然，学生需要的是能正确提供人生意见或建议的朋友，而不是所谓的"狐朋狗友"。有些学生不爱学习，穷极无聊，便结成了各种小帮派，随时欺负不入眼的同学，这是不对的，也是绝对要制止的。

所以，选择朋友，也要有极好的眼光。最好是成绩略高于自己，有信心超越；成绩平稳发展，成为努力的标杆；与自己距离较近，有可比性且较易讨论问题。这就要求教师对学生的了解要充分，分组的时候才会有一定的科学性。

有的教师在分配小组成员的时候，会精心选择，适度平衡，加入咨询个人意见，之后再核定小组成员构成，这就显得合理有序。而有的教师在设计学习小组时，只以成绩的好坏作为唯一的评判标准，这是不合理的。

仔细想一想，学生在选择伙伴的时候，不可能仅仅是将对方当作伙伴，实际上在他潜意识里，伙伴也成了竞争的对手。我经常对学生说小品中听来的一句话："干掉熊猫，你就是国宝。"这并不是要学生敌视身边的同伴，而是让学生形成一种良性健康的竞争意识。人与人之间存在差距，这是回避不了的事实。

当然，学生也要有自己的价值判断。有江湖心气的朋友不交往也罢。这样的学伴对自己的学习甚至生活不但不太会有有益的指导，反而容易将消极念头传递过来。

我现在执教的九（11）班有四个学生，小学时已经是形影不离的朋友，九年级分班时，就是这么凑巧，全部进入同一个班级。四个男生如果被安排在班级的四个方向，就用眼神、手势进行交流。如果坐在相隔不远的位置，说话更加放肆。经过仔细的观察，我们发现四个男生中间有一个领头的，把这个男生单独出来以后，另外那三个孩子一下子老实了。后来又把三个男生分别安置在三个非常安静的女生旁边，班级的氛围明显改善了。

我的课堂内，基本每堂课都有学伴间的合作与思考。座位是班主任排的，从纵向看，全班共三大组。从横向看，每一个大组都有三人一排的小组。六人一组的话，有一个人需要掉头与后面的学伴合作。这样分完小组，还有三个人自成一组。每一个学习小组会选出自己的小组长，以便统计任务完成情况或者收缴默写作业。小组成员的确定和组长的选择有精心的考量，正因为有了学习小组的保驾护航，我班的语文成绩才一直立于不败之地。所以，要想让学习小组发挥功效，正确选择学伴是第一要素。选得好，共同提高，良善班风；选得差，互相掣肘，得不偿失。

第二十七章 懂得尊重家长

常常见到这样的场景：教师坐着训斥学生，巴拉巴拉；家长站着，一副犯错的表情。我想，不管这个学生犯了多大的错，最起码他的父母是没错的。即便教师认为学生的无理和调皮是来自父母的过失，那也请保持起码的礼貌，就像对待一个久而到访的客人，请他坐下来，别跟对待仇人一样的眼光对待学生的父母们。

有一位妈妈就跟我抱怨：为什么孩子的错误老师都要归咎到父母身上呢？我们把孩子送到学校，就是希望老师能更多地关心他的学习和生活。我们交了学费，你们学校接收了孩子，就不要总是把责任推给家长好不好？孩子犯了错，难道我们做父母的就不着急吗？我们平时忙工作，确实疏忽了孩子的教育和学习。本来见到老师心里也觉得很不安，可是，听见他句句都是责难，无名火一下子就起来了。对，我们知道，做教师的都是关心自己的学生的。但是，怎么说，也得给我们留点面子行吗？比我年长的老师，我勉强可以接受站立。可是，有些小年轻也大模大样地坐在那里；而我只能和孩子一样，站在面前听他讲大道理。

作为教师，我无言以对。我陷入了深思。我想起刚刚收到的女儿的老师发的短信，好半天没有回过神来。女儿的老师因为考试全班失利的原因，就发了几条严词厉色的短信。大致意思无非是孩子成绩太差，家长要好好反省，为什么对孩子的学习不上心之类。

我不由得又想起了同事的不满之声。他的孩子在一个秩序混乱的班级里学习，期中考试全班的成绩不堪入目。教师除了罚抄大量的作业之外，又在家长会上狂批家长的不负责任。因为是重点中学，家长们敢怒不敢言，但是心情却沉重得不得了。出于对质疑的后果的畏惧，家长们只能暂且忍气吞声，就此作罢。

的确，家长有家长的生活和工作，不可能一天二十四小时都放在孩子身上。再有，隔行如隔山，即使家长有时间照看孩子的生活，对于学习，大多数家长也是爱莫能助。基于知识修养，人文常识等所限，家长根本没有足够的能力监管孩子。况且，这是实际存在的情况，学生犯错，你责怪家长又有多大的收效？

再者说了，家长得有多高的文化程度才能全盘解决学生的问题？

> 我是一个初中教师，却常常对着女儿的数学作业抓耳挠腮，不得其法。有的时候竟指导出错误来了。看着《伴你学》上大大的"×"，我实在汗颜。学生的作业出错了，教师的第一个做法就是责怪家长，这是蛮不讲理的行为。

可能教师也有自己的想法。我一个班有那么多的学生，我有那么多的精力消耗在学生身上吗？你做家长的把属于自己的责任全部推开，这像话吗？这是你家的孩子，你不该好好管管吗？

其实作为教师，我很能理解同行们的想法。也许很多家长不明白，学生在校和在家完全是两码事。可能在家从不做家务的学生，在校却变得懂事有礼；反过来说，可能在家温婉含蓄的孩子，到校却突然暴躁不安。这是怎回事？也许是家长的威严压制了孩子的天性。于是，在家里战战兢兢的孩子一旦到了学校，便开始撒欢了，教师哪里能笼得住？

我以前就接触过这样一个家长。每次教师跟他反映孩子的问题。他就觉得似乎是教师在撒谎。他甚至认为是教师戴着有色眼镜在看他的孩子，想得远了，就觉得这是不是因为自己没送东西；再接着，他就认为教师的素质也真的难说，不送点实惠的就不想管了。

奇怪了，本来应该和谐促成孩子健康成长的一席谈话，却不料竟成为教师和家长情感的分水岭。问题出在谁的身上，谁都有理由说出别人的一大堆不是，而忽略了自身存在的问题。且不说家长吧，单来剖析一下教师自身的缺点。

第一，是否模糊了交谈的目的。教师在与家长沟通有关学生的问题时，一定要搞清楚此次交谈的目的是什么。我们最初对学生的期望与现在学生的表现形成强烈的反差，所以要深究其中的原因到底是什么，以便于很好地对症下药。这不是要对谁兴师问罪，所以大可不必摆出一副凶神恶煞的面孔。吓唬谁啊这是？谁都有察言观色的本能，家长一见这副模样，怎么还能和和气气地面对你呢？那么，最初想要解决的问题却没有解决，或者即使表面取得了预期的成果，家长的心里也是不如意的。

有一个脾气暴躁的男教师，班里的学生被请到办公室里来，他就开始训话，从上课不认真听讲，到与教师发生冲突，等等，可学生看来也没有什么改进的迹象。于是，他拨通了家长的电话，请家长立刻到学校里来。学生的妈妈不知道发生了什么事，踩着风火轮一般到了学校。如我所料，没有几分钟，家长与教师已经开始了好几轮的唇枪舌剑。学生在一边窃笑不已，倒不像是来接受处罚的。这样的教育又有何意义呢？

从头到尾，我都没有吭声。老实说，我觉得同事的态度有点过激，但是我又不能帮家长腔。我得承认，我和那位老师是同一战线的。其实，就当时来讲，不管谁，只要稍微冷静下来，事情也不会发展得如此恶劣。教师需要控制自己的情绪，毕竟你是教师。而且，当你与家长吵作一团，学生对你的印象已经降到了零点。

所以说，在与家长沟通时，教师一定要端正自己的态度。这不是要你屈身俯就，而是要你礼貌待人。过门都是客，何必口舌争？教师必须有控制自己情绪的能力。对学生，对家长，对自己，都要有尺度。

第二，是否拔高了做人的境界。有时候，我也容易犯这样一个毛病，就是好为人师。虽然心里不是这么认为的，但是言语之间这种感觉总会出来。教师们，想一想，是不是你也经常对学生说："这一题也不会？我讲了多少遍了？"甚而至于，有的教师还会对学生说："我从没带过你这么差劲的学生。"难听的话多了去了。教师在痛骂学生的时候，脸上想必是一副洋洋自得的表情，仿佛自己真的无所不知，无所不能。

而这种心态一旦转移到其他场合，产生的结果更是离谱。如让家长木然站立，自己则跷着二郎腿口吐莲花；教育箴言层出不穷，全然不顾家长欲言又止；明明在发呆、懒怠、玩手机，却总怪家长忽视学生的成长。

教师是人不是神。所以千万不要以神的姿态证明自己的存在。我们教育学生的方式和理念并不会比家长高明多少，只是双方所处的位置不同而已。他有他的想法，我有我的做法，都是存在的，都有存在的道理。因此教师在与家长沟通时，尽量抱着求同存异的态度，耐心探讨学生身上存在的诸多问题，与家长共同担起教育大任。

第三，是否忽视了交流的重要。不要小看这短短的几分钟对话，这里面潜藏了不少珍贵的教育资源。学生的表现如何，其实与家庭有着极大的联系。道理大部分人都懂。但是，真正深入其中，认真了解并探讨其深层次原因的人，却绝对是极少数。学生文明懂礼，一定从家长的言谈举止中可窥一二。而流转顾盼，坐立不安的家长，一定有着活泼好动的孩子。

现在我来讲一个真实的事情。有一个长相乖巧的男生，成绩一向非常稳定。当然他的成绩离"优异"还远得很，不过，鉴于诚实忠厚的本性，我仍然非常喜欢这个男孩子。可是，有一天，这个男生整个人蔫掉了，怎么鼓动也不起劲。后来我才知道，他的父母已经签字离婚，他只能跟着自己的外婆生活。失去了父母的庇护，男生怎么还能精神得起来？我从来没有见过他的父母，可以想见亲情的冷漠。我还怎么责怪他？看着他那年迈的外婆步履蹒跚地挪下楼梯，我对这个孩子未来的求学之路表示担忧。

教师在与家长交流的过程中，可以了解许多在学校里不能了解到的资源。成绩很棒的学生，家庭状况是怎样的？他是自觉性很强，学习专注吗？成绩中等的学生，为什么长期徘徊在中游？他是做事效率太低，还是态度潦草？成绩不好的学生，是由于缺乏父母监管，还是被周边辍学青年带坏了？或者是家庭经济状况出了问题？

了解了这些情况，教师就可以"对症下药"，降低管理难度，并取得事半功倍的效果。

有的教师会说："我哪有那么多的时间和精力啊。"我表示深深的理解，但是我觉得这也是托词。时间就像海绵里的水，只要你愿意挤，总是有的。如果你认为这也难做，那也不想做，时间就在不断地纠结中消磨掉了。多可惜啊。

当然，教师要注意与家长交流的技巧。

认真设计交谈的内容。要想与家长交流学生的表现情况，探讨表现生成的原因，就要准备好交谈的内容。一方面可以使交流自然顺畅地进入情境，获得预期的效果；另一方面也能展示自己的沟通能力，给家长留下美好的印象。假如教师自恃几分辩才，或者是暗地里小瞧了家长，随随便便地东扯西拉一大堆，不但分散了讨论的焦点，更在一定程度上浪费了时间和资源。至于从哪个点切入，哪个时间段谈到学生的问题，都不能马虎懈怠。认真的教师换得真心的家长，马虎的教师换得虚伪的家长。要想跟学生建立最亲密的关系，不下苦功夫是不行的。

选择性交谈。有多少个学生，就有多少对家长。要想在短时间内就能一一了解每个学生不是件易事，同样，要想在一年之内，就能抽出时间与每个家长都能见上一面，难于上青天。怎么办？这就有针对性地联系家长。可以把学生按成绩分成四类：特别优异的，不好的，维持平衡的，起伏不定的；可以按性格分成四类：羞涩不爱发问的，发问大多是废话的，说废话又不遵守纪律的，不遵守纪律又与教师顶撞的；还可以按地区分成四类：城镇的，郊区的，农村的，偏远的……

每个教师心里都有一本账，也自然有自己的一套分法。经过具体的分类，显而易见的，教师就可以知道，哪些学生需要与家长沟通，跟家长采取何种方式沟通，或是电话联系，或是到校商讨，取决于自己的需要。如果是学生进步值得表扬啦，打个电话即可，或者干脆发个短信，也可以进入班级群里与家长聊一聊，所有的家长都看到了你们的聊天记录，被表扬的学生不是倍有面子吗？学生也有了更大的学习动力。其他的家长看到别人的孩子如此优秀，必有好强之心且奋起直追吧！

抓住契机适时交流。无缘无故的，你让学生请家长到学校来与任课教师见面，学生一定惴惴不安地认为发生了什么事，说不定一整天都眉头不展呢。要是不太严肃的话，他会想：我又没有犯事，不怕你啊。家长突然听说教师有请，心里头也是不明所以。所以说，教师请家长要找适当的时机，而且切忌以下几点：

第一，三天两头请家长。教师与家长见面，一般是在万般无奈情况之下，这种情况发生的概率是很小的。如果有了需要频繁请家长的理由，教师不如反躬自省，到底是管理能力的问题，还是教学能力的问题，抑或与学生的相处出了问题。请家长不能太频繁，一旦次数过多，一则教师和家长都没有那么多的空闲时间，二则会使家长产生厌烦心理，从而产生抗拒情绪。

第二，一点小事就请家长。教师内部消化—班主任周旋干涉—年级主任弹性处理，这是处理学生犯错的基本步骤。如果学生的错误连年级主任也无法处理，这就需要请家长到学校来了。一般来说，家长的威严还是会起到一定的震慑作用的。譬如学生间的一点小矛盾啊，就不适宜请家长。吵了几句，打了一架，等等，这些小事情，可以短时间内就解决掉，何必惊动可能正在忙碌的家长呢？学生间的小问题太多了，发生问题，不是想着解决，而是想着请家长，不是变相推卸作为教师的责任吗？我觉得这做法不可取。况且，一点小事就请家长，到时候，出了大事，家长也会觉得只是件小事而已。

第三，虚张声势请家长。教师感到问题棘手，自己没有能力解决问题时，就需要借助家长的力量。这时候，教师应该怎样与家长沟通呢？有的教师会把小事说成大事，把不太严重的事说得极其严重，目的就是让惊慌失措的家长拼了命似的向着学校飞奔。实事求是地说，有的家长的确是做得不好，自己孩子犯了错，他不但不配合教师教育孩子，反而以各种理由推搪，对孩子的成长极端不负责任。教师联系家长，一定是有需要沟通的事情。你一味地躲着，不进校门算怎么回事？但是，为了请家长协商解决问题，就虚张声势、夸大其词，绝对是失当的。有位教师知道家长不愿意到校，就故意添油加醋，把家长吓得坐火箭一般飞到教师面前。后来这位教师把自己的聪明才智当作经验，准备传授给其他教师。我倒是替这位教师捏了一把冷汗，幸亏遇到了善良的家长，否则，还不知道要怎么收场呢。

教师与家长都是成年人，不要混淆了彼此的关系。家长也有自己的工作和应酬，不要把他们当作等待你随时召唤的没事人。教师与家长相处时，不一定让他感觉如沐春风，但也不至于特别压抑。尊重家长吧，在你的孩子面前，你也是家长，也渴望得到他的教师的尊重。

第二十八章　"三心"教育之敬畏之心

孟子曾说，人必有"四心"，分别是恻隐之心、羞恶之心、辞让之心和是非之心。"无恻隐之心，非人也；无羞恶之心，非人也；无辞让之心，非人也；无是非之心，非人也。恻隐之心，仁之端也。羞恶之心，义之端也。辞让之心，礼之端也。是非之心，智之端也。人之有四端也，犹其有四体也。"我深以为是。无心不成为人，无心不成为师，无心不成为生。

在这里我提出"三心"教育的概念。我认为对于学生来讲，必须拥有敬畏之心、仁爱之心和恻隐之心。说法变了，可是道理是一样的。这并不是我的发明，人人都懂这个道理。但是，我作为一个教师，能提出下面这种说法，还是需要勇气的。那就是社会的浮躁，源自缺乏"三心"；校园的喧嚣，源自缺乏"三心"。

首先要谈的是敬畏之心。

围绕贾玲在某部小品中塑造的花木兰形象，曾经有两种声音吵作一团。恕我直言，我实在无法理解持宽容一方的谬论。经典的文学形象，为国尽忠的女英雄千百年来为人颂扬。即便是虚构的，也称得上是多少代人的精神支柱。在我们的文学宝库中，这样以女性存在的正面形象是少之又少的。为什么一定要肆意将其解构？解构之后，你们得到快意了吗？

这是成人世界里的糊涂法则。其实也是社会浮躁心理的延伸。在很多人眼里，任何东西都是可以被解构的。只要他愿意，不管正面还是反面的形象，都可以成为戏谑、调侃的对象。上自皇帝、下至百姓，他都可以丑化；高至经典，俗到普通，他都可以篡改。

说实话，我很悲哀。没有尊重，不懂畏惧的社会还能成为社会吗？没有尊重、不懂畏惧的人还成为真正的人吗？延伸到学生身上，没有尊重、不懂畏惧的学生还能成为学生吗？没有敬畏之心的校园，还能成为校园吗？没有敬畏之心的教育，还能成为校园吗？没有对知识的敬畏，便没有对教师的敬畏；没有对教育的敬畏，便没有对真理的敬畏；没有对人性的敬畏，便没有对世界的敬畏。

我认为，学生至少对周围的人或物要有最起码的尊重、畏惧。这就是我说的敬畏之心。敬者，尊敬也；畏者，畏惧也。学生需要尊敬畏惧的不是教师本身，而是作为知识传授者的教师形象和被他们传授的知识。说到底，学生敬的是知识，畏的是规矩。

现在的学生有没有敬畏之心？可能有，可能没有。公共场所大声喧哗或嘻嘻哈哈，是缺乏对公德的敬畏。犯错误不愿意承认或梗着脖子狡辩，是缺乏对诚信的敬畏。捉弄教师或仇恨教师，是缺乏对长辈的敬畏。考试失利，不找主观原因反而责怪试卷内容佶屈聱牙，是缺乏对知识的敬畏。情绪经常失控，总是跟同学打架，是缺乏对友情的敬畏。不喜欢写作业或字迹潦草，总缺乏对学习的敬畏。在书里插图人物脸上贴上小胡子或戳破眼睛，是缺乏对前辈的敬畏。在课堂上乱讲话，捉弄同学，是缺乏对纪律的敬畏。辱骂、殴打自己不喜欢的人，是缺乏对人权的敬畏。乱丢食物，随地倒剩饭剩菜，是缺乏对劳动的敬畏。受不了挫折，轻易放弃自己，是缺乏对生命的敬畏……

所以，一旦缺失了敬畏之心，教师与学生之间的关系将变得混乱不堪。教师不再是教师，学生不再是学生。教师与学生的冲突屡发不止，就是学生没有敬畏之心所造成的。学生对待学习得过且过，也是因为没有了敬畏之心。

第二十八章 "三心"教育之敬畏之心

这几天刷到一则新闻，广西某个学校教室内有学生殴打老师。女教师在背对着学生讲课，一个男学生大摇大摆地走上讲台，对着女教师就是一巴掌。女教师一脸懵，男学生则笑嘻嘻的，一副无所谓的样子。我相信，所有看到过这个视频的有良知的中国人，都会感到震惊和愤怒。这个学生应该不是第一次对这位女教师如此不敬，也不可能是第一次对学校的教师不敬。而这种可怕的现象或许不是这个学校的个例。师道如此，学校颜面何存？校园如此，社会又怎会有教师的立足之地？说好的尊师重道呢？让教师忍受着不该承受的屈辱，这难道不是一个学校，乃至一个民族的最大不幸？

我想到在我小时候，邻班的女教师也会尖着嗓子敲打那些不识好歹的小男生们。每当家里孩子犯了错，家长会战战兢兢地给家访的教师赔笑认错。可是，看到眼前的天真无畏的学生们，我真是感慨良多。

学生为什么没有敬畏之心？从某个角度来说，教师不能盲目责怪学生，这不是学生的错。归根结底，是教师、学校、家庭、社会没有培养好学生的敬畏之心。你把他当金丝鸟一样养起来，你给他提供你认为的最好的条件，可是他未必会从心底感激你。可能他根本就不需要这些，可能他压根就不快乐。家长、教师、社会认为的快乐在孩子而言，也许就是一笔沉重的负担。

可不是吗？不敬畏农民，是因为他从来不曾下田劳动，忍受"背灼炎天光，力尽不知热"的痛苦；不敬畏工人，是因为他从来不曾置身于机器的轰鸣声之中；不敬畏教师，是因为他每天身陷于海量的习题不能自拔，感觉自己只是学习的机器，而没有教师打心里真正关心过他。

不知道为什么，我回忆起多年前的画面，多的是温馨与不舍。小学时，幼小的我被老师抱起，坐到办公桌上，羞涩地盯着老师美丽的头发；中学时，读着老师暂时借与我的《冰心全集》，心里满满的都是对老师的敬爱。可能这些学生回忆起现在的我，脑海里最多的只是严格的要求，不苟言笑的脸孔吧？

其实，要想让学生发自内心地敬畏身边的人和事，绝不是某一个人或某一件事就能实现的。但是，只要教师勇于去做，能改善一点总是好的。教师在教育学生时，自己首先应该成为学生学习的榜样。其身正，不令而行；其身不正，虽令不从。

教师要有敬畏之心。具体来说首先要有对知识的敬畏。我再三强调，教师首先要做一个学习者。教师的眼睛不能仅盯在学生身上，教师的任务不仅是教育学生，也要有对自己的教育。一个下课以后就跟知识脱节的教师是没有资格去教育学生的。一个屁股不粘板凳的教师是没有底气要求学生认真学习的。一个心浮气躁的教师是没有理由对学生宣扬"静"室的重要性的。教师要甘于寂寞，要做个喜欢读书的教师，要做个让学生闻得见书香气的长者。这是对知识的敬畏。

教师对学生的态度不能只有呼呼喝喝，这是对学生的敬畏，是对人的敬畏。有的教师好像从来不曾对学生轻声细语地说过话，好像总是像对待敌人一样对待学生。有的教师甚至认为，学生生病休息便是矫情，男女学生早恋便是道德败坏，学生考试失败便是偷懒耍滑，有点情绪便是大逆不道。似乎他们不是在教育学生，而仅仅是在管理机器而已。我绝不认同这样的想法和做法。

对待学校里的前辈，教师要有最起码的礼貌与尊敬。这份尊敬是发自内心的，而不是装出来或演出来的。前辈有的是经验与稳重，后辈有的是活力与创新。朋辈之间友爱互助，自然营造和谐的教学氛围。教师之间是合作关系，不只是竞争对手。当然，职场中的成年人不要纠结于过多同事以外的关系。对前辈的尊重不仅体现出个人的大度与谦和，更能使一个教学组成为一个坚不可摧的整体。

教师还应培养对环境的敬畏。我在食堂吃饭的时候，老是看到原本整洁的桌面上堆出了一片垃圾，有揩鼻涕的纸巾，有剥下的鸡蛋壳，有掉落的一两片饼皮……说起来都是很小的事情，似乎算不上什么大错。可是，作为教师，自己都做不好清洁工作，何谈教育学生要爱护环境呢？垃圾桶也不是远在天边，顺手放在盘子里也未尝不可。让桌上狼藉一片，既为食堂职工增加了负担，又是对自己职业的不尊重，更是给学生带来坏的示范。

当然，教师还有对交通规则的敬畏，过马路的时候，不管有多么急迫的事情，一定要耐心等待绿灯亮起来。还有对市容的敬畏，边逛街边享受美食，请带一个垃圾袋，把壳儿什么的装在里面。还有对人的敬畏，与陌生人有了不必要的冲突，请学会宽容与理解，自己做的不对，要主动向别人道歉。

桃李不言，下自成蹊。教师做得好，学生必定学得好。教师做得好，学生也学不好，那么责任在学生。教师做得很好，而有些学生偏偏不愿意学，那教师还有什么好自责的呢？孔子说，举一隅不以三隅反，则不复也。用在这里，是不是也恰当呢？

初中阶段学生的三观日趋形成，可是并没有到成熟的地步，因此学校要培养学生的敬畏之心。比如说要让学生了解农民的辛苦，不如在学校里辟出一块地来，让他们春夏秋冬按时劳作。学生有了汗流浃背、烈日当头的经历，自然会生出对农民的尊重。有人说，这不现实，学校里能有多少地啊，再说了，学生得写作业啊。花那么多时间在种地上，岂不是得不偿失？我对这个说法嗤之以鼻。

写作业多就有用吗？学生仅学习成绩好将来就能更好地服务于社会吗？四体不勤、五谷不分的学生对国家和民族有多大的用处？如果社会和学校不能提供学生培养敬畏之心的机会，那么这样的学生即便能成功融入社会生活，又能有出色的表现吗？

每次在偌大的校园里漫步，我都将那些荒弃的土地指给同事看。如果能利用起来，哪怕只开辟出一小块，让学生在上面种点简单的菜蔬也好。现在，只是空在那儿，长着大片的荒草无人过问。实在是可惜。

如果学校没有充足的条件，那么也可以通过劳动课来解决这个问题。

我记得，我当年读初中的时候，学校每周正常开设劳动课。打扫教室卫生啊，搬走宿舍垃圾啊，各种各样，五花八门。当然，一般都是我们力所能及的范围之内。一堂课下来，每个人都累得不行，心里却乐开了花。另外，每次结对子的都是固定的几个人，互相之间也增进了情谊。回家看见劳累的父母，不由得想起劳动中的自己，感恩之心油然而生。在我们那个年纪，做家务，下田劳动根本不算什么。不劳动的人，反而会被家长骂矫情。

现在的学校不但没有劳动课，甚至对劳动都不屑一顾。我不知道这是基于什么考虑。每次我看到学校宁愿花大价钱请外来人植树种草，却不愿意让学生有一点点的参与，心里就很郁闷。学校连开学之初的割草劳动都取消了，不知意欲何为？难道割草仅仅是一种劳动吗？难道让学生"养尊处优"是一件好事吗？

一方面，要学生心怀感恩；另一方面，又不给学生锻炼的机会，这恐怕就是教育的最大漏洞。劳动课取消了还不算，学校还花了大价钱把清洁工作外包给专业的家政公司为学生提供良好的学习环境，确保他们能安心读书。但学生中常常有人故意践踏别人的劳动成果，因为他们没有亲身经历劳动的辛苦，必然没有珍惜劳动成果的觉悟，必然导致践踏别人劳动成果的行为。这是我们教育的初衷吗？这是我们教育的目的吗？

当然，说了这么多，学校有时候也是迫于无奈。学校让学生劳动，家长同意吗？在劳动过程中，学生如果受了伤，社会舆论会放过学校吗？说到底，我始终搞不清楚一件事，那就是到底谁能成为学校师生员工的后盾？为什么遇到突发事件，教师们总会身陷被动？在教育过程中，学生磕到碰到不是很正常的事情吗？难道就因为一点点小小的浪花，就要抽干整条江河？难道只出于承担责任的忧虑，便要让学生失去社会实践的机会？不让孩子学走路，那么他永远也学不会走路。不让学生亲身劳动，那么他永远也不会具备劳动人民的心态，永远也不会敬畏自然，敬畏土地。因噎废食，只会让学生远离真实的世界和自然，远离真实的人类和情感，变成一代五谷不分，良莠不齐，只有自己而没有他人的无用之徒。

　　为了使学生的身心得到健康的成长，家长、学校和社会必须团结起来，拧成一股绳儿。因为孩子，是我们大家的，是我们大家的未来。

第二十九章 "三心"教育之仁爱之心

这是我突然想到的话题,其实我也不知道从何说起。可能是我看多了那些校园霸凌吧,可能是我看到了那些冷漠待人的面孔吧,可能是我自己的情感被触动了吧……

我想起了亲历的一件事。那次我在浴室里洗澡,突然间一个胖胖的女人慢悠悠地晕倒在我的脚前。短暂的几秒恐慌之后,我将脚向后挪了挪,一番思索之后,我走到隔间,喊搓澡工进来,把女人抬到外面去。

女人没有什么事儿,但我却被自己的行为吓了一跳。一个曾经热情似火的"活雷锋",如今居然连最基本的同情心都失去了。我每天都对学生讲着团结友爱,可是,当我处于同样的境地时,我却已经变成一个我不认识的我了。

我被这样陌生的我给吓破了胆。于是,我不由得重新审视自己,也重新认知自己的教育生涯。我们到底需要一群什么样的学生?我们想要我们的孩子成为什么样的人?

我想到了仁爱之心这四个字。对,我们还要教会学生拥有仁爱之心。仁者仁心。孟子说："爱人者，人恒爱之。"孔子说："夫仁者，己欲立而立人，己欲达而达人。能近取譬，可谓仁之方也已。"

有人可能会感到奇怪："我是个很仁爱的人啊。你看，我爱家人，爱同事，怎么就不是仁爱之人呢？"那么请郑重回答我几个问题：

你有多久没有平心静气地与同伴聊天了？遇到处于难过或危难中的同事，你愿意或者已经伸出热情之手了吗？

你还会用敬重的眼神看着你的教师吗？在他们疲惫于繁重的教育教学任务时，你是否愿意辅助做些力所能及之事呢？

如果班里有家庭极度贫困的学生，你是否愿意捐款捐物，助其渡过难关；且随时保护他们的自尊心呢？

遇到那些跪地求助的乞丐，你会掏出口袋里原本准备买零食的钱吗？

看到蹲在地上东张西望的农民工，你会露出嫌恶的表情吗？

你给山区的孩子捐过钱或物吗？

看到那些贫穷而满脸灰尘的孩子，你愿意拉他的手吗？

路遇摔倒在地的老人，你愿意把他扶起来吗？

公交车上，有人忘了带两块零钱，你愿意帮他投币吗？

想象突然地震，你愿意后于别人逃生吗？

……

发自内心的笑容少了，装腔作势的客套多了。这是我在几十年的教育实践得到的真实体验。这里并不排除这样的人，他们并不觉得自己缺乏仁爱之心，但偏偏事实的确如此。他们拿着高额的工资，拥有好几套住宅，却仍纠结于学校的蝇头小利。他们名牌加身、生活富足，却对贫困学生的艰辛置若罔闻。他们游东逛西、天下来往，却不愿意为探视父母付出多少时间。

可以列举的事例简直不要太多。总的来说，缺乏仁爱之心有以下几种表现：

第一，漠视身边的人。有时看到学生写作文，我觉得很奇怪。假如作文的题目是《我的老师》，那么学生一定搜肠刮肚地回忆小学时教过自己的教师，而不是正站在他面前的教师。即便能顺利地想起小学教师的姓名，具体的细节肯定是不记得多少了。于是，写人的作文就变得笼统化、口号化、概念化了。写教师的外貌，抓不住特点；写教师的语言，没有个性化；写教师的工作，无非是深夜电灯下批改作业……是否有些让人啼笑皆非？

最让我无语的，是有一次一个学生写我这个小个子教师，居然写得是"一个巨大的身影从窗口掠过"，又有一个学生赞美我兢兢业业："老师发着高烧倒在讲台桌前，手里还拿着半支粉笔……"即便是写自己的父母，也是程式化较多。

想想看，就连朝夕相处的父母，非常熟悉的教师学生都不能从日常相处中观察其细微且与众不同之处。这不能证明学生没有观察力，而是充分说明学生不愿意观察，不愿意感受。或者，从本质来说，他们既不爱自己的父母，也不爱自己的教师。身边的人尚且有如此态度，更别提毫无瓜葛的陌生人了。人情冷暖，可以想见。如果真的爱，就一定可以在自己的笔下表现出来。如果足够爱，就不可能搜索枯肠也找不到其身上的亮点。有时候，我看到学生笔下的人物形象，简直是满眼的苍白。

第二，嫌恶不整洁的人。一个农民工刚从劳动岗位上下来，有人避之犹恐不及。一个清洁工正在打扫卫生，有人害怕扬起的灰尘而捂住了嘴巴。远在农村的亲戚前来探亲，风尘仆仆的样子不由让人皱起了眉头。穿着破旧的同桌似乎浑身散发着异味儿……

这都是嫌恶的表现。我不知道这是嫌恶什么呢？难道教师就更体面吗？以前是满手满身的粉笔灰，现在总算高级了一点，动不动就是一手的彩色。农民工和清洁工顾不得自己的形象，是因为他们全身心地投入了劳动。当我们做教师的两手干干净净，袖头清清爽爽，那他一定是今天没有课。家里的老人头发顺滑光泽，手面白嫩细滑，但他年轻时也为这个家庭付出了全部。

一切都是已知的。当我看到有人远远地避开那些脸上、身上沾满汗水和污垢的人时，心情何其沉重！我们应该拥有的仁爱之心，如今插上翅膀，逃得无影无踪。少年之间缺少温情，成人之间满是冷漠。如此，教育的意义在哪里呢？难道我们站在宇宙中心呼唤的大爱都是空洞的口号吗？

第三，无视贫穷的人。贫穷不是罪恶。我努力了，我付出了，我奋斗了，并不意味着我很有钱。贫穷也有贫穷的尊严。贫穷的人需要的是善意，而不是怜悯；贫穷的人需要的是尊重，而不是施舍。贫穷不是一件外衣，清洗干净即可。贫穷或是一个伤疤，隐藏在身体某处，不许别人来揭开。

有的学生因为贫穷而受到了孤立。贫穷的学生自然没有光鲜的穿着，阔绰的零用。但是，他们渴望得到别人的肯定，这种心情与别人无异，甚至来得更强烈。这样的心态可能导致两种情况：一种是来自贫穷的极度自卑，一种是陷入低谷、渴望崛起的反抗。前者可能会使人心灵扭曲，甚至不愿意与别人接触，或者在内心里已经有了可怕的仇富心理，可能波及更多的人。后者则可能只顾着为自己争得一席之地，而不顾这样做的后果。

那么，怎么样培养学生的仁爱之心呢？

第一，换位思考。教师可以多多组织一些小游戏，譬如"一日小教师"。一般学生总以为教师只是上班聊聊天，上课动动嘴。那就选出几个学生来，给他们做一天教师的机会，让他们学着备课，上课，组织教学，批改作业。学生调皮了，不守纪律，自己解决，受气了，自己忍着。学生成绩下降了，或者提高了，自己想办法跟他们沟通。这样，他们以后再不会说，教师太轻松了，整天没事干，只知道训斥学生，最起码情感上会跟教师亲近许多。这种能量会辐射到更多的学生身上，会在班级内潜移默化地形成一种良好的风气。

农忙时节，学校可以组织学生以班为单位，到农田里去，和农民一起劳动，磕磕碰碰都不要紧，只要没有大伤，就不要大惊小怪。学生的汗水和农民的汗水融在一起，一定别有一番滋味。中午，到农家吃便饭，体味一下别样的温馨。

也许，场院中的葡萄架，乱叫乱跑的小鸡仔，竖起耳朵的田园犬，爽朗开心的大笑声，都可以成为学生们最美好的回忆。如果有出身农家的学生，不妨直接带到他们家去，坐在他们家的矮凳子上，和他们家的小弟弟或小妹妹玩一玩，让学生们从中体会农家的别样情趣。

农村粗陋的饮食，简单的住宿条件，必然会引发城里孩子的深思。如果有幸能触及孩子们心中最柔软的那部分，肯定是一件好事。

第二，连线山区。有很多辍学或有此种念头的学生越来越多。替他们辩解最多的一句话就是，这些学生太可怜了，要不是跟着爷爷奶奶生活，要不就是爸爸妈妈管教不到位。这些学生有个统一的称呼，就是"留守少年"。

我不知道人们的这种想法由何而来，难道父母不在身边就成为他们不上进的理由了吗？最起码他们的衣食得到了保障啊。想一想我们破衣烂衫的童年，他们的条件多少会好一些吧。如果是三岁的顽童，没有了父母的管教，偶尔做了错事，也可以原谅。可是这些已经懂事，可以承担责任的少年们，怎么能再以"留守"作借口自暴自弃呢？

那么，选个合适的时间，到当地可能不现实，不如给学生们播放山区学生的生活、学习画面，让他们感受一下贫困落后的生活环境下，学生们如何如饥似渴地寻求着学习的机会。看到凌晨开始出发，在崎岖不平、险象环生的山路上行走了几个小时的学生们，或许就不会叽叽歪歪地抱怨家里与学校距离太远；听到坐在犹如露天的教室里琅琅而读的稚嫩声音，或许就不会跷着二郎腿闭目养神一言不发。

要不，也让我们的学生与山区的学生手拉手，结对子，把不太用的东西送给他们，买点新的东西寄给他们。要真心地做这些事情，不要把它只当作一场秀。否则效果会更加糟糕。有人会赚取流量，有人会博得关注，有人会沽名钓誉，这样非但不能培养学生们的仁爱之心，反而会适得其反，带来不好的后果。

第三，师生共餐。想想看，就在自己的教室里，把桌子摆放好，买上一袋面，师生一起动手，就像在家里，别客气。满手满脸的面，热气腾腾的锅，开开心心的脸，香味四溢的饭，这是家的味道啊。在这一刻，教师就是妈妈，学生就是孩子。把作业抛在一边，把烦躁扔到一边。来，我们一起在校园里寻找家庭的温馨美好。

大家在一起对桌而坐。学生看得到教师鬓间的白发，心头平添一丝感动；教师听得到学生的心声，从此增加一点宽容。这是最佳的互动时间。教师不再是那个正襟危坐的模样，可以是慈母，可以是慈父。师生间平时所有的不快或许都会在此刻一并消融。为什么有那么多的师生冲突，绝大多数与沟通不畅有关。现在就是绝佳的沟通机会啊，教师一定要好好把握。我想，多年以后，当年的学生回忆起这段经历，依然会热泪盈眶。

有的人会说，你这全是理论，不管现实。如果教师与学生的距离太近，势必会淡化教师在学生心中的威严，以后的管理教育是否失去应有的效力？我想，这的确也是值得商榷的重要话题。如何能把宽严相济落到实处，这是教师需要思考的，也是我们必须面对的。

> 我带了一个慢班，就有这方面的体会。离得远了，学生还有一丝敬畏。脸色开了，班级就乱成了一锅粥。作为一个语文教师，我并不敢过多涉及历史故事、经典笑谈，更不敢畅论人生，感慨时世；因为似乎没有人在意这些，还有可能引发小小的骚乱。唉，现在想想，仍是我想得不透，做得不够的结果。

说实话，如今的教育只谈硬件，不重情感。一个只会检查作业的教师，你即使觉得自己把一颗心整个都给了学生，他也不会怎样感激你。在他的生命中，教师只不过是过眼云烟，或者是一袭微微的凉风，在他颇感炽热时，才有些微小的作用。到现在，我仍然记得那被教师编扎过的头发和那棵遮蔽一片阴凉的大树下，教师捧着书本带着我们读书的场景。

不是说做教师的每天只有威严，也不是说做教师的每天只扮慈母。什么东西一多就过了。要宽严相济,赏罚有度。你爱他,你把爱传递给他,那他才会爱人,把爱传递给身边的人。

老吾老以及人之老,幼吾幼以及人之幼。学生会把他得到的爱再以各种不同的方式传递给他人,认识的人和不认识的人,这个社会该是多么美好!

第三十章 "三心"教育之慈悲之心

拥有了敬畏之心和仁爱之心，教师还必须让学生拥有慈悲之心。敬畏之心是对知识，对长者，对世界；仁爱之心是对亲情，对友情，对人性；慈悲之心则是对弱小，对信仰。苏霍姆林斯基曾在《我的孩子，你生活在人们中间》中说："如果孩子对他的同学、朋友、母亲、父亲以及他所遇到的任何一个同胞的心境怎样都毫不关心，如果孩子不善于从别人的眼神中观察出他的心情怎样，那么，他永远也不会成为一个真正的人。"

我们可以跟着学生一起扪心自问：

我有随手摘花的习惯吗？校园里花开正艳，春色正美，为什么我要攀折揪拽拼尽全力？

我有随意践踏过小草吗？小草长势喜人，蔓延碧绿，为什么我要腾挪闪跃踏之后快？

春天，柳条摇曳，我曾经给自己编织过花环吗？在树上，柳条尚是柳条；不在树上，柳条将成枯枝。为什么我看不到生命的可贵？

遇到匍匐在脚下的小狗，我是踏上一脚还是伸手爱抚它？为什么我要武断地认为它会伤害到我？

我给流浪猫喂过食吗？为什么这么小小的善意我都不愿意释放？

小鸟在我家屋檐下搭窝，我要把它赶走，还是抓进笼子做宠物？

我很忙，盆里的花儿干得要死，我是继续写作业，还是给花浇点水？明明几分钟就能完成的事情，为什么我嫌它耽误我的时间？

……

我说的慈悲之心，并不是让人敲着木鱼念阿弥陀佛。万物皆有生命。植物也罢，动物也罢，都有被珍惜的理由。真心地面对身边的每一物，这就是慈悲之心的具体体现。

我说的慈悲之心，并不是禁食一切活物，宽容所有人。这是没有原则的宽容，也是最没有道德的慈悲。慈悲是本着做人的基本良知，是人性的最小单位，是世人交往的一根标杆。

你以为植物没有生命，就狠心地将它践踏吗？你到田野里去看看，那随风摇曳、婀娜多姿的小草儿，那青翠欲滴、左顾右盼的小草儿，在阳光下绽开了天真的笑脸，它的草尖儿似乎想要摩挲行人的脚踝，你在向着高远的天空大声呼唤，你对大自然鬼斧神工啧啧不已，却无情地踩住了向你示好的小草的脑袋和身躯。

看见花圃里一朵娇艳的花儿芳香四溢，你忍不住伸出手摘下一朵，装饰在你的花瓶里，让你的卧室从此与众不同。你却不曾想过，这朵娇艳的花儿是否愿意离开它的故土，花妈妈是否在伤心地呼唤它的孩子？

有一只小狗在你的脚边哀怜，不知道是被主人遗弃还是想跟你回家。你头也不回地离去，说不定因为不耐烦而踢它一脚，或者是大声呵斥，小狗怀着满腹的委屈和不解，你却没有任何的内疚和不安。表面看来你很强大，其实这是缺乏慈悲之心。

看惯了冷漠的成年人，再看到校园内满眼呆滞的学生，我更觉凄凉。这些孩子就是未来的希望，如果他们失却了人的初心，那么，这个国家的希望在哪里？这个民族的希望在哪里？

我说的慈悲之心，指的不仅是对遥远的同胞辐射爱心，更应该是对身边的同学充满热情。如果有慈悲之心，就不会有层出不穷的校园暴力。如果有慈悲之心，就不会有永不停歇的矛盾。

慈悲的最高境界，就是众生平等，无我无私。成绩可以有高下之分，人性没有优劣之分。能力有大小之别，慈悲没有内外之别。有了慈悲之心，人与人之间才能相互理解，相互包容，相互珍惜。

用慈悲之心看待一切人和事，我们就会发现这个世界大有不同。当校霸拥有了慈悲之心，当他置身于弱势一方，他就会意识到自己的错误，就会收敛直至改变自己的言行举止。当富贵者拥有了慈悲之心，他会感受到贫穷者的难堪和艰辛，从而生出帮助他人的欲望。

请帮学生们找回慈悲之心吧！

第一，软化社会环境。以前就听过这样一个故事，一个孩子在过马路的时候，不小心把洋娃娃摔在地上，急忙跑过去捡。这是多么危险的一刻，眼明心亮的交警及时发出停止信号，所有车辆戛然而止，宛如一幅被施了魔法的静止画面。小女孩把洋娃娃拾起来抱在怀里，喜极而泣。在小女孩心里，洋娃娃是她的玩伴，最亲密的朋友，一旦出了意外，将给她的内心造成永远无法愈合的创伤。而那个高大善良的交警在小女孩心中种下了慈悲的种子，它终将生根发芽，并把馨香传递给更多的人。

我们的社会似乎很难出现这样动人的场景，不是没有，而是宣传得远远不够。很多人对这样的"小事"不以为然。可能很多人都认为慈悲之心是多余的。一个硬邦邦的民族，除了脊梁，没有心肠。这是很可怕的。

很多人见到小动物如同面对洪水猛兽。渔夫们撒下小孔渔网使鱼类面临灭绝之患。有些人权力一旦在手，便对平民暴力相加。面对不幸之人受虐，大部分选择视而不见。慈悲之心，在这些人身上荡然无存。社会的冷漠不是一天形成的。正是这点点滴滴，酿成了今日的结果。

大人们应该努力做出榜样，用成熟的慈悲之心感化涉世未深的少年。一个社会的道德教化，不是哪一个人的事情，也不是哪一个年龄段的事情。只有我们大家共同努力，才能拥有一个趋善的社会。有一天，小狗的哀嚎能催生我们的眼泪，我们的慈悲之心就恢复了。

第二，教师要拥有慈悲之心。"虽然咱们不能改变周遭的世界，咱们就只好改变自我，用慈悲心和智慧心来应对这一切。"什么是教师的慈悲心？就是善待他人，善待学生。有的教师在学生中享有很高的威望，却不善于经营与同事间的关系。有的教师与同事打成一片，却与学生势如水火。这两种关系都是极不正常的。对学生的冷漠造就了距离，对同事的冷漠产生了隔阂。这都是缺乏慈悲之心的恶果。在别人志得意满时，止于锦上添花，这是慈悲心；在别人凄凉落魄时，不去冷言相讥，这是慈悲心。在学生成绩下滑、心情低落时，送上一句良言以示鼓励，这是慈悲心；在学生家境困难、凄惶无助时，略尽一点绵薄之力，这是慈悲心；在学生搜索枯肠、难寻答案时，给予一个含蓄的提示，这是慈悲心；在学生成绩优异、得意忘形时，及时提点，不让骄傲的火焰继续蔓延，这是慈悲心。慈悲心是教师对待身边人和事的积极态度，它存在于生活和工作的每一个细节之中。学生从我们身上感受到慈悲之心，才能对身边的家人和朋友充满慈悲之心。慈悲之心，是帮助学生缓解压力的最佳渠道。换个角度，不在经济上压榨学生，不在道德上禁锢学生，不在精神上审判学生，不在生理上凌辱学生，都是慈悲之心的具体体现。

　　第三，教育管理者要有慈悲之心。每每目睹学生们激情洋溢地拿着扫帚，将自己淹没于一片滚滚灰尘之中，发梢、眉毛，衣服瞬间被刻上了白色的印章，我的内心不由一阵疼痛。这种疼痛深入骨髓，停在心尖，而且点点滴滴向外蔓延。试问学生打扫卫生的目的何在？如果路上是否清洁只以没有纸屑、灰尘为准，那么谁来为孩子的健康埋单？我们数不清灰尘内到底有多少病菌在侵蚀着他们的躯体，但是毋庸置疑的是，大量的灰尘正以迅雷不及掩耳之势进入他们的口腔。扫走了灰尘，却换来了伤害。

　　这些高高在上、酷爱指手画脚的领导们何尝真心设想过孩子们的未来？有一天，也许他会看见自己的孩子也在灰尘中激情洋溢地拿着扫帚挥舞时，又会作何感想？这是打扫卫生时我所见到的。虽然现实状况已经不可能有那么恶劣，但是类似的事情，仍然屡见不鲜。

我所执教的一个班级，就在厕所近旁。冬天尚可，夏天蚊蝇肆虐，异味扑鼻，实在难以忍受。学校聘请的环卫工身着不洁，一串拖把上下内外拖来拖去，到处都是污水的痕迹。我认为这个环卫工没有慈悲之心，没有考虑到四处皆至的拖把会多么影响到我们的身心健康。

第四，热爱生活的人才有慈悲之心。生活诚不易，且行且珍惜。生性冷漠的人，很难拥有一颗慈悲之心。因为他只沉浸在自己的世界里面，看不到他人的悲欢。热爱生活的人才能关注外界的冷暖变化，他人的情绪起落。不去打击别人的孤僻，不去嘲笑别人的缺陷，不去否定别人的贫穷，不去侵占别人的财物。"譬如饮食，从容咀嚼，其味必长，大嚼大咽终不知味。"慈悲心也是要经过细细咀嚼的。

我们应该带头拒绝假慈悲，伪慈悲。像那些将学生的贫穷硬要撕开公之于众的，还有那些将捐助学生当作作秀工具的，这些人是玩弄生活、玩弄人性、玩弄慈悲的人，是要受到历史唾弃的。

慈悲之心，从一句问候、一个笑容、一个礼物、一个手势开始，足矣。

第三十一章 教师的假日

紧张忙碌的几个月终于过去，梦想中的休闲时光终于到来了。这是所有人的想法。是啊，每天穿梭于学校与工作之间，家长疲惫了，准备卸下"包袱"，享受个人生活了；教师在经历了与学生的四个多月的相处之后，也需要好好休息了。学生也轻松了，扔下书包、上网、闲逛、睡觉……

大家都轻松，开学怎么弄？

就像一个疾行的人，身体每个细胞都在高速流动，突然停下来，会感到有些眩晕。那么，三更灯火五更鸡的学生，神经绷得紧紧的，突然放空，很难再一下子紧张起来。密切关注学生的家长，一旦放下了肩头的重担，也不容易瞬间进入状态。教师则都希望开学再见的学生，依然能清晰地记得上学期所学过的内容，并能在新学期有新的斩获。

如果不能很好地利用这个漫长的假期，那么所有的期待都是空话。如果学生虚度这个冗长的两个月时光，那么开学之后面对的就是陌生的旧知识，更加艰深的新知识。

拳不离手，曲不离口。唱歌的人几天不吊嗓子，便觉得唱歌生涩；使拳的人几天不动胳膊，便觉得筋骨太紧。对于学生而言，倘若将近两个月不诵读，不做题，不读书，不探讨，开学后依然能"功力大涨"，可能吗？

归纳一下，教师对于假期的态度大致分为三种：

一、回避式。教师难得从繁忙的教育教学任务中抽离出来，正想松一口气，谁还想在假期中兼管学生的事？工作中我是属于学生的，假期中我是属于家人的。如果我连假期也得不到完整的休息，岂不是跟自己为难？况且，如果家长真的关心孩子的话，那他自然会给孩子请家教，完善他已经学会的，补充他还不足的。我干嘛操那份闲心？

二、放任式。有的教师说，我给他布置作业，他做不做，做多少，认真与否，那是他的事。下学期的课文又是新的，一种结果，人不做作业，不接受新知识，开学时，重新学习就是了。另一种结果，他认真做作业，又能读完要求读的书，效率又有多高？得也是他，失也是他。他的自觉性决定了他的成绩。而他的成绩，则与我无关。我何必抱着他父母的心态去自寻烦恼呢？

三、呵护式。有的教师抱着如父如母的心态，念及学生在学习期间所经历的痛苦与郁闷，想着好歹有两个月可以让他们舒活舒活筋骨，抖擞抖擞精神，就别逼着他们熬更打夜，令他们眉关紧蹙了。

教师必须明白的一点就是，如果把一个学期比作一座桥，那么假期就是中间的那一截，怎么能忽略它呢？假期是很重要的，如果能利用好这短短的两个月假期，那么开学之后学生不单会牢固建立对旧知识的印象，而且还会清晰对新知识的认识，教师的教学难度也会大大降低。于己于人都有利的事情，为什么不干？

教师如何把控假期？教师要布置哪些作业才能赢得假期这一宝贵的时间？

重写作轻练习。学生在作文课上常常耗尽脑汁也得不到想要的结果，因为他们在匆匆之中忽略了所有的生活体验，以至于在描摹人物形象时连基本的轮廓也画不出。这样的文章没有具体的生活情节，感人至深的生活细节，想得到高分无异于登天之难。现在有了空余的时间，用自己的眼睛好好地细细地观察吧。和家人对坐时，数一数妈妈鬓间的银发和额头的皱纹，听一听爸爸响亮的咳嗽和高声的呵斥，学一学爷爷蹒跚的步伐和纯正的乡音，尝一尝奶奶可口的饭菜和精选的零食。家人是最亲的，却又是最远的。为什么最熟悉的家人却写不出独特的性情？就是因为学生不愿意睁大眼睛观察。

如果有足够的耐心，还要静下心来找一找身边的小动物们。大到不时龇牙咧嘴、眼露凶光的虎豹豺狼，温驯老实却偶尔呵欠连天的狗；小到灵活机警、爬上爬下的老猫，或团体作战忙着蓄粮应对风雨的蚂蚁。

这还没完。路边的野花绽开笑脸时，它的花瓣有几片？成熟的水稻摇曳身姿时，你想起了谁？天刚刚放晴时，云气是如何消散的？一场暴风骤雨，你在多久后看到了彩虹？

这么多写作的素材，是多么的珍贵。学生要抓住片刻的感动，将它记录到作文之中，并把它镌刻在记忆深处，作文课上拿出来作为细腻深刻的题材，老去时作为甜蜜温馨的回忆。

生活中不是缺少美，而是缺少发现美的眼睛。你抬头时，天空中有湛蓝的天空和优雅的云朵；你低下头来，土地上有芳香的小草和酒酿似的泥土。每一寸距离都是美，每一分光阴都是美。

教师在布置作业时，要具体到告诉学生观察哪个人物，观察人物的哪些部位，运用哪些描写方法，在哪里用描写方法，你所描写的这个人物是什么样的性格，你为什么要描写这个人物，他与别人有什么不一样的地方等细节。

至于练习，越少越好。那是机械操作的东西，既让学生感到乏味，又容易产生过多的抵触情绪。学生会想，我已经离开课堂了，怎么还要被管着？是这样吧？很多学生都是在将假期挥霍掉一半之后，才想起还有作业这回事。然后，匆匆忙忙地大笔挥就，默念阿弥陀佛。

所以说，教师不如布置点有价值的作文，很实在，很朴素。哪怕就是《我的妈妈》《我的爸爸》《我家的小花猫》《看蚂蚁搬家》等，随意想，身边的素材多的是，再在具体的作文题目中，规定所要注意的要点。

重实践轻调查。学生在学校时肆意浪费时间，不认真读书，实际上正是他不了解成人所经历的艰辛。教师不妨草拟一份调查报告，就从妈妈开始调查。以一天为时间段，分为三个时间，分别是早上、中午、晚上，让学生记录下妈妈做了哪些事，当然学生也要亲身参与，实地感受妈妈的辛苦。每天跟着妈妈也不现实，就做一做某一个时间段妈妈要做的事。

如果妈妈的身份是农民，那就从妈妈早上起床的那一刻起，随妈妈出发，吹着冷风，戴上草帽，做一个真正的农民。如果妈妈的身份是工人，那就听一听机器的轰隆声，知道妈妈是多么的不容易。

光调查不足以触及灵魂，让学生亲身实践，比说多少都管用。盲目地说教没有用，只会惹起学生的不满和反抗。学生的逆反心理谁没有领教过？语言的教化力度太弱，让他光脚板走路，自然能知道路是不是平的，有没有瓦砾，走多久会脚痛。有时候，静静地看着，比什么都好。

> 我记得读初中的时候班里要上劳动课，只要是工人做的活儿学生也得做。我们累得气喘吁吁，满脸汗水的时候，自然想起父母的不容易。

重预习轻指导。学生要相对顺利地进入下一轮的学习，最直接的途径就是预习。以语文来讲，可以让学生每篇课文都阅读一遍，找到经典名篇反复诵读，并背诵默写常见名句。

主要古诗文篇目要找出它的译文，大致了解全文的主要内容，但不必纠结于琢磨字词音形义，太零碎反而会让学生对新课心生恐惧。或者说，掌握过于细腻，再听教师讲授就容易骄纵懈怠，这悖逆了预习的初衷。

英语不必那么关键地预习新知识，到哪个读书角和别人进行口语练习，或试着耐心欣赏英美原声电影，听不懂也没有关系，多看几部，语感会有提升。如果你真的想提高英语水平的话，千万不能把希望都寄托在英语书上。

理科科目怎么办？那就从概念入手，试着做习题，有兴趣就继续，感觉有难度，就不要给自己压力。既然两个月的假期不可能把所有的科目都学一遍，那就选择性掌握好了。只要能在某一门集中心力，开学的压力就会小多了。

  预习是一个人的事，尽量少请教他人。难得的独立思考时间，不能再借助他人的智慧。你还有网上资料，课下注释，命题解析，可以请教的"教师"很多啊。

  重阅读轻写作。读书的目的是什么？获得情感体验。众人在一起高声诵读容易记忆，还是一个人静静地投入其中效果更好？当然是后者。想象一下考场上安静入微的环境，连一只蚊子飞过也能觉察得到。学生平时就要训练这样的心性：做一个独立的访客，于书香墨海中徜徉，享受清风明月的高洁，笑看莺歌燕舞的恬淡；和陶渊明一起种豆南山，流连山气日夕佳，飞鸟相与还；与范仲淹一道着长袍，佩玉环，高头吟诵"先天下之忧而忧，后天下之乐而乐"，一展爱国情怀。要阅读，要感受，必得是一个人的世界才可以。

  不是说要舍弃写作，但我主张先读，先体验，然后再写，记下所见的，所想的，所体验的。能静下来，自然有东西可以写。如果一直浮躁不安，那么即使有东西可以写，那也是拼凑链接，毫无真意。

第三十二章 我是教师

记得小时候写作文，总是有这样的语句："教师戴着老花眼镜，在煤油灯下批改作业……"因为的确存在着这样的事情，我每次经过办公室，透过半开的窗户，总能看到认认真真、心无旁骛批改作业的教师。他们那种虔诚的表情，我至今难忘。虽然每个时代的教师大同小异，但是，扪心自问，我们身上是否缺失了那种对待教育事业的信念与执着？我们是否还能全心投入地批改如山的作业？

以一部分人的观点来看，我不是一位称职的语文老师。我既无嘹亮的歌喉带领学生引吭高歌，又无华美的舞姿帮助学生孔雀开屏，更不论一手清新脱俗的硬笔书法，一种潜心教育教学的科研态度，一份不慕荣利、安贫乐道的生活态度。我有时也虚荣，有时也愤激，有时也推诿，有时也泄气。当我以一副良师的姿态、铿锵有力的腔调，苦口婆心地教育我的孩子们要明了人生努力的方向时，我的人生也才混沌初开；当我以一张诤友的脸孔试图走近学生的内心，了解他们的真实世界时，我对自己也是一无所知。作为一位在教育事业中已近而立的中年教师，我能带给学生什么样的改变，我能教给学生多少知识，我能贡献给学生多少真诚，这是我需要认真考虑的问题。

可能是快节奏的生活培养了人们浮躁的心态，自然，教师也不能免俗。可是，如果连搞教育的人也有这么不安于室的心理，那么，这个社会还有心平气和的人吗？想想看，整个社会对教师的期待仍然是"太阳底下最光辉的事业"。不管人们承认与否，一旦大家把自己的孩子亲手交到学校，目送他走进神圣的课堂，那么，对于这个孩子的教师，家长心目中已经添了一份沉甸甸的渴望。

我们如何百分百地回报这份渴望？学生、家长及大众自然有对于教师的特殊定位，最关键的是教师如何定位自己。是躺在过去的成绩单上沾沾自喜，还是更加清醒地认识到自己的不足，努力精进，奋斗不息？是对别人的指摘无动于衷，还是善于吸纳别人意见，更好地完善自己？是做个上完课即消失的"甩手掌柜"，还是多多总结教育教学经验，做个有心的教师？

教师如何正确看待自己？这个话题其实很微妙。微妙之处在于大部分教师实质上并没有意识到自我认知偏差所产生的不良后果，更没有发自内心地认识到自我身份的特殊之处。如果仅仅单纯地认为教师只是一种普通的职业，是一种可以与其他行业相提并论的一种职业，那就大错特错了。轻飘飘的是教师这两个字，沉甸甸的是这两个字里蕴含的千斤重量。

俗话说：一年树谷，十年树木，百年树人。教育是任重道远的事，教师需要付出百倍的艰辛与努力。也许，这所有的艰辛并不能换来短暂的成效，那么教师的主观态度就很重要了。教师如何正确地看待自己？是把自己当作不可或缺的重要力量，还是以淡定从容的状态尽职尽责？在这样的选择中，极少数的教师暴露了自身最脆弱的一面。

先让我说一说教师易犯的几个毛病。

一、好为人师。当教师在教室里洋洋洒洒，挥洒自如，口舌如簧的时候，一种莫名的成就感油然而生。如果这种感受来自对教学的自信亦可，倘若是源于过度的自负，那么就值得忧虑了。故步自封的教师不会受到学生的肯定和欢迎，而教师如果把自己的形象固定于此，那么将必无大用。同时这样的心态还会生成一种不良习气，让他在任何领域，任何时段都觉得高人一等，把自己当作"全能型教师"。认为自己既然已经"无坚不摧"，那么表现也必定与众不同。

这种心态的主要表现有：

（1）不擅钻研。教育界一直提倡学者型教师，也许很多教师并没有意识到这一点的重要性。如果需要扪心自问，对号入座，估计教师们大都感到汗颜。反躬自省，我自己就是一个最普通最不思进取的教师，缺点多多。如果仅仅是通晓课堂教学技法，我想这样的教师离学者型还很遥远。要多想想，我们要的是什么？我们能够做什么？我们做得好不好？

工欲善其事，必先利其器。要想有娴熟的管理方法和教学水准，必须学习先进的教育教学理念，用精妙的理论释放疑难，进而一路高歌，创造奇迹。旁观那些在讲台上口若悬河、旁征博引、信手拈来的教师，我无数次地释放过内心的惊叹。我们可以想见，这些同仁的智慧火花之所以频频迸发，除了天生的智慧，还离不开与平时的兢兢业业、勤恳耕耘。

令人遗憾的是，很多教师根本坐不下来。或者是找了很多的借口不想坐下来。以我为例，两个班语文，一周十二节课，加上两节早读课（偏巧两个班又不在同一个楼层，一到星期二和星期四早上就觉得特别累），每天批改作业要用一堂课，改作文最起码得两天时间。腰酸背痛时，也要活动一下筋骨，大概一天一节课时间。但老实说，不管教师如何叫嚷，一定可以有闲暇的几个小时。那么，这些时间用来干什么？一般教师是这么消耗的，盯着电脑，说着闲话，手机上网等等。试问，有几个教师能俯下身子，拿起笔来，记录自己的教育教学心得？试问，有几个教师能有耐性熟读几本教育专著？试问，有几个教师在教研活动中呈现的状态是精心构思的？

（2）浅尝辄止。龟兔赛跑可以有不同的结局，一道数学题可以有不同的解法。教师在教学过程中会遇到无数问题，这就需要我们多思考，深挖掘，尽可能找到更好更多的答题方式。旅者在欣赏沿途风景时，也要感受一下随时可触的微风。教学的弊病在于想要得太多，反而阻碍了前进的步伐。有教育，就有漏洞。有反思，才能改进。"春风得意马蹄疾，一日看尽长安花"，采取这样的教学态度是不行的。

二、本位主义。什么叫本位主义？我认为，这是一种过分执着于自己的教育教学方式，不愿意向别人学习，随时否定别人的教学方法的态度。

（1）排斥他人。所谓教无定法，只要是有益于教学的，任何方式都有存在的价值。有的课堂严谨肃穆，有的课堂妙趣横生，有的课堂平实简约；有的课堂以基础见长，有的课堂以睿智见长，有的课堂以结构见长。没有绝对完美的课堂，因为每个课堂都有或多或少的缺憾；也不可能存在一无是处的课堂，所有的课堂都有值得学习的地方。因此要取人之长，补己之短。

> 我有几个熟识的同事，他们的课堂算不上十分精彩，但都有值得效法之处。在这里就以某男某女称呼他们。某男，课堂架构一般，教学语言一般，但他的朗读本领堪称一绝。只要他开腔朗读某一章节，所有听课的学生都如痴如醉。这个优势掩盖了他所有的不足，而学生之所以认认真真地听讲、记录，我想大多数折服于教师高超的朗读水平吧。某女，相貌平凡，声音条件一般，但是她对文本的解读可谓驾轻就熟。一篇很短小深奥的文章，经她妙手剪裁，突然间就变得通俗易懂、妙趣盎然。

所以，用欣赏的眼光看待同仁，就会看到不一样的精彩，也可以多出很多学习机会。可是，现实生活中，却有许多异样的声音。大幅度地批评他人，只因他与自己的教学方法不同。这就是本位主义的具体表现之一，自己的都是对的，与自己有异的都是错的。

作为教师个体来讲，这种情况表现领域很广，最典型的就是教研活动中的虚假表扬。因为不少教师参加教研活动本来就是敷衍的，不情愿地去，又不好意思凸显自己的怠惰，于是漫不经心地听讲完毕，哪里有诸多的心思深入剖析别人的得与失？于是写下的建议洋洋洒洒，崇拜之情四溢。至于有几句是发自内心的，恐怕连自己也不知道。同时，教研活动的主导教师自信心爆棚，丝毫不会意识到自己的教学漏洞，自我满足感很强。这也是让人无奈的地方。这样的评与被评，没有人受益；这样的教研活动，越来越让人觉得无趣，无益。

　　作为教师群体中的一员，我认为一拨又一拨的教学理论不但没有起到预期的辅助，反而变相扰乱了正常的教学思路，让人面对不同的教学指导而无所适从。举个例子。前几年盛行的小组合作探究模式。如今早已无人问津，当初它风头正劲的时候，仿佛没有小组合作便不成为课堂，没有小组合作便证明了教师的无能。说来惭愧，我也被迫赶过时髦，连教室里的课桌也被当作了表演诸侯分裂割据的场景。后来，又出现各式各样的新鲜名词，让人目不暇接。结果如何？现在它们都已随风而逝了。

　　我并不是排斥学习先进的教育教学经验，而像这种生吞活剥式的学习，其实正是教育界本位主义的体现。他觉得这种方法好，所以一定要像推销保险一样强行向你宣传它的好处。更可怕的是，保险我可以选择不买，但这些却由不得抗拒。

　　（2）闭塞冥顽。有的教师名气很大，于是再也听不见别人的一星半点意见，甚至觉得别人的好心建议也是对其莫大的羞辱。我认为闭塞冥顽的教师有几点特征。

　　过度自信。自信是好事，但太过自信便是自负。自负的教师一定是失败的教师。自负的教师就像一个大腹便便的胖子，根本看不见自己鞋子上的灰尘，还硬要把脚跷起来给人看他新买的皮鞋。你的鞋子好不好看是一回事，人家想不想看又是另一回事。人家说你的鞋子好看，你很开心。人家不表态或是说你的鞋子不好看有瑕疵你就受不了。这不是一种良好的心态。

　　魏徵说："兼听则明，偏信则暗。"要做到这一点很难。唐太宗做到了，但是他也曾怒气冲冲地要杀掉魏徵。因为魏徵屡次直言劝谏，触怒龙颜。而有着本位主义思想的教师也总是轻易地排斥别人的不同意见。他会想，我觉得自己对；又一想，你凭什么说我啊，我看你也不咋地；再一想，你也太狂妄了吧，只照别人，不照自己。这样的结果是错的永远是错的，得不到纠正；而说话的人因为惧怕得罪人而紧紧闭上了嘴巴。

　　于漪先生说："我这辈子有两把尺子，一把尺子量别人的长处，一把尺子量自己的不足。在这种'比'和'量'的过程中，我总能找到自己的不足，总能学到别人的长处。我横比竖比，量别人量自己，越比越觉得自己有向前奔跑的动力。"我深以为然。

  抗拒各式各样的培训。不可否认，现实存在着各种参加有益，缺席也无遗憾的培训。譬如说，初中教师济济一堂，台上却端坐着大学教授，平铺直叙一些大学课堂发生的奇闻趣事。再譬如说，某校礼堂内举办大规模的名师现场授课，事实证明，他（她）的教学不过如此。太多的作秀成分掩盖了教师本来出色的才能，反而造成过分雕琢的效果。

  但是，我们必须承认，大多数的有所指的培训是有益于提高教师的教育教学水平的。一线教师出身的专家们曾经历了无数的实践考验，总结了令人信服的成功经验，他们的讲学更易引发我们的共鸣。有则改之，无则加勉。抱着这样的学习态度，一定收获颇丰。

  想一想，我们在教育教学中有诸多困惑。何不趁这个大好机会解疑呢？如果借着忙碌的名义拒绝走出课堂，闭关自守、故步自封，损失是很大的。自己的教育教学经验不愿意传授给别的教师，这不利于知识传承；不愿意接受学习别人的教育教学经验，不利于知识更新。

  教育是孤独的。每个教师都有自己的教育天地，没有两个及两个以上的教师可以完全共享同一种教育资源。如果仅仅依靠学生的成绩来发现教育的真谛，那么教育也未免太肤浅了点。正是由于教育的多面性，教育对象的特殊性，教师才应该更全面地认识自己，更规范地提升自己，给教育带来全新的视角和意义。

  三、不擅沟通。我曾经一直很苦恼，不懂得如何与人沟通，连跟家里人的关系都搞得很尴尬。如今面对学生，我依然是如此的无助。看见同仁们有的擅长和风细雨润物细无声，有的雷霆万钧让学生为之折服，有的谈笑之间即让学生心生佩服，而我究竟会些什么，我不禁自我拷问。我只会柳眉倒竖与学生形成对峙之势，我只会河东狮吼喷出一腔怒气，可想而知效果全无。人说而立之年正是教学经验最丰富的阶段，而我只能抓住它的尾巴陷入深深的忧虑。

  我想不少同仁跟我一样，面对学生突然就会局促不安起来。遇到突发状况，不知道如何正确处置。有时候爱板起面孔说教，有时候硬着头皮训斥，做不到能硬则硬，能软则软。还是在2014年的某一天早读课，铃声已经响起，一个男生拎着一袋鸡蛋饼进教室，走过讲台桌的时候淡淡地看了我一眼。我顿时火冒三丈，你视我如无物也就罢了，班级纪律在你眼里又算得了什么？我严令这个学生要么在教室外把饼吃掉，要么将饼塞进桌肚。可是这个男生根本就不理我，在争执时居然骂了我一句"有病"。这下把我气得失去了理智。我想我兢兢业业地教育你们，不迟到、不旷课，生了病也强忍着，居然换来一句骂词。我恼羞成怒，甩手就给了他一巴掌。这个男生先是一愣，后来大哭起来。这时候，我已经逐渐冷静下来，开始深刻反省自己的行为。一件很小的事却生出严重的后果，这完全是我不懂得如何与学生沟通造成的。学生的行为固然不对，但作为教师，就要讲究教育的艺术，学会控制自己的情绪，采用最科学的教育手段。教育最重要的是结果，而不是过程。

  "会当凌绝顶，一览众山小。"教师要有开阔的眼界、渊博的学识，必须利用一切机会修炼自己。承认自身的不足，怀着一颗愿意改变现状的心，诚心诚意地将教育当作毕生的事业，对学生倾其所有。这样的教师未必著作等身，未必光芒四射，但是，毋庸置疑，他（她）就是一个不折不扣的好教师。

第三十三章 不仅写给自己

初次听到同仁们的抱怨声，我觉得感同身受，心有戚戚焉。可是，听的次数多了，叨叨来叨叨去，始终就是那几句，实在有些厌烦。因为我也经常参与其中，偶尔发表自己的苦恼之处，说起来，与大家无异。所以，我对自己也开始不满。于是，就有了以下的话。

同为教师，大家的压力是相似的。这份压力主要来自社会层面。既想努力，又怕打击；既想改变，又怕改变。如今的教育到底怎么啦？学校开空头支票，学生作无病呻吟。貌似关注学生，一有风吹草动就往老师身上找源头，用一种鸡蛋里挑骨头的心态审视着老师的一举一动。好像老师就是扼杀学生天性的人。其实，很多时候教育不过是人们的文字游戏而已。看着是一幅五彩斑斓的画卷，却毫无任何实用价值。既要让学生创新进取，又要让学生循规蹈矩；既要让学生释放身心，又下放了繁重的学习任务；既要让学生心怀感恩，又不给学生体验生活的自由。一盘自以为设计完满的棋局，却总是陷入僵局，于是只能在老师身上找原因。用铁镣捆住老师的手脚，然后再让老师跳一支优美的舞蹈。你想，我们能做到吗？

我们不能逃避，我们根本不能作这样无知的选择。我们很多同仁在默默地打拼，我们曾经忍饥挨饿，终于迎来了教育的春天，我们经历过巅峰的辉煌与低谷的惨痛。还有什么是我们应付不来的？学校给了我们这样好的平台，如果我们怀着一颗感恩之心，眼前的一切就会彰显出它的亮点。

教师一定要通过不断地学习来完善自己。否则就会心虚得宛如一只腹内空空的气球，害怕翱翔高空，又怕即时爆炸。老是批评学生不思进取，不懂得珍惜时间，不会总结经验教训，做事太过潦草，写字像道士画符……其实我口中的学生又何尝不是另一个自己？所谓上梁不正下梁歪，瞧瞧黑板上的字，除了我自己谁也不认识，心浮气躁，屁股跟车子感情最深，教案背了几个字就着急得不得了，吹起牛来嘴上长泡也不觉得。教育犹如一袭华丽的袍，我却让它布满补丁。我不觉愧赧不已。

别人不爱我们没关系，我们要学会爱自己。桌上堆积着批改了一半的作业，如果觉得腰酸背痛，就站起来舒活舒活筋骨，到操场上跑两圈。不必担心下一堂课的默写，因为工作永远是做不完的。如果觉得脾气太过烦躁，情绪近于失控，身体愈加疲惫，不妨利用节假日，约三两个朋友，做自己喜欢的事情。我们应该牢记一点，学校离了我照样运转，家庭离了我将状如浮萍。我对工作负责，更要对家人负责。家庭是我们奋斗的基石，家人是我们精神的支柱。处理好家庭与事业的关系，才能在如山的工作中如解牛之庖丁，游刃有余。

不要强行跟行外人解释我们工作的辛苦。不要期待别人看得见我们身体和灵魂深处的疲惫。我的婆婆曾经对我说："你们做教师的风不打头，雨不打脸，有什么辛苦？每月给你发500块钱你就偷笑了。"我不想辩解。我知道我说什么都是无用的。其时我正上完每周五晚十节自习外加坐班回家。我的儿子对我说："妈妈，同学的妈妈养了三头猪，好辛苦啊。"其时我正执教两个班，每班达到了五十人以上。猪可以养，可以卖，而人却不可以。我的女儿说："妈妈，你们每天上完课就是吹牛，真是轻松啊。我长大了也要做教师。"我很无语。我坚决不要我的孩子走我走过的路。我并不要求他们将来后悔曾经对我说过的话，除非将来他们也走上教师这个工作岗位。那时，我不用解释，他们自然明白。如果不是，也不必解释。

别人不理解我们没关系，我们要修炼自己。潜入教学，摒弃浮躁，多作善意之举，少怀功利之心。珍惜自己的劳动成果，享受自己的奋斗历程，将点滴体会化作文字记录在案，以飨晚年。教师做的时间长了，容易陷入自我陶醉。所以要多多保持清醒的头脑，认识到自身的不足，多看到别人的长处。做教师要学成熟的稻穗，稳而重；不能做墙头的芦苇，空而轻。

学着尊敬在教坛耕耘数载的前辈，从他们身上汲取有益教学的成功经验。学着包容初出茅庐的年轻小辈，善于从他们身上发现热情、激情和干劲。着力栽培有心的年轻教师，将自己拥有的毫无保留地传导给他们。别人不尊重我们没关系，我们首先要自己尊重自己。行走在大街上，也必定保持着优雅干练的身姿，谈吐之间尽显异乎常人的涵养。

诸葛亮在《诫子书》中说："夫君子之行，静以修身，俭以养德。非淡泊无以明志，非宁静无以致远。夫学须静也，才须学也，非学无以广才，非志无以成学。淫慢则不能励精，险躁则不能治性。"永远不要流露浮躁与不安，别人讥讽我们的待遇低廉也没关系，穷困从来不是一件丢人的事情。做学问，本来就意味着清贫与寂寞。不是谁都可以坐得住冷板凳，不是谁都可以受得住外界的凄风冷雨，我们要以我们的职业为荣。坐着冷板凳，做着真学问，这是我们的宗旨。越是显露自己的不安，越是表现自己的无知。我们从事的事业是"太阳底下最光辉的事业"，我们笃定的人生是太阳底下最璀璨的人生。

教师要做个学习者。在书房里、图书室里消磨自己的光阴，是教师的责任。当我们义正词严地要求学生做个学习者的时候，同样地，我们应该作好表率作用。我们可能被繁重的工作缚住了手脚，但时间像海绵里的水，只要愿挤，总还是有的。一个徜徉于书海的教师是可爱的。试想，摇曳的灯光，淡淡的墨香，静谧的脸庞，这该是一幅多么和谐恬美的画面。

教师要爱自己的学生。这不是一时的爱，这是一世的爱。教师可能无法解决旁人的所有困难，不过，在力所能及的范围内，不必拒绝学生的求助，不用过分地挑剔指摘学生的不足。一旦教师有这种情绪，说明你还是将学生当作了外人。学生不能全盘接受我，是我的能力不足以教化之。我愿意接受学生的缺点并倾囊相授，是一种修行。爱是一种责任，也是一种义务。在家里不多谈工作，因为我们要享受家庭的温馨。在学校里也不多谈家庭，因为我们要有自己的职业操守。

教师要有宽阔的胸襟。教师要有不做怨妇的信念，也要有不做长舌妇的决心。教师在办公室里要做的事不是纠缠于家长里短、"八卦"头条，不是纠结于工资涨跌、待遇几何，不去深究搞不懂看不清的人际关系，而要好好研究做学问，多多观察学生的点滴变化、进步。不要全身心地纠结于自己的小圈子，多以积极阳光的一面示人，多以积极阳光的心态看待身边的人或事。

多与家长沟通，多与社会接触，开阔眼界，拓宽视野。体育教师不能一辈子只懂得一二一，英语教师不能一辈子只会念 ABCD。世界日新月异，时间白驹过隙，需要我们了解的东西何止千万。书橱并不能适应当今社会，教师要多多涉猎好像跟自己毫不相关的领域。博学，然后多知。

教师的主要精力应主要放在如何管理班级上，如何搞好教学上。班级秩序混乱，要多多反省自己的错误，花大量的精力走出一条新路。不要总是把学生的错误统统归咎于大环境，大环境是我们无力改变的。世上本没有完美无缺的大环境，但我们可以做好自己，尽力做好自己。

从教师队伍中走出来的领导者，要学会尊重和理解教师。多用怀柔，少用高压；多做实事，少玩花招。期待教师爱学生，你首先要爱教师。要把教师当作自己的家人，教师才会将相同的情感放到学生身上。教师也许表面不跟你争执什么，但会下意识地将对你的不满与怨恨转嫁到工作中去，这对教育是不利的。不要像教育学生一样地教育教师，教师与学生的不同之处很明显：一个是成年人，一个是孩子；一个是漏斗，一个是滴石。谁都有特殊时期，对教师有人性，是领导的责任。

教师要摒弃好大喜功的毛病。每一个人的功劳都归于集体。离开了学校这个平台，我们将一无所有。怀着一颗感恩之心，感恩父母赐给我们的肉体，感恩生命赐给我们的灵魂，感恩教育赐给我们安放灵魂的高台。所以，教师不能崇尚个人英雄主义。盲从于个人力量的教师，无异于墙头芦苇、水中浮萍。你可以优秀，但不可以偏执于个人的能力。依靠集体的力量，发展壮大自己，才是王道。

"打铁还需自身硬"，教师们在不停抱怨外界的质疑时，也要抽空反省自身的缺失。虽说人无完人，但是外界对教师的高期待值决定了教师必须保持较高的文化素养。基于教师的工作与孩子的未来产生的必然联系，教师们要最大限度地磨炼自己、提高自己，去除浮躁的自己，留下洁净的灵魂。

美国总统林肯曾说："人到了四十岁以后，应该为自己的这张脸负责。"一个眼高过顶的教师会变得"油腻"，一个虚怀若谷的教师会平添圣人之风。站在人群之中，有的人被一眼认出，而有的人则隐乎人后。我希望做后者。

人生之路如同负重前行。当我们觉得已经不堪其压时，不妨停一停，看一看，等一等，想一想。也许我们背上的袋子里装的不全是钻石，可能还有没有用的普通石头，请毫不犹豫地将它扔掉。我们的人生是做减法的过程，而不该越走越累。我们的教育也是做减法的过程，大浪淘金，留到最后的必是最好的。

我想起了冰心先生的话："爱在左，同情在右，走在生命路的两旁，随时播种，随时开花，将这一径长途点缀得香花弥漫，使穿枝拂叶的行人，踏着荆棘，不觉痛苦，有泪可落，也不觉是悲哀。"

我不是伟大的教师，但我是个好教师。那些在教坛默默耕耘，勤勉教学，将自己全身心奉献给学生的前辈们、同仁们在平凡中坚守着自己的岗位，为祖国的教育事业增添了光彩。虽然这份光彩称不上璀璨，但这是教师的全部萤火。有时候，爱心比能力更重要。有爱的教育是有希望的，有爱的教师就是最好的教师。我们要做有爱心的教师，更要做爱心与能力兼备的教师。

徐特立先生说："教师工作不仅是一个光荣重要的岗位，而且是一种崇高而愉快的事业。它对国家人才的培养，文化科学教育事业的发展，以及后一代的成长，起着重大作用。教书不仅是传授知识，更重要的是教人。教师，要有肩挑天下的勇气和建设国家的决心。"

第斯多惠说："教师不但本身要进行自我教育、自我完善，同时还要教育别人。教师应当以教育事业为终身职业，自我教育也是终身教育，因此意义更为深远。"

教育的过程，就是探索的过程，是静听花开的过程。只有永葆一颗好奇心，勇往直前，才能取得最终的胜利，才能成为真正的好教师。

做一个有能力、有态度、有胸怀、有人性的教师，是我的愿望。我期待的场景是，在书香四溢的教室里，一群爱我的学生围坐在我身旁。我们欢声笑语，挥毫泼墨，在温柔的光辉中完成一场教育的修行。

以一首诗作结：

> 杏坛风雨三十年，青丝半染两鬓间。
> 读书常恐丘壑少，下笔方知耕耘难。
> 学子胜似亲生子，或为红烛或为蚕。
> 一生殷勤雕璞玉，满目栋梁在南山。